Methodik und Praxis
der Komplexitätsbewältigung

Wirtschaftskybernetik und Systemanalyse

Herausgegeben von

Prof. Dr. Jörg Baetge, Münster/Westfalen
Prof. Dr. Heribert Meffert, Münster/Westfalen
Prof. Dr. Karl-Ernst Schenk, Hamburg
Prof. Dr. Bernd Schiemenz, Marburg

Band 16

Methodik und Praxis der Komplexitätsbewältigung

Wissenschaftliche Jahrestagung der
Gesellschaft für Wirtschafts- und Sozialkybernetik
am 4. und 5. Oktober 1991 in Aachen

herausgegeben von

Klaus Henning

Bertram Harendt

Duncker & Humblot · Berlin

Gesellschaft für Wirtschafts- und Sozialkybernetik e. V.
6000 Frankfurt/Main
Sekretariat: Rheinau 3-4, D-5400 Koblenz
Tel. 0261/9119-480

Die Deutsche Bibliothek – CIP-Einheitsaufnahme

Methodik und Praxis der Komplexitätsbewältigung : am 4. und 5. Oktober 1991 in Aachen / [Gesellschaft für Wirtschafts- und Sozialkybernetik e. V.]. Hrsg. von Klaus Henning ; Bertram Harendt. – Berlin : Duncker und Humblot, 1992
(Wirtschaftskybernetik und Systemanalyse; Bd. 16) (Wissenschaftliche Jahrestagung der Gesellschaft für Wirtschafts- und Sozialkybernetik ; 1991)
ISBN 3-428-07569-2
NE: Henning, Klaus [Hrsg.]; 1. GT; Gesellschaft für Wirtschafts- und Sozialkybernetik: Wissenschaftliche Jahrestagung der . . .

Fotoprint: Berliner Buchdruckerei Union GmbH, Berlin 61
Printed in Germany

ISSN 0720-6992
ISBN 3-428-07569-2

Vorwort

von *Klaus Henning* und *Bertram Harendt*[1]

Der vorliegende Tagungsband gibt die Vorträge der Jahrestagung der Gesellschaft für Wirtschafts- und Sozialkybernetik (GWS) vom Oktober 1991 mit dem Titel "Umgang mit Komplexität" wieder. Die Tagung wurde an der Rheinisch-Westfälischen Technischen Hochschule Aachen durchgeführt und vom Hochschuldidaktischen Zentrum (HDZ) in Verbindung mit dem Fachgebiet "Kybernetische Verfahren und Didaktik der Ingenieurwissenschaften"(KDI) ausgerichtet.

Das gewählte Thema der Tagung steht in Zusammenhang mit Forschungsschwerpunkten des HDZ/KDI, die sich mit der Frage beschäftigen, wie Menschen mit der steigenden Komplexität in den Systemen, in denen sie handeln, sowie in ihrer Umwelt umgehen können. Diese Problemstellung kann auf vier Ebenen betrachtet werden,

- der Ebene der individuellen Person,
- der Ebene der Gruppen bzw. der Teams,
- der Ebene des Gesamtbetriebes bzw. der Gesamtorganisation sowie
- der gesamtgesellschaftlichen Ebene.

Anforderungen aus der Umwelt, zeitlich drängende Entscheidungssituationen, fehlende Möglichkeiten, um Risiken abzuschätzen, stellen Menschen auf allen genannten Ebenen täglich vor neue, unbekannte und immer komplexer werdende Aufgaben.

Das Ziel der Tagung war es daher, Methoden und Hilfsmittel vorzustellen, die dem Menschen den Umgang mit Komplexität erleichtern. Dabei sollten bewußt auch praktische Erfahrungen diskutiert werden. Die Veranstalter danken allen, die sich mit viel Mühe vorbereiteten, um sich auf dieser Tagung mit ihren Forschungsergebnissen vorzustellen.

---

[1] Prof. Dr.-Ing. Klaus Henning, Dr.-Ing. Bertram Harendt, Hochschuldidaktisches Zentrum (HDZ) und Fachgebiet Kybernetische Verfahren und Didaktik der Ingenieurwissenschaften (KDI) der RWTH Aachen, Rolandstraße 7-9, 5100 Aachen.

Der vorliegende Tagungsband enthält drei Teile:

1. Nach den Grußworten werden mit dem Einführungsvortrag von Prof. Rieckmann von der Universität Klagenfurt die Auswirkung der Komplexität auf Unternehmen und Gesellschaft in Kapitel 1 dargestellt.
2. In Kapitel 2 werden Methoden zur Komplexitätsbewältigung vorgestellt, die Unternehmen bzw. Organisationen unterstützen, komplexe Problemstellungen zu bewältigen. Insbesondere werden qualitative und quantitative Modellbildungen vorgestellt, die Ansätze für eine systematische Komplexitätsbewältigung liefern.
3. In Kapitel 3 werden Erfahrungsberichte aus der Praxis der Komplexitätsbewältigung vorgestellt. Die Anwendung kybernetischer Methoden zur Bewältigung von Komplexität führen dabei in der betrieblichen Praxis zu zukunftsweisenden Lösungen. Für die Entwicklung von Organisationen ist in diesem Zusammenhang entscheidend, wie der Mensch mit seinen individuellen Fähigkeiten mehr dazu beitragen kann, daß Unternehmen die Wünsche ihrer Kunden hinsichtlich Qualität, Liefertermin und Preis der Produkte erfüllen.

Um diesen Tagungsband zusammenzustellen waren umfangreiche redaktionelle Arbeiten erforderlich. Wir danken besonders Frau Marguerite Franssen und den Herren Thomas Hein, Frank Will und Andreas Zippe für die engagierte Unterstützung.

Aachen, im Januar 1992

Klaus Henning, Bertram Harendt

Inhalt

Grußworte

1. Komplexität und ihre Auswirkungen auf Unternehmen und Gesellschaft

Heijo Rieckmann

Dynaxibility - oder wie "systemisches" Management in der Praxis funktionieren kann ... 17

Klaus Henning

Zukunftsgestaltung in einer Welt wachsender Turbulenzen ... 41

Holger E. Krug

Diagnose und Design komplexer Organisationen ... 63

2. Methodik der Komplexitätsbewältigung

Roland Fahrion

Komplexitätsbewältigung in großen Netzwerken: Konzeption und Implementierung geeigneter Heuristiken ... 73

Kuno Rechkemmer

Qualitative Informationen - Ein Weg zur Reduktion der Komplexität im internationalen Management ... 87

Josef Zelger

Rekursive Interaktionen in Netzwerken (RIN) oder wie sich Unternehmen im "Nebeldreieck" durch Selbstorganisation zurechtfinden können ... 97

Hans Czap

Bedeutungskonsistente Datenmodellierung im Konzern unter Berücksichtigung hoher Umweltkomplexität und Dynamik ... 111

Siegfried von Känel

Erfassung und Gestaltung komplexer Strukturen unter Einsatz des Programmsystems STRAC ... 119

Manfred Bundschuh

Problemlösen durch kybernetisches Projektmanagement ... 125

Peter Fleissner

Ein systemdynamisches Modell zur Abschätzung der Wirtschaftsentwicklung der fünf neuen Länder auf dem Übergang zur Marktwirtschaft ... 139

3. Praxis der Komplexitätsbewältigung

Hartmut Schäfer und Klaus Henning

Hilfsmittel zur Komplexitätsbewältigung im Tagesbetrieb von Container-Umschlaganlagen ... 155

Giuseppe Strina und Ernst A. Hartmann

Komplexitätsdimensionierung bei der Gestaltung soziotechnischer Systeme ... 169

Annemarie Krewer und Robert Sell

Umgang mit Komplexität in der Arbeitswelt durch Beteiligung und Qualifizierung der Mitarbeiter/innen ... 183

Olaf Schönert und Thomas Schüßler

Der Einsatz von Gruppen-Entscheidungsunterstützungs-systemen für international besetzte Entscheidungsgruppen in Unternehmen ... 197

Marion Moss

Stressbewältigung und Selbstmanagement ... 211

Helmut Löckenhoff

Lehren und Lernen von Komplexitätserfassung und Komplexitätsbewältigung ... 221

Bertram Harendt

Qualitätsprobleme in der Konsumgüterindustrie und deren Lösung mit Hilfe kybernetischer Methoden ... 229

Stefan Döttling und Thomas Fischer

Dynamische Modelle in der Produktionsplanung und -steuerung - Einsatz ereignisorientierter Simulationsmethoden im operativen Produktionsregelkreis ... 243

Grußworte

Grußworte des Rektors der RWTH Aachen

von *Klaus Habetha*[1]

Meine Damen und Herren,

im Namen der Technischen Hochschule Aachen begrüße ich Sie ganz herzlich zu der Tagung der Gesellschaft für Wirtschafts- und Sozialkybernetik.

Die Tagung, die dieses Jahr von dem Hochschuldidaktischem Zentrum und dem Fachgebiet Kybernetische Verfahren und Didaktik der Ingenieurwissenschaften organisiert wird, trägt den Titel "Umgang mit Komplexität". Dieses Thema ist in der modernen Gesellschaft in allen Lebensbereichen hochaktuell, gerade auch an einer Technischen Hochschule. Eine Tagung wie diese unterstreicht den Charakter unserer Technischen Hochschule, wo einerseits die theoretischen/ methodischen Grundlagen unterrichtet werden und andererseits die betriebliche Praxis durch intensive Forschungsprojekte mit der Industrie integriert wird.

Als Mathematiker beschäftige ich mich mit der Darstellung von Systemen auf eindeutige, beweisbare Weise. Viele meinen, damit sei die Welt vollständig beschreibbar, doch wir bezweifeln mittlerweile, daß wir *alles* objektivierbar und eindeutig beschreiben können. Noch vor weniger als 100 Jahren war in der Wissenschaft die Einstellung verbreitet, daß der Mensch wie eine Maschine funktioniere und deshalb auch so einsetzbar sei. Wie Sie wissen, findet sich noch in so manchen Forschungsgebieten die Hoffnung wieder, daß die Geistesleistungen des Menschen auf dem Computer vollständig abbildbar seien.

Die Erfahrung der letzten Jahrzehnte und auch die aktuellen gesellschaftlichen Prozesse haben uns eines Besseren belehrt. Wir müssen akzeptieren, daß Menschen in sozialen und technischen Systemen ungeplant reagieren. Sie treffen Entscheidungen, die für den Betrachter von außen zunächst nicht voraussehbar und auch nicht ohne weiteres nachvollziehbar sind. Damit solche Systeme, in denen Menschen in sozialen Strukturen handeln, langfristig überlebens- und funktionsfähig bleiben, müssen wir die technischen und organisa-

[1] Prof. Dr. rer. nat. Klaus Habetha, Rheinisch-Westfälische Technische Hochschule Aachen, Templergraben 55, 5100 Aachen.

torischen Strukturen in einer der menschlichen Komplexität komplementären Art und Weise gestalten.

Und hier sind wir als Hochschule zur interdisziplinären Kooperation gefordert. Denn diese Komplexität von technischen und organisatorischen Strukturen entzieht sich der Bewältigung durch eine Fachwissenschaft alleine.

Ich freue mich, daß in Aachen in der letzten Zeit eine ganze Reihe interdisziplinärer Kooperationen initiiert wurden. Als ein Beispiel, auf das ich als Rektor stolz bin, möchte ich hier das Forum Technik und Gesellschaft nennen, in dem Kolleginnen und Kollegen unterschiedlicher Fächer zusammenarbeiten. Aus diesem Forum soll sich nun ein Graduiertenkolleg zu dem Thema "Zur Technisierung der Kommunikation" entwickeln.

Dieses von der Bundesregierung hoffentlich geförderte Graduiertenkolleg ermöglicht uns in Zukunft die interdisziplinäre Forschung im Bereich der Kommunikations- und Informationstechnologien, der Auswirkungen der Computertechnologien sowie der Fragen der Technikgestaltung in Europa.

In ähnlicher Weise wie wir so als Hochschule versuchen, mit diesen innovativen Projekten Fachgrenzen der Wissenschaftsdisziplinen zu überschreiten, sehe ich auch bei Ihnen - hier auf dieser Tagung - das Bemühen, in einem weiteren Rahmen in einen fächerübergreifenden Dialog zu treten. Es ist beachtenswert, daß Sie in dieser Form drängende Probleme unseres gesellschaftlichen Wandels in Angriff nehmen.

Ich möchte Sie dazu ermuntern, umsetzbare hilfreiche Konzepte zur Bewältigung unserer sozialen, gesellschaftlichen und von der Technik verursachten Probleme zu entwickeln. Die Entwicklungen in Deutschland und Europa, die Herausforderung, den Umbruch in Osteuropa zu stützen, und die multinationalen Konflikte in dem Verteilungskampf von Arm und Reich fordern uns nicht nur als Wissenschaftler, sondern auch als Menschen, denen die Zukunft dieser Erde am Herzen liegt.

Ich wünsche Ihnen für Ihre Tagung gutes Gelingen, fruchtbare Diskussionen und das Entstehen neuer Visionen davon, wie wir als Menschen lernen können, mit der Komplexität dieser Welt umzugehen.

Grußworte der Industrie- und Handelskammer zu Aachen

von *Klaus Timp*[1]

Meine sehr geehrten Damen und Herren,

mit großer Freude nehme ich die Gelegenheit wahr, Sie als Vertreter der Industrie- und Handelskammer zu Aachen im Namen der Bezirkswirtschaft herzlich zu begrüßen. Die Tatsache, daß Sie zu Ihrer Jahrestagung 1991 in Aachen zusammengekommen sind, um Ihre Erfahrungen auszutauschen, zeugt ja auch ein wenig von der Attraktivität der Forschungs- und Technologieregion Aachen, die durch eine Konzentration von Forschungs- und Entwicklungseinrichtungen gekennzeichnet ist, wie sie nur an wenigen Plätzen auf der ganzen Welt anzutreffen ist.

Allein 250 Hochschulinstitute aus fast allen naturwissenschaftlichen und technischen Disziplinen bilden mit den Instituten des Forschungszentrums Jülich und den Wissenschaftsbereichen der Fachhochschule ein solches Potential, daß Wissenschaftsfluß und Know-How-Transfer der Institutionen untereinander und mit der Industrie gewaltige Synergieeffekte bilden.

Diese wiederum haben zu Investitionsentscheidungen weltbekannter Unternehmen wie Mitsubishi und Ericsson geführt, die in diese Region Milliardensummen einbringen werden und damit erneut zusätzliche Multiplikatorwirkungen auslösen.

So sollte es nicht verwundern, was vor einigen Monaten die angesehene Zeitschrift "Wirtschaftswoche" durch eine umfangreiche Befragung bei 1.650 Unternehmen in 50 Städten ermittelt hat: Aachen ist die wirtschaftsfreundlichste Stadt der Bundesrepublik Deutschland. Ich darf zitieren: "Aachen liegt im Trend. Es hat die älteste technische Hochschule im Land, die in der kleineren Bundesrepublik jedem vierten Dr.-Ing. den Doktorhut auf den Kopf setzt."

In Deutschlands westlichster Großstadt gibt es außerdem um die 1.000 Ingenieurbüros, davon die Hälfte jünger als fünf Jahre, sowie nicht weit vor den Stadttoren das Forschungszentrum Jülich. Bedeutende Innovationen werden nicht nur in besonders vielen Labors erdacht - sie können auch noch

---

[1] Dipl.-Ing. Dipl.-Wirt. Ing. Klaus Timp, Industrie- und Handelskammer zu Aachen, Theaterstr. 6 - 10, 5100 Aachen

bestens in verwertbare Produkte umgesetzt werden. Sieben Technologiezentren und Parks in der Region hat die AGIT, Aachener Gesellschaft für Innovation und Technologietransfer mbH, mitgegründet.

Ihre Veranstaltungen, die dem Informationsaustausch zwischen der Wissenschaft und der Praxis dient, richtet sich besonders auch an die Führungsebene in den Unternehmen. Es sollten Methoden vorgestellt werden, die den Unternehmer dabei unterstützen, die heute vielfach sehr komplexen Problemstellungen zu bewältigen. Dabei führt die Anwendung kybernetischer Methoden auch in der betrieblichen Praxis oft zu zukunftsweisenden Lösungsmöglichkeiten. Dabei soll der Mensch in den Mittelpunkt der Betrachtung gestellt werden, insbesondere, wie er mit individuellen Fähigkeiten mehr dazu beitragen kann, daß die Unternehmen die Wünsche ihrer Kunden hinsichtlich z.B. Qualität, Liefertermin und Preis für die angebotenen Produkte erfüllen können.

Aufgrund der Vorträge und der kompetenten Referenten verspricht die Tagung, die von der Kammmer auch ein wenig gesponsort wurde, eine spannende und interessante Auseinandersetzung über Komplexität und deren Wirkungen im Unternehmen zu werden.

Abschließend möchte ich Ihnen eine erfolgreiche Veranstaltung und gute Gespräche untereinander wünschen.

1. Komplexität und ihre Auswirkungen auf Unternehmen und Gesellschaft

Dynaxibility - oder wie "systemisches" Management in der Praxis funktionieren kann ...

von *Heijo Rieckmann*[1]

1. Hintergrund

Wir haben uns eine komplizierte, labile und nervöse Welt aufgebaut. Unsere Alltagserfahrungen führen uns das mittlerweile Tag für Tag vor Augen. Engmaschige Handels-, Finanz-, Kommunikations-, Energie- und Transportnetze haben inzwischen ganze Kulturen, Religionen, Völker und Institutionen bis auf wenige Flugstunden zusammengerückt. Weltanschauungen, unterschiedlichste Lebens- und Arbeitseinstellungen sowie Verhaltensnormen buntester Art führen - durch zunehmende Nähe - zu ganz neuen Kulturmischungen, Synkretismen und Wertsymbiosen. Kurzum, die Welt ist ein Dorf geworden, in dem bald jeder jeden kennt und in dem - "sozio-chemisch" gesprochen - bald alles mit allem reagiert.

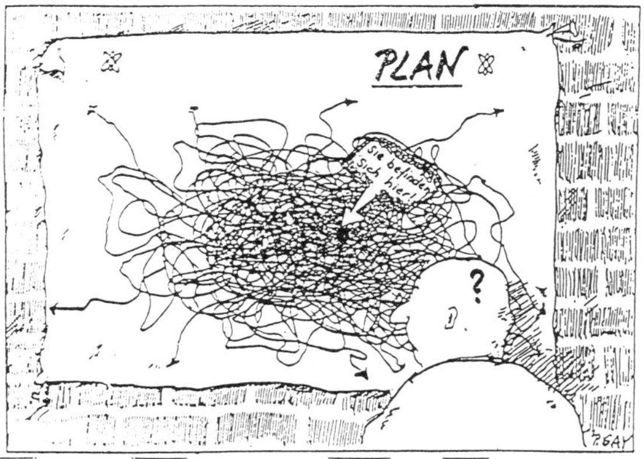

[1] Prof. Dr. Heijo Rieckmann, Institut für Wirtschaftswissenschaften der Universität Klagenfurt, Universitätsstraße 65 - 67, A-9022 Klagenfurt.

Zu dieser wachsenden Vernetzung, Vermischung und Komplexität kommt darüber hinaus noch die steigende Dynamisierung dieser Lebens- und Arbeitsbereiche hinzu: das Tempo der Veränderungen wird immer schneller, die "Zeit" immer knapper, Hektik und Stress nehmen zu. Wirkungszusammenhänge werden dementsprechend zusehends undurchschaubarer ....

All diese Entwicklungen stehen - wie gesagt - dabei nicht isoliert nebeneinander, sondern bedingen, beeinflussen, verstärken und beschleunigen sich - Teufelskreisen ähnlich - darüber hinaus noch gegenseitig. Prognostizierbarkeit, Planbarkeit und Beherrschbarkeit dieser Entwicklungen und Verwicklungen werden dabei immer geringer, die Gefährlichkeiten ihrer Konsequenzen indes immer größer. Bei paradoxerweise gleichzeitig steigender "Macht" durch Technologiefortschritte nimmt Ohn-macht und Risiko zu (vgl. auch Abb. 4).

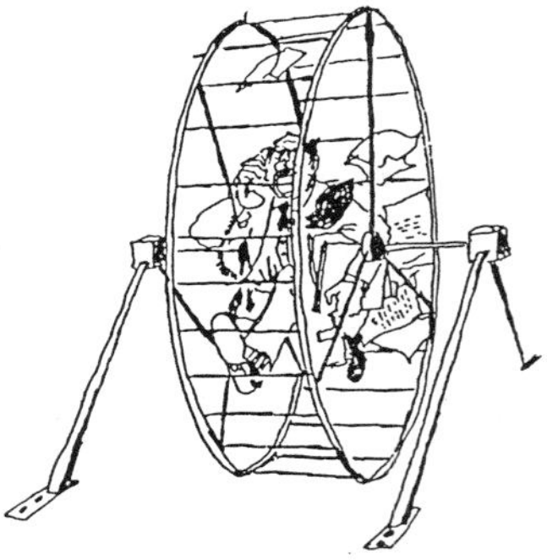

Oftmals leben wir nur noch von einer Überraschung zur anderen ... Und obwohl wir immer schneller rennen, haben wir immer weniger Zeit und kommen immer weniger vorwärts: Hamsterradeffekt..!

Diese für nicht wenige von uns als unangenehmen, überfordernd und bedrohlich empfundenen Symptome und Entwicklungstendenzen lassen sich - mit anderen Worten und in abstrakter Sprache formuliert - auf die gegenseitig verstärkenden Wechselwirkungen von zunehmender Dynamik und steigender Komplexität zurückführen, was ich - und man verzeihe mir bitte die damit verbundene, ziemlich eigensinnige Wortneuschöpfung - im folgendem mit "Dynaxity" bezeichnen möchte: DYNAXITY ist also als Resultante aus "dynamics" (Dynamik) und "complexity" (Komplexität) bei steigender Macht/Ohnmacht/Risiko-Relation.

Im Bild:

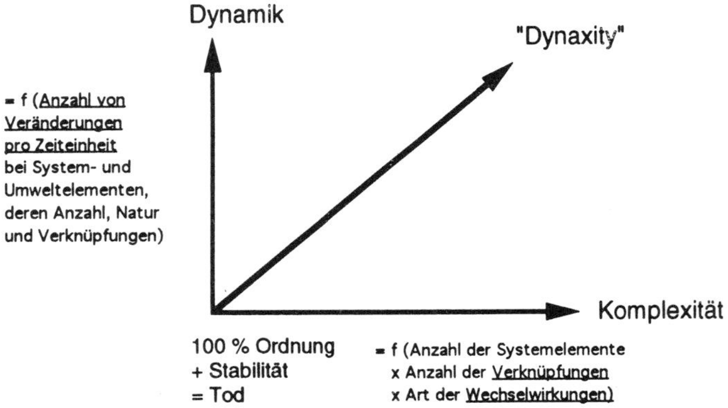

Abb. 1: Dynaxibility

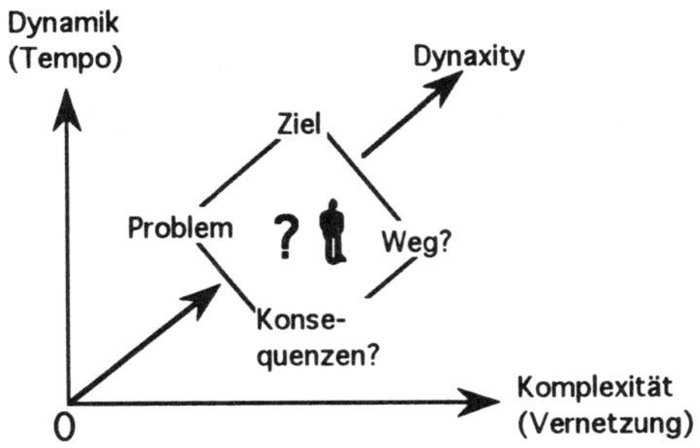

Abb. 2: Das "Nebelviereck"

Steigende Dynaxity führt in jene oben beschriebenen Situationen hinein, in denen der Zeitdruck zermürbend wird, wir oft nicht wissen, wo uns der Kopf steht, wo und wie wir uns Durchblick beschaffen können, was überhaupt das Problem ist, wo die eigentlichen Ursachen liegen, in welcher Richtung das Ziel zu suchen sei, wie der Weg dorthin aussieht und welche (ungewollten) Konsequenzen (Wechsel-, Neben-, Rück- und Fernwirkungen, abgekürzt: NRF's) mit Interventionen (Maßnahmen, Unterlassungen etc.) verbunden sein könnten... Kurz: wir stehen - wie Abb. 2 zeigt - mitten in einer Art "Nebelviereck".

Dieser steigenden Dynaxity sind aber viele unserer derzeitigen Organisationen und Institutionen samt ihren impliziten Kombinationsmustern traditioneller Denk- und Verhaltensweisen sowie herkömmlichen technokratisch-bürokratischen (= "maschinentheoretischen") Managementansätzen immer weniger gewachsen.

Vor dem Hintergrund dieser Zusammenhänge ergibt sich dementsprechend dann folgende Kernfrage für das Management komplex-dynamischer Zusammenhänge in Wirtschaft und Gesellschaft:

Wie kann die (Über-) Lebensfähigkeit und Lenkbarkeit heutiger Institutionen, Organisationen und Unternehmen unter wechselnden Zielen, turbulenter werdenden Umfeldbedingungen, bei wachsender Komplexität, prinzipiell unvollständigen Informationen sowie schrumpfenden Planungshorizonten noch hergestellt, erhalten und sichergestellt werden?

Was wir brauchen sind Führungskräfte, Mitarbeiter, Organisationen, Systeme, "Mentalitäten" und Kulturen, die - ich bitte abermals um philologische Nachsicht - mit hoher "dynaxibility" ausgerüstet sind.

Mit Dynaxibility meine ich das Potential, hohe Dynaxitygrade verkraften zu können, also über personale (geistig-mentale-charakterliche), psycho-soziale, organisatorische und technisch-physische Fähigkeiten (abilities) verfügen zu können, um eben gegenüber hoher Dynaxity gewappnet zu sein, ja sogar in der Lage zu sein, diese "lustvoll" verarbeiten und auch ethisch verantwortungsvoll (im Sinne Betroffener) aufnehmen zu können.

Und diese höhere Dynaxiblity wird m.E. dringend benötigt. Sonst droht - allem Anschein nach - sich ein gefährlicher Schereneffekt anzubahnen: Unsere (selbstgemachte) Dynaxity steigt schneller als wir hinterherlernen oder uns hinterherentwickeln können.

Dynaxity und Dynaxiblity fallen auseinander.

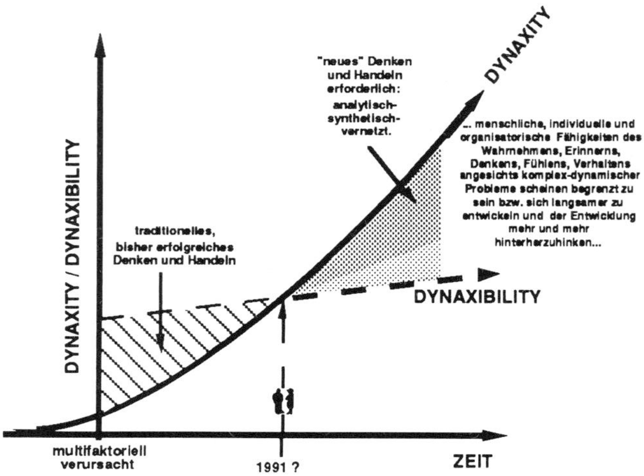

Abb. 3: Die "Dynaxibility-Schere"

2. Dynaxity[2], Führung und Organisation

Unterschiedliche Dynaxitygrade erlauben bzw. benötigen dabei unterschiedliche Grade an Dynaxibility - was wiederum i.d.R. unterschiedliche Führungsverständnisse und Organisationsstrukturen bzw. Kulturen zur Konsequenz hat (situativ-kontingente Outside-in Ansätze).

In Abb. 4 wird versucht, diese Zusammenhänge, Implikationen und Auswirkungen in Bezug auf Management-, Organisations- und Kulturfragen überblicksartig und stufenweise vor Augen zu führen.

---

[2] Die zunehmende Entwicklung von Dynaxity ist multifaktoriell verursacht. Einige dieser (natürlich vernetzten) Faktoren scheinen beispielsweise folgende zu sein:

- Wissenschaft/Forschungserkenntnisse/technologische Entwicklungen
- Halbwertszeit des Wissens/Könnens
- Entdeckergeist, Problembewußtsein, Schaffensfreude, Gestaltungskunst, Kreativität
- Konkurrenz(kapitalismus) - Wettlauf der "Systeme" (Japan - Europa - USA)
- soziale "Quantensprungeffekte" durch Zunahme/Akkumulation von Restposten schlecht/traditionell gelöster Probleme der Vergangenheit ("Sünden der Väter"), z.B. Altlasten

Dazu ein paar erklärende Kommentare:

Bei geringer und mittlerer Dynaxity (Zone I + II in Abb. 4) genügen die uns wohlbekannten, traditionellen Struktur-, Führungs- und Verhaltensmuster.

So trifft man beispielsweise in Zone I nicht selten auf kleine und mittlere (Pionier-) Unternehmen, deren Gründer oft eine gute Produkt- oder Marktidee hatten, engagierte Leute um sich scharten und dann mit dieser Mannschaft und dem Charme eines patriarchalisch-charismatischen Führungsstils den Markt (bzw. die Nische) eroberten und saubere Gewinne einfuhren (UM = Unternehmermanagement).

Ermutigt durch diese Erfolge wollte man (oder mußte man) dann weiterwachsen, die Produktpalette verbreitern, größere Märkte betreten und mehr Umsatz machen. Damit aber wuchs die Komplexität, die Binnenkomplexität und die Komplexität der Umweltbeziehungen gleichermaßen. Man entwickelte sich in Richtung Zone II.

Der ehemalige, überschaubare, flexible "Improvisationsladen" wurde zunehmend größer, undurchsichtiger und unbeweglicher. Er mußte daher neu "durchgestylt" - sprich funktional geordnet und formal organisiert werden.

Und hier begann dann häufig das, was in der Literatur und Geschichtsschreibung zuweilen als Ära des "wissenschaftlichen" oder "technokratisch-bürokratischen" Managements bezeichnet wurde (TBM) und - wie gesagt - auf unserem Schaubild (Abb. 4) in Zone II angesiedelt ist.

Die Arbeitsteilung wird horizontal und vertikal ausgeweitet, "objektiviert" und präzisiert, indirekte, schriftliche Kommunikation vermehrt, die Instanzenwege genau definiert ... Schritt für Schritt entsteht langsam eine rational-mechanistische "Supermaschine" mit überpersönlichen, bürokratischen Arbeitsregeln, vielen "Kästchen" und klaren hierarchischen Steuerungssystemen. Planbarkeit, Kontrollierbarkeit, Machbarkeit und Sicherheit können dadurch (wieder)hergestellt werden, und das eben bei gleichzeitig deutlich gestiegener (oder gesteigerter) Kapazität (vergrößerte Binnenkomplexität), nämlich höhere Grade an Komplexität, Macht und Dynamik verdauen bzw. handhaben zu können. Und das war ja auch die Intention der ganzen Entwicklung. Pionier-

---

- Zunahme von Kooperationen und Vernetzungen (z.B. Transport/Kommunikation) bzgl. Masse, Geschwindigkeit
- Zerstörung und Abnahme selbstregulativer Systemzusammenhänge in Natur und Gesellschaft (Ent-Entlastungen)
- Not/Elend (Bevölkerungsexplosion/Kriege/Flüchtlingswellen etc.)
- Angst (Macht) - Leere (Gier) Dynamik (sog. Schweine Hund-Syndrom) - (vgl. Fußnote Nr. 5) Konsumerismus, Ausbeutung um jeden Preis...
- SED (= Sicut-eritis-deus)-Komplex: wie Gott sein wollen - Todesverdrängung - Schuldverdrängung - Omnipotenzwahnsinn - "Turmbau von Babel" - aggressive "Zeitbeschleunigung (Offenbarung 12,12!!) - Anti - christ (Weltdiktator) - Weltzusammenbruch (vgl. Bibel: 1. Moses 3,5, Offenbarung 13, Matthäus 24; sowie Richter, H.E., Gotteskomplex, 1979)
- usw. usf.

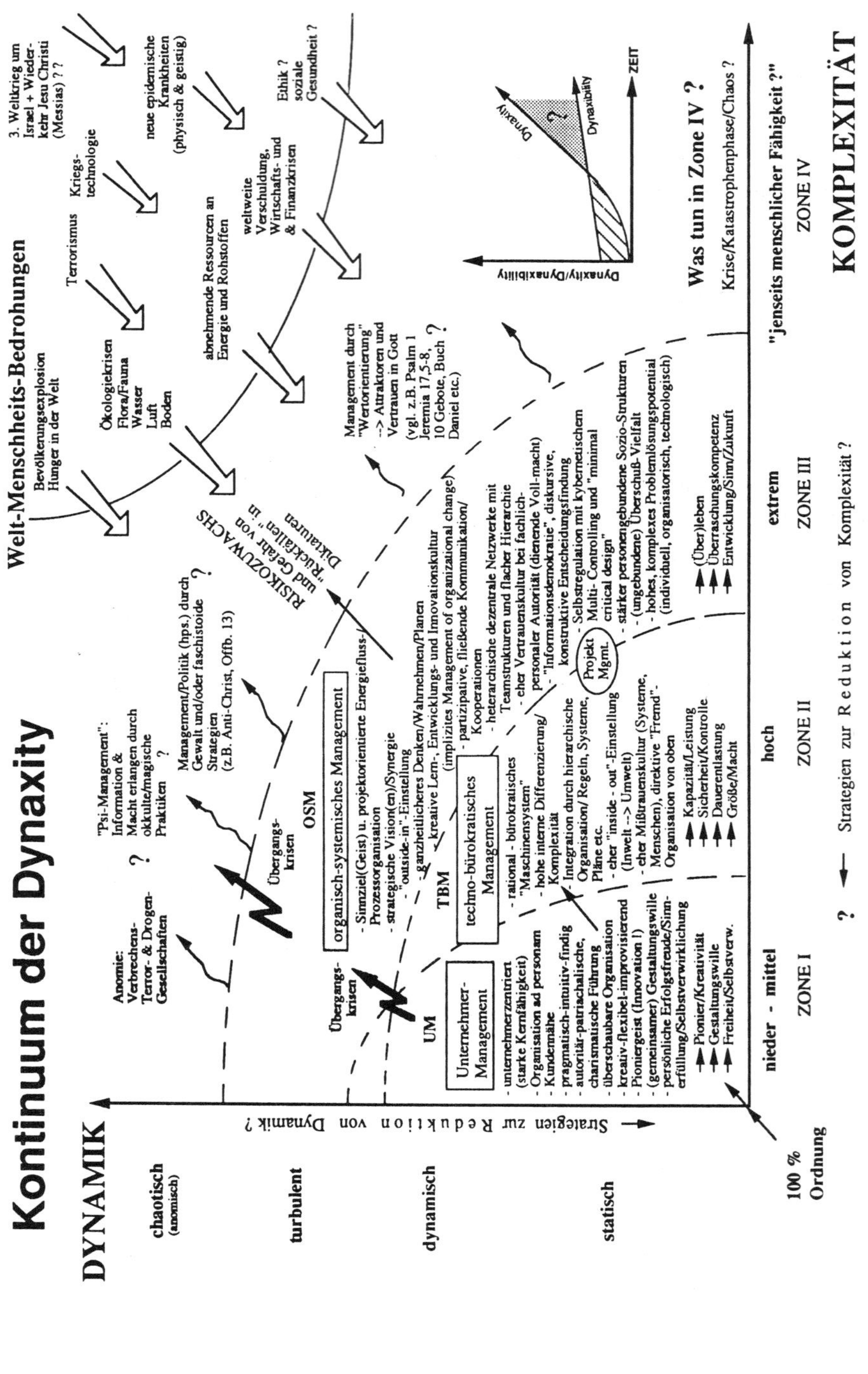

Abb. 4: Kontinuum der Dynaxity

hafte Flexibilität, findige Improvisationskunst sowie individuelle Selbststeuerung und Selbstverwirklichung Einzelner mußten dabei - aus "Sicherheitsgründen" - natürlich immer mehr zurückgestutzt werden und ins informelle System abwandern (wo diese untergetauchten Tugenden - gottlob - dann doch noch weiterleben und z.B. "Arbeit nach Vorschrift" (außer bei Streiks) verhindern helfen). Außerdem wurde durch "Projektmanagement" versucht, jenen organisierten Verlust an organischer Lebendigkeit der Pionierzeit doch noch "offiziell" zum Teil hinüberzuretten und flexiblitätsfördernd einzubringen (vgl. Heintel/Krainz, 1987).

Es wird jedem jedoch sehr schnell klar, daß bei einer weiteren, gleichzeitigen Zunahme von Komplexität und Dynamik, sprich Erhöhung von Dynaxity in Richtung Zone III - und in einer solchen Welt befinden wir uns m.E. mehr und mehr - die obigen Managementansätze "UM" und "TBM" nicht mehr ausreichen: "UM" kann nicht genügend Komplexität verarbeiten, "TBM" -relativ gesehen- zu wenig Dynamik vertragen und kontrollieren (Dinosauriereffekt)! Beide Ansätze müssen entweder ersetzt oder transzendiert und weiterentwickelt werden. Verharrt ein Unternehmen, obwohl es "äußerlich" sich bereits in Zone III befindet, trotzdem "innerlich" in Zone II, so kann das zu lebensgefährlichen Konsequenzen führen. Beispiele gibt es genügend (vgl. Greiner, 1972, S. 41; Lievegoed, 1974).

Man muß also einen neuen qualitativen Sprung wagen: und zwar ins "organisch-systemische" Management (OSM), in eine "neue" Art zu denken, zu sehen, zu fühlen und "organisch " zu handeln, kurz: in eine Art, die viele spürbare Umstellungen mit sich bringt - auch wenn einige alte Pionierelemente durchaus wieder eingesetzt und auch nicht alle Elemente der Ära des technokratisch-bürokratischen Managements über Bord geworfen werden müssen[3].

Organisch-systemisches Management (OSM) ist Management mit "high dynaxiblity" - und zwar hoher Dynaxiblity auf der Ebene des Individuums, der Gruppe, sowie der Organisation samt ihren zentralen Input-Output - transformationstechnologischen Prozessen (vgl. offener-sozio-techno-ökonomischer Systemansatz/ OSTO).

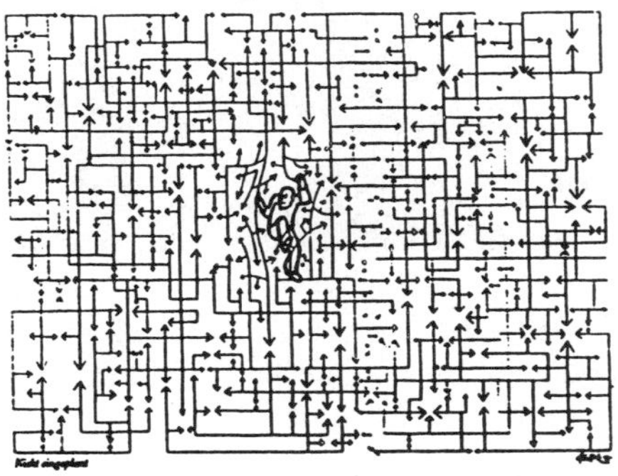

Steckbriefartig ist dieser high-dynaxibility-Ansatz (der Zone III)

[3] Das folgende Cartoon ist aus: Doll, P., Henke, H., Joerger, G. & Thombansen, E. (Hrsg.) (1984): BEAMTICON, der Beamte in der Karikatur, Herford (Maximilian Verlag) S. 15

charakterisierbar durch strategisch langfristiges "visioning" betreffend der Entwicklung von Mitarbeitern, Organisationen, Umfelder und Produkten (= Problemlösungen, Funktionen) (mit Sinn(hinter)grund), mit offenen partizipativ-interdisziplinären Kommunikationsstrukturen und freien projektorientierten Kooperationskombinationen. Organisieren, Problemlösen und Arbeiten wird als "Energiefluss" und "Prozess" begriffen. Reflexion, und Lernen werden entsprechend als Erfolgsfaktoren angesehen. Die fortlaufende Entwicklung angemessener Systemkulturen (Spielregeln, Werte, Normen) ist dabei von hoher Bedeutung, da sie Voraussetzungen schafft für Kreativität, "responsiveness" (variety) Lernen und Entwicklung, also Erfolg, Zukunftssicherung, Flexibilität und Lebensentfaltung.

Weitere Kennzeichen sind: Denken und Planen im größeren (und globalen) Zusammenhängen[4] sowie in rückbezüglichen, und kybernetischen Kausalnetzen und Prozessen, flache Hierarchie mit heterarchischen teilautonomen lokalen "Aktions-Inseln" (Dezentralisierung), feedforward-Verbindungen, (Frühwarnsystemen), Selbstregulation, Vertrauensklima, "Sinnergie" usw.

Auch die Oberziele haben sich in Zone III verschoben. Im Vordergrund steht nunmehr eher (Über)leben, Kreativität, Synergie, Überraschungskompetenz, Entwicklung-Zukunft-Sinn.

---

4 ... was man fälschlicherweise auch als "ganzheitliches" oder "holistisches" oder "gesamtheitliches" Denken bezeichnet. Was aber ist eigentlich die Ganzheit (analog der Frage nach der allergrößten Zahl)?

3. Anforderungen in Dynaxity-Zone III: high dynaxiblity

Es ist offensichtlich, daß Leben, Arbeiten, Denken, Organisieren und Managen in Zone III uns alle vor z.T. recht neue bzw. neuartige mentale, regulative und verhaltensbezogene Herausforderungen stellt. Ein simples Verhalten wie auf nebenstehendem Cartoon ist vorbei. Die wesentlichsten Umstellungsanforderungen scheinen in der Praxis folgende zu sein (die aus Raumgründen hier leider nur stichwortartig angeführt werden können):

3.1 Dynamik, Komplexität, Dynaxity akzeptieren!

Es nützt zunächst nichts, sich gegen Dynaxity zu wehren (durch Simplifikation, Selbstüberschätzung, Hauruck-Maßnahmen, Verdrängung, Regression, Flucht etc.). Tut man es dennoch, gerät man schnell in Denk- und Verhaltensweisen hinein, die zu katastrophalen Ergebnissen führen können. Auf Abb. 5 habe ich diese im Telegrammstil überblicksartig zusammengetragen (ich hoffe, man kann das trotzdem verstehen).

Komplexe, dynamische Systeme und Prozesse sind nun eben mal nicht einfach, langsam, durchschaubar und monokausallinear. 1 + 1 kann manchmal 11 sein oder 5 oder 8 (aber auch 2). Dazu der nächste Punkt:

3.2 Widersprüche zulassen und balancieren!

Bei komplexen Problemzusammenhängen sind außerdem Widersprüche an der Tagesordnung. Es ist wichtig diese dann nicht abzuwürgen und/oder zu verdrängen. Oft gilt es die Gleichzeitigkeit von "Sowohl-als-Auch" Situationen (statt Entweder-Oder) zu akzeptieren. Widersprüchliche Trends und Energiefelder, gegensätzliche Interessen, offensichtliche "Unlogiken" sowie konterkarierende Wechselwirkungen sind dann abwägend und ausgleichend zu balancieren (und zu katalysieren), um riskantere Entwicklungen möglichst zu vermeiden.

Beispiele solcher Widersprüche - die gleichzeitig wahr sein können - sind:

Tun *und* Lassen

Härte *und* Sanftheit

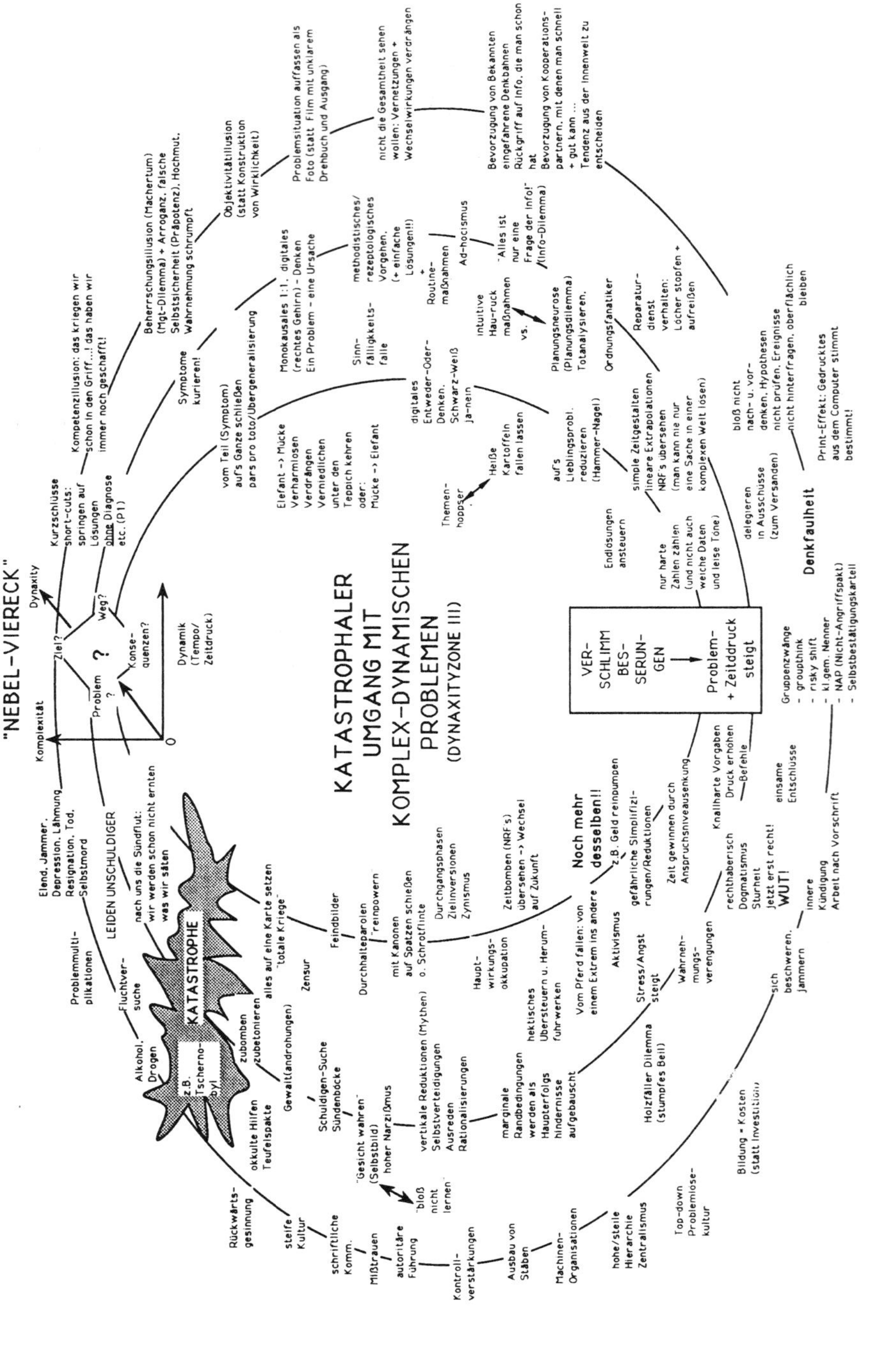

Abb. 5: Katastrophaler Umgang mit komplex-dynamischen Problemen (Zone III)

Durchsetzen *und* Kunst des Möglichen

Distanz *und* Nähe

Geduld *und* schnelle Ergebnisse

offen lassen *und* Grenzen setzen

Logik/Analyse *und* Intuition/Gefühl

Sicherheit *und* "Chaos"

Beten *und* Arbeiten

Argument-Gegenargument (Positionenkampf) *und* lautes gemeinsames Denken ins Unreine...

3.3 Systemisches Denken, Fühlen und Handeln üben!

Da alles immer enger mit allem zusammenhängt, wird die Möglichkeit Probleme/Chancen isoliert, monokausal und naiv zu sehen und zu behandeln immer geringer. Man kann ein Problem nie mehr nur alleine behandeln: Wechselwirkungen sowie Neben-, Rück- und Fernwirkungen - sogenannte NRF's in Abb. 6 - sind grundsätzlich mit zu bedenken, ebenfalls neben den sachlogischen/technologischen Komponenten geistige, psychische, soziologische, ökologische und klimatische u.a. Dimensionen und Ebenen (vgl. Probst 1989, Probst/Gomez 1989). Gewohnte Rezepte wie "jetzt erst recht", oder "immer mehr von demselben", sowie Durchhalteparolen, Druckverstärkung usw. - wie z.B. Dörner (1989) das alles so überaus plastisch beschrieben hat - und in Abb. 5 erwähnt werden - funktionieren nicht mehr . Man muß das "Ganze" und seine Zusammenhänge sehen, fühlen und spüren (Intuition, rechte Gehirnhälfte!!), kalte Logik durch bunte Bilder ergänzen, Prozesse regulieren (statt Zustände), Diagnostizieren (ohne sich jedoch totzuanalysieren) und Explorieren, Experimentieren bevor man eingreift (vgl. Rieckmann/Weissengruber 1990). Dabei darf man aber auch den richtigen Augenblick nicht verpassen, um eben dann nicht doch noch in aller Not schnell in hektisches Übersteuern zurückzufallen und nichts als Verschlimmbesserungen oder gar neue Katastrophen zu produzieren! In Zone III tut anderes not: sensibles Verstehen, der richtige Riecher, eine "synergische", flexible, multikulturelle und motivierte Mannschaft mit sinn-machenden Wert-Zielen bringen in komplexen Umwelten - also hoher Dynaxity - wesentlich mehr. Der selbstgewisse Arrogante übersieht dabei schnell jene Feinheiten, auf die es manchmal entscheidend ankommt: Stolz verengt die Wahrnehmung und gräbt sich selbst die Dynaxity-Grube. (Spinnennetze kann man ja auch nicht mit Hammer und Zange reparieren!) Vielmehr braucht es hier Sanft-Mut, Weisheit und - eine Art von Bescheidenheit!

Abb. 6 versucht Möglichkeiten "vernünftigen" Umgangs mit komplexdynamischen Problemen ebenfalls -aus Raumgründen- telegrammstilartig aufzulisten und zusammenzufassen.

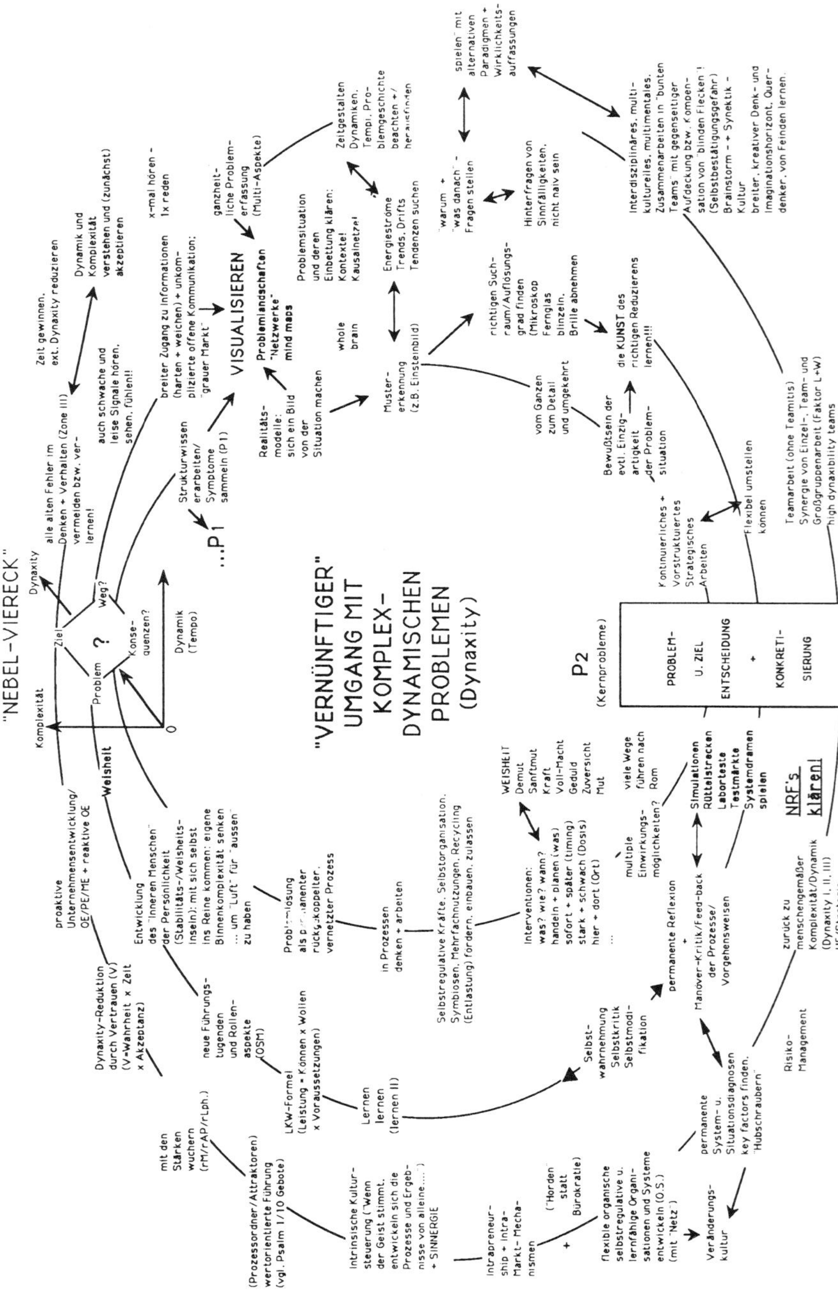

Abb. 6: Vernünftiger Umgang mit komplex-dynamischen Problemen (Zone III)

3.4 Geräuschloses Führen lernen: Meta-Management und strategisch-visonäres Denken

Der Führungsstil muß sich ändern: Motivieren durch Ausstrahlung, Besonnenheit, Sinngebung und Entwicklungsperspektiven; katalysierend, moderierend, unterstützend und dienend, somit organische Voraussetzungen struktureller, regulativer, kultureller und energetischer Art schaffend, unter denen die Mitarbeiter im Sinne des "größeren Ganzen" (dem Existenzgrund des Unternehmens, vgl. Rieckmann/Weissengruber 1990) und gemeinsamer Sinnziele sich mehr und mehr selbst managen lernen (Delegation, Dezentralisation, Selbstkontrolle), dadurch befähigt, die ungeplanten/unplanbaren täglichen Überraschungen, die bei Dynaxity Zone III immer auftreten, selbständig, situationsoriginell, problemadäquat, kreativ, zukunftsorientiert und wirksam beantworten zu können (Natürlich passieren dabei Fehler. Aber wenn man aus ihnen lernen läßt, hat man vollen Erfolg!). Das Management kann dann das tun, was "es schon immer tun wollte" - oder sollte: den Kopf frei haben, in den "Hubschrauber" steigen, das System von oben sehen und reflektieren!, also "monitoring", "scanning","sensing" und strategisch-visionäres Planen, d.h. an der zukünftigen Existenzsicherung des Systems arbeiten, besser noch: proaktiv die Zukunft gestalten - ihrer eigentlichen Aufgabe also nachgehen...

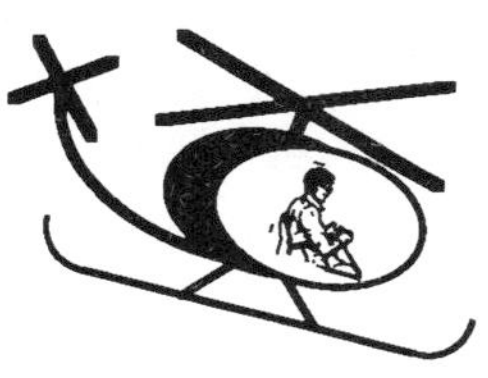

3.5 Neue Kompetenzen entwickeln: soziale, kommunikative diagnostische und "kairos"-bezogene Interventionskompetenzen...

Man muß teamfähig werden, zuhören, und ausreden lassen können, wahrnehmen, "was wirklich los ist" und das dann in wohldosierte, richtig "getimte" und genau gezielte Prozessinterventionen umsetzen können (also Abb. 6 statt Abb. 5!).

Die Fähigkeit der Leitung, Moderation (und angemessener Reduktion) komplexer (partizipativer) Problem-Löse- und Lernprozesse, der wirkungsvolle, voll-mächtige Umgang mit sich selber, mit einzelnen Mitarbeitern, Gruppen und Prozessen, (neben oben erwähnter richtiger Nutzung von Fehlern sowie Andersartigkeiten und Unterschiedlichkeiten von Menschen (diversity is good!) zur Förderung von Wahrnehmen und Lernen) ist - mit anderen Worten - unabdingbare Führungs- und Erfolgsvoraussetzung fruchtbaren (statt furchtbaren) Arbeitens in systemischen Zusammenhängen bei hoher Dynaxity.

Führungskräfte sind Teil des Systems, das sie selbst gestalten.

3.6 Teamarbeit gezielt einsetzen und nutzen!

Teams haben bei der Verarbeitung hoher Dynaxity dementsprechend eine besondere, ja m.E. zentrale Bedeutung: mehr Augen sehen mehr, mehr Ohren hören mehr, mehr Herzen spüren mehr, mehr Gehirne können mehr.

Der Leistungsvorteil von Gruppen in Richtung "high dynaxibility" wird allerdings nur dann wirklich wirksam, wenn - wie viele Beobachtungen immer wieder zeigen - zwei Faktoren gleichzeitig und möglichst weitgehend erfüllt werden: Faktor L (Liebe), Faktor W (Wahrheit) - wie nachfolgende Grafik Abb. 7 zeigt.

Erreicht eine Gruppe nur einen geringen Grad auf der Dynaxibility-Graden (45° Pfeil) - also wenig F und W - besteht die Gefahr, eine Vermeidungs- und Nichtangriffspaktgruppe (NAP) zu haben. Solche Gruppen schaffen es, sich immer nur auf den kleinsten gemeinsamen Nenner gegenseitigen Schonens zu einigen: Tust Du mir nicht weh, tu ich Dir auch nicht weh - und eine Hand wäscht die andere, und eine Krähe .... usw. ...

Eventuelle Kritiker, Kreativlinge, Querdenker, Widerspenstler und Entreduzierer stören Ruhe und (Schein-)Sicherheit und sind als Nestbeschmutzer schnell rausgeekelt. Unsichtbarer Gruppenkonformitätszwang (groupthink) "Bestätigungskartelle" und Erhaltung niedriger, rein sachbezogener Betriebstemperaturen sind die unausgesprochenen Spiel-, Denk- und Verhaltensregeln: also nichts für high dynaxibility.

Auch Ab- und Seitenwege bringen nichts in Bezug auf höhere Dynaxity-Verarbeitungsfähigkeit. In der "Brutalogang" (- fällt rechts vom Pferd in Rich-

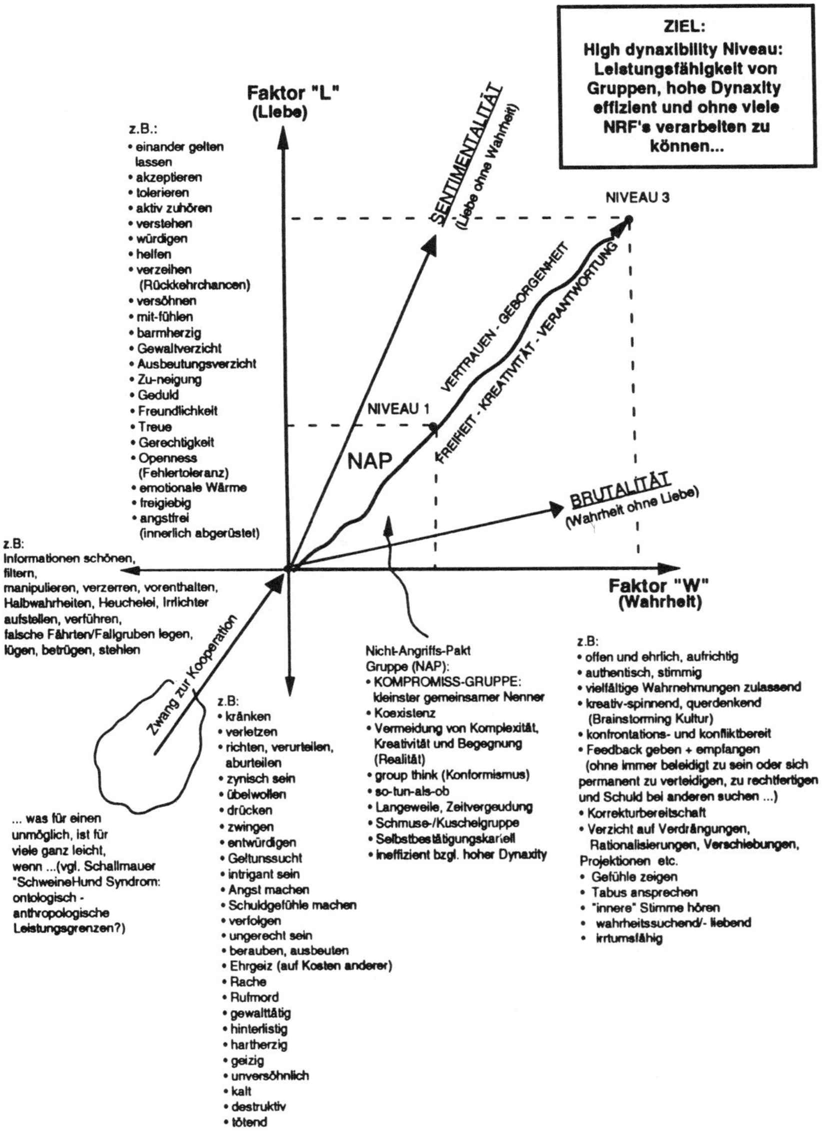

Abb.7: Qualitätsvoraussetzungen für Problemlöseteams bei "High Dynaxibility" - Anforderungen (idealtypisch)

tung Überbetonung Faktor W ab -) sagt man sich zwar die Wahrheit, verletzt sich dabei aber häufig so sehr, daß man - voller innerer Verklemmungen - vorsorglich nur noch auf Nummer Vorsicht schaltet und dementsprechend Unkonventionell-Kreatives und Ehrliches flach fällt (Merkspruch: Wahrheit ohne Liebe ist Brutalität).

Das andere Extrem (links vom Pferd gefallen ...) ist die Kuschel- oder Schmusegruppe: Um des lieben Friedens willen und wegen der gemütlichen Behaglichkeit läßt man alle krummen Zahlen gerade sein - Hauptsache alle mögen alle und es ist immer schön warm und nett (Merkspruch: Liebe ohne Wahrheit ist Sentimentalität).

Ohne hier ins Detail zu gehen, sieht man gleich: "NAP"-Gruppen, "Kuschelgruppe" und Brutalogangs taugen nichts für high-dynaxity Bearbeitung. Der goldene Mittelweg indes tut Not.

High-dynaxibility-teams (Ziel-Niveau 3 in Abb. 7) dagegen bleiben "auf dem Pferd". Sie wachsen iterativ zwischen "Liebe" und "Wahrheit" in eine Kultur und ein Klima hinein, in der bei (paradoxerweise) hoher Geborgenheit und tiefen gegenseitigem Vertrauen (= reduziert außerdem Binnenkomplexität) Grade an Wahrheit + Komplexität, Diversität, Kreativität etc. möglich sind, bzw. aufgrund hoher Offenheit und Ehrlichkeit das Miteinander auf Aufrichtigkeit stabil und verläßlich aufgebaut werden kann. Dadurch wird die vorhandene Brainpower für Dynaxity-Arbeit voll vernetzt und freigesetzt. Freilich gilt es hier Vertrauen und Geborgenheit (Liebe) fortwährend (und paradoxerweise!) mit Freiheit, Kreativität und Verantwortung (Wahrheit) ringend und reifend zu verbinden und zu balancieren, um eben nicht in oben beschriebene "klebrige" Abwege zu geraten und zurückzufallen (vgl. Schweine Hundsyndrom[5]). Gelohnt werden diese Entwicklungsmühen indes teilweise mit der Freude eigener Persönlichkeitsreifung sowie mit der Erfahrung, hohen Dynaxity-Anforderungen ein bißchen kompetenter und gelassener entgegentreten zu können.

3.7 Organisiertes Lernen - lernende Organisation ermöglichen

Die Zeit der Rezepte ist in Zone III entgültig vorbei: nur so etwas wie Prinzipien, Hinweise, Möglichkeiten, Richtungen, Zusammenhänge usw. - läßt sich noch angeben. Deswegen ist Lernen, Verlernen, Umlernen, ist Organisieren und Umorganisieren, sind gemeinsame Diagnose-, Planungs- und Reflexionsprozesse mit Betroffenen zum ganz normalen Bestandteil von Arbeit zu machen. Nur so scheinen Organisationen (und Menschen) Zone-III-fähiger, d.h.

---

[5] Das Schweine Hundsyndrom habe ich an anderen Stellen genauer beschrieben (Rieckmann 1990, S. 154,1989,S. 686 f.) Gemeint ist damit -in aller Kürze- eine m.E. quasi anthropologisch-ontologisch bedingte "Schallmauer" für die Entwicklung vom Menschen bzw. high dynaxibility teams: Angst + Gewalt (= "Hund") sowie Gier und Selbstsucht (= Schwein) - theologisch gesprochen die Erbsünden -Natur des Menschen- führen über ökonomisch bedingte Sicherheits- und Nichtangriffspakte doch immer wieder zu lauen Verhaltens- und Denk- Kompromissen, reduzieren damit das Niveau von L und W und verringern dabei dann deutlich die Problemlösekapazität (die Dynaxibility). Viele Teambeobachtungen haben das gezeigt. Gruppendynamische o.a. Teamtrainings haben daher m.E. nur mittlere Reichweiten. Lediglich das Absterben des Schweinehundes (theologisch gesprochen eine Christusbegegnung) vermögen hier überhaupt erst radikale Lösungen und "phänomenale" Durchbrüche zu ermöglichen... In säkularen-atheistischen Kontexten sind diese tieferliegenden (und oft tabuisierten) Zusammenhänge jedoch leider nur sehr schwer ansprechbar, entkrampfbar und heilbar (vgl. Johannesevangelium Kap. 3).

findiger, schneller, kreativer , mobiler, flexibler, elastischer, reagibler und treffsicherer werden zu können. Lebenslanges Lernen ist daher im Bereich Fachkompetenz (FK), Managementkompetenz (MK), Sozialkompetenz (SK) und Persönlichkeitsentwicklung (PE) selbstverständlich (vgl. Rieckmann 1988) und ist als Investition (und nicht als Kosten) anzusehen. Denn:

"If you think education is too expensive, try it with incompetence..." (VW AG)

4. Praktische Tips

Es fragt sich nun, welche Konsequenzen man für Organisationen, Management und Führungskulturen ziehen muß und was man tun kann, um höhere "Dynaxibility" entwickeln zu können. Nachfolgend habe ich eine Liste von Hinweisen zusammengestellt - die natürlich keine Rezepte darstellen - aber in nicht wenigen Unternehmen (und in unterschiedlichen Kombinationen) erfolgreiches Handeln in Zone III förderten, und dabei Konsequenzen der Dynaxity zu mildern bzw. die Dynaxibility zu erhöhen vermöchten:

4.1 So banal wie es klingt - zunächst eine paradoxe Empfehlung: *Wenn möglich Geschäfts- und Operationsfelder finden, in denen geringere Dynaxity herrscht.*[6] Arbeiten, Führen und Organisieren ist dann für die meisten von uns viel einfacher (mengenmäßige Dominanz homöostatischer Menschentypen, die sog. "Bewahrer").

4.2 *Hausgemachte interne Kunstkomplexität abbauen;* Bürokratie, Hierarchie und Kontrolle reduzieren durch viel Kommunikation, Dezentralisierung, Ergebnisvereinbarungen und Vertrauensaufbau. Heilige Kühe schlachten, alte Gewohnheiten hinterfragen und ggfls. einstellen; keep it simple, quick and practical. Partielle Pionierkulturen ermöglichen (Zone I-Elemente!)

4.3 *Responiveness erhöhen:*[7] mehr Proaktivität, Kreativität, Flexibilität und Selbstregulation ermöglichen, wie beispielsweise:

---

[6] ... oder gezielte Strategien zur Reduktion von Umfeld-Dynaxity entwickeln, wie z.B.

- engere, langfristig stabilere Kundenbindung durch Qualitätssicherheit und Service (lean production, z. B.)
- Konzentration: Kartelle, Marktabsprachen, Marktzugangskontrollen usw. (unter Machtkontrollgesichtspunkten natürlich höchst bedenklich!).

[7] Hier besteht allerdings die Gefahr des "ABS-Abnutzungseffektes": gewonnene Dynaxibility sollte man in Reserve halten, und nicht wieder voll einsetzen zum Aufbau weiterer Dynaxity : das Hamsterrad würde nur noch schneller werden! -denn die Konkurrenz wäre gezwungen, ihrerseits die Dynaxity -Schraube weiter anzuziehen, um wieder die berühmte Nasenlänge vorauszusein... und so weiter - und so fort... Warum hetzen wir eigentlich so? Vielleicht Offenbarung, Kap. 12, Vers. 12? Bzgl. der Zeitverdichtungsproblematik ist vor kurzem ein "Verein zur Zeitverzögerung" (Prof. Heintel, Universität Klagenfurt) gegründet worden, der hier zum z.T. schon kreative und unkonventionelle Denk- und Handlungsanstöße zu vermitteln weiß..

Auf oberer Leitungsebene:

- proaktive, strategisch-visionäre und szenariogestützte Unternehmensentwicklung (UE) und Umfeldgestaltung, und zwar
- mit Hilfe "bunter" Leitungsteams (interdisziplinär, interkulturell, intermental), die besser vielschichtige, schwache Signale und leise Töne von Freund und Feind wahr-nehmen können (antizipatorische Anpassung, Zeit gewinnen!), sowie
- rollende 1-Jahres Planungen im Lichte wandernder Visionen und möglicher Zukünfte/Szenarios
- "key factors" und Controlling entwickeln (d.h. primär systemische Dauer- Diagnose - und Prozess-Steuerungsinstrumente, weniger Personenkontrolle!)
- Manager mit Autorität und Vorbildcharakter/Führungskräfte mit Vollmacht (statt Positionsmacht), also Führungskräfte, die sich selber führen können und "OSM-Qualitäten" haben...

Auf Organisations- und Kulturebene:

- Mehrfachausbildung: Generalisten und Springer (unterstützt von Spezialisten) (vgl. z.B. Betriebswerkerkonzept, Rieckmann 1982, Fallstudie)
- problem-/zukunftsgerechte, bewußte Wahl von organisatorischen Strukturtypen (Sparte? Matrix? Gruppensystem? strategische Geschäftsfelder, Finanz/Management-Holdings etc ...)
- Teamarbeit und teilautonome Gruppen/Intra-preneurship, d.h. Marktmechanismen auch für die interne Organisation anwenden
- flachere Hierarchie und heterarchisch vernetzte dezentrale "Inseln"
- höhere "Offenheit" von Strukturen, Regeln, Prozessen, Kooperationen
- mehr Meeting-Kultur statt umständliche, indirekte, schriftliche (Absicherungs-) Kommunikation
- Stärken-, Potential- und Lebensphasen-gerechter Einsatz von Menschen und deren Möglichkeiten ("LKW-Formel": Leistung = Können x Wollen x Voraussetzung)
- Entwicklungsoffene lern- und leistungsfördernde Belohnungs-, Status- und Bezahlungssysteme
- Mobilität erhöhen, z.B. job rotation, Mehrfachausbildung etc. (siehe oben)

- arbeitsintegriertes Dauerlernen: Lernen + Verlernen fest verankern im Arbeitsplatz/Arbeitsalltag durch entsprechende lernfördernde job designs
- bewußt gestaltete Rekrutierungs-, Selektions- und Beförderungsprozesse mit strategischer Orientierung
- "richtiger" Mix zwischen Automatisation/elektronischer Info-Verarbeitung und Einsatz von "Menschen"
- Synergie ermöglichen durch klare und akzeptierte Ziele (inkl. Werte, Normen, Standard, Spielregeln plus "Sinnergie": Energie durch gemeinsame Sinnfindung und -orientierung)
- Management by results/exception (Ergebnisvereinbarungen und Selbstmanagement)
- Projekt- und Prozessmanagement
- Institutionalisierung von Dauerreflexion und Diagnose der eigenen Organisation und Kultur: Monitoring/Scanning/Sensing als Teil der Führungsaufgabe
- situationsgerechter Mix von "Hierarchiemacht" und "partizipativen Prozessen"/Organisationsentwicklung
- fortwährende Prozesse der Management-, Personal- und Organisationsentwicklung (unter Beachtung strategischer FIT's zwischen Markt-Strategie-Struktur-Kultur-Umfeld-Zukunft) zur Entwicklung einer Kultur, in der die Konstanz des Wandels als normal und selbstverständlich angesehen wird.

4.4 Persönlichkeitsentwicklung

- mit sich selbst ins Reine kommen, um dann mehr Kapazität für Aussen-Dynaxity haben zu können!
- sich selbst besser verstehen und "intelligenter" einsetzen lernen (gemäß Stärken, Position und Lebensphase)
- "nie mit stumpfen Sägen arbeiten": sich um die "Instandhaltung" und "Wartung" der eigenen Person kümmern (vgl. Prediger Salomo, Kap. 10, 10)
- eigene Inseln der Entspannung und Stabilität finden /entwickeln - den "inneren Menschen" fördern (peacefully centered core)
- Bewußtsein/Verstehen vertiefen für geistige Zusammenhänge als "eigentliche" Ursachen psycho-sozialer und materieller Auswirkungen und Gegebenheiten.

- "systemisches Management" und ganzheitliches Denken am eigenen Leibe lernen und erleben, z.B. in Simulationslaboratorien, Workshops und anderen Seminaren (vgl. OSTO Verein, UNI Klagenfurt, St. Gallen, GDI Zürich u.a.)
- sich immer wieder vom Problem lösen, in den "Hubschrauber" steigen, gemäß dem Motto: Ein Problem lösen heißt sich vom Problem lösen!

4.5 Externe Unterstützungen suchen und nutzen

- Erfahrungsaustauschgruppen, Supervision,
- Coaching, Beratung

4.6 Organisatorische und kulturelle Veränderungsprozesse schrittweise beginnen, bzw. Veränderungskultur einführen, durch bspw.

- Organisationsentwicklung (OE) / Management of Change Change-Managment
- Personalentwicklung (PE)
- Managemententwicklung (ME)
- Leitbildentwicklung (CI)

5. Ausblick-Durchblick...

Dynaxibility wächst nicht über Nacht, sondern ist das Produkt zahlreicher und tiefgehender Lern- und Erfahrungsprozesse individueller und/oder kollektiver Art (vgl. organisationales Lernen). Es ist schwer, diesen Prozess erst dann zu beginnen, wenn man schon in Zone III hineinmanövriert (worden) ist. Proaktiv in Zone II damit anzufangen ist ratsam. Und: selbst die längste Treppe beginnt mit dem ersten Schritt. Und jeder Schritt als solcher ist schaffbar, zumal auch das Leben in Zone III neue bereichernde Erlebnisse ermöglichen kann. Diese Bereicherungen liegen nicht nur in gesteigerter Dynaxibility (deren Wert - siehe ABS-Effekt - außerdem noch sehr fragwürdig sein kann...). Sondern - und das ist fast mein derzeitiges persönliches Fazit aus dem Studium der Dynaxity - die eigentlichen Wachstumschancen liegen ganz woanders, nämlich im Bereich und in der Rehabilitation uralter Lebenstugenden: Es braucht Weis-heit, DeMut, SanftMut, Qualität und Autorität (= dienende VollMacht), um mit Dynaxity fruchtvoll umgehen zu können. Arrogante Kraftmeiereien sind endgültig sinnlos und höchst lebensgefährlich. Unter solch einem Blickwinkel wird m.E. Komplexität und Dynamik parodoxerweise zu etwas Positivem: Vielleicht produzieren wir "auf Teufel komm raus" deshalb soviel Verstrickungen und Hetzereien, weil wir uns im tiefsten Herzen nach Zusammenbruch (dem Jüngsten Tag) sehnen, damit endlich die wahren Lebensqualitäten wieder hervorkommen können...?

Zum Abschluß zwar noch ein komplexes, jedoch gottlob wenigstens ganz undynamisches Bild (Abb. 8), das die oben ausgeführten Zusammenhänge auf einen Blick "systemisch-vernetzt" darzustellen versucht.

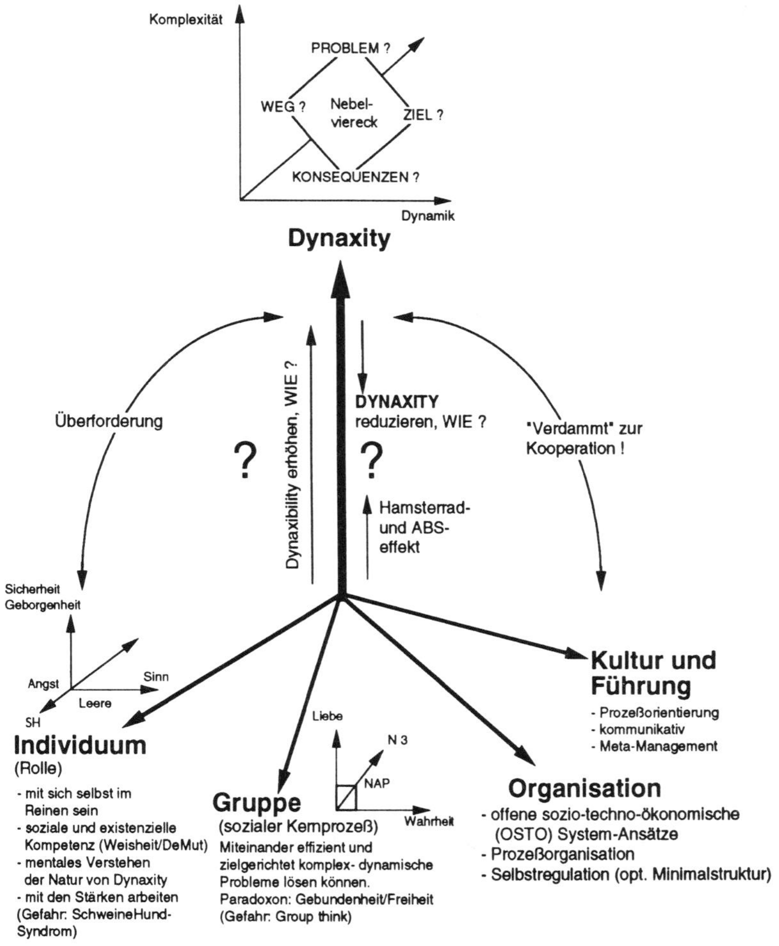

Abb. 8: Dynaxity + Dynaxibility synoptisch: Erhöhung der Fähigkeit, Dynamik und Komplexität vernünftig und wirkungsvoll verarbeiten zu können (ohne NRF's!) durch Entwicklung von Individuen, Teams, Organisationen Kulturen ...

6. Literatur

Attems, R. (1990), Chaos und Management, in: Industrie 9/90, S. 16-18.

Beer, S. (1981), Brain of the Firm - The Managerial Cybemetics of Organization (2. Aufl.), Chichester 1981.

Bertalanffy, L. v. (1973), General System Theory - Foundations, Development, Applications, Harmondsworth 1973.

Clark, J. V.; Krone, C. (1972), Toward an Overall View of Organizational Development in the Early Seventies, in: Thomas, J. M.; Bennies, W. G. (Hrsg.) The Management of Change and Conflict, Harmondsworth 1972.

Dömer, D. (1981), Über die Schwierigkeiten menschlichen Umgangs mit Komplexität, in: Psychologische Rundschau, (2) 3/Juli/1981.

Dömer, D. (1989), Die Logik des Misslingens. Strategisches Denken in komplexen Situationen, Hamburg 1989.

Dömer, D.; Kreuzig, H.; Reither, F.; Stäudel, T. (1983), Vom Umgang mit Unbestimmtheit und Komplexität, Stuttgart 1983.

Gaspari, Ch.; Millendorfer, H. (1978), Konturen einer Wende, Strategien für die Zukunft, Graz 1978.

Gomez, P.; Probst, G. J. B. (1989), Fehler im Umgang mit der Komplexität, in: Hemsteiner 2/89, S. 16 - 20.

Greiner, L.E. (1972), Evolution and revolution as organizations grow; in: Havard Business Review, July/August 1972, S. 37 f..

Hanna, D. P. (1988), Designing Organizations for High Performance, Reading, Mass. 1988.

Heintel, P.; Kainz, E. (1987), Projektmanagement, Wiesbaden 1987.

Jenkins, D. (1974), Job Power, London 1974.

Kasper, H. (1990), Die Handhabung des Neuen in organisierten Sozialsystemen, Berlin 1990.

Krieg, W. (1985), Management- und Untemehmensentwicklung - Bausteine eines integrierten Ansatzes, in: Probst/Siegwart (Hrsg.) Integriertes Management, Bem 1985.

Lievegoed, B.C.J. (1974), Organisation im Wandel, Bem/Stuttgart 1974.

Luhmann, N. (1970), Funktionale Methode und Systemtheorie, in: Luhmann, N. (Hrsg.) .Soziologische Aufklärung - Aufsätze zur Theorie sozialer Systeme, Köln 1970, S. 31-53.

Luhmann, N. (1984), Soziale Systeme. Grundriß einer allgemeinen Theorie (1. Aufl), Frankfurt// Main 1984.

Luhmann, N. (1986), Systeme verstehen Systeme, in: Luhmann, N.; Schoor, E. H. (Hrsg.). Zwischen Intransparenz und Verstehen. Fragen an die Pädagogik, Frankfurt/Main 1986, S. 72-117.

Luhmann, N. (1988), Entwicklungen in der Systemtheorie, in: Merkur, (42) 4/1988, S. 292-300.

Mann, R. (1988), Das ganzheitliche Untemehmen. Die Umsetzung des Neuen Denkens in der Praxis zur Sicherung von Gewinn und Lebensfähigkeit (2. Aufl.), Bem 1988.

Müller, S.; Adelt, P. (1990), Veränderte Anforderungen an Führungskräfte und Mitarbeiter?, in: Wiendieck, G.; Wiswede, G. (Hrsg.) Führung im Wandel. Neue Perspektiven für Führungsforschung und Führungspraxis, Stuttgart 1990, S. 231-256.

Neuberger, O. (1990) Systemisch Führen - Ein Widerspruch in sich ? Typoskript der Universität Augsburg, Augsburg 1990.

Neumann, R. (1989), Vemetztes Denken im Umgang mit komplexen Problemsituationen, in: Hemsteiner 2/89, S. 13 - 15.

Neumann, R. (1990), Untemehmenskulturelle Überlegungen im Zusammenhang mit Organisations-, Personal- und Managmententwicklung, in: Hemsteiner 3/90, S. 16 - 19.

OSTO e.V. : Verein für offene Systementwicklung. Systemisches Managen in der Praxis, A-9020 Klagenfurt, Universitätsstraße 65-67.

Probst, G. J. B. (1987), Selbstorganisation - Ordnungsprozesse in sozialen Systemen aus ganzheitlicher Sicht, Berlin 1987.

Probst, G. J. B. (1989), Und was macht ein ganzheitlicher Manager ?; in: Die Unternehmung 1/89, S. 2-13.

Probst, G. J. B./Gomez, P. H. . (1989), Vernetztes Denken. Unternehmen ganzheitlich führen, Wiesbaden 1989.

Richter, H.E. (1979), Gotteskomplex. Reinbeck/Hamburg 1979.

Rieckmann, H. (1982), Auf der grünen Wiese... Organisationsentwicklung einer Werksneugründung. Soziotechnisches Design und Offene-System-Planung, Bern 1982.

Rieckmann, H. (1984), Wie ich bei Procter & Gamble "Führung" erlebte und was ich weiterempfehlen kann, in: Pulling, K. K. et al. (Hrsg.): Erfolgskonzpete der Führung. Fallstudien aus Deutschland, Japan und den USA, Hamburg 1984, S. 123-136.

Rieckmann, H. (1988), 20 Thesen zur zukünftigen Managemententwicklung in der Wirtschaft, in: Kastner, M.; Gerstenberg, B. (Hrsg.) Neue Trends im Personalwesen. Personalplanung, - entwicklung und -pflege in Wirtschaft und Verwaltung, Landsberg 1988, S. 49-62.

Rieckmann, H. (1989), Organisationsentwicklung als Element strategischer Personalpolitik und Personalentwicklung. 19 Thesen und 1 Anti-These, in: PersonalFührung, 7/1989, S. 686-693.

Rieckmann, H. (1990), Fruchtbar arbeiten, in: Kemm, R.; Hirsbrunner, D. (Hrsg.) Entwicklungspotentiale: Erkennen und Nutzen. Ein Lesebuch für die Praxis, Bern 1990, S. 125-155.

Rieckmann, H.; Schildmayer (1987), Strategische Unternehmensplanung und organisatorische Konsequenzen. Oder: Ein Prozess, wie er fast im Bilderbuch stehen könnte ..., in: Zeitschrift Organisationsentwicklung, (6) 1/87, S. 29-47.

Rieckmann, H.; Weissengruber, P. (1990), Managing the unmanageable? oder ... lassen sich komplexe Systeme überhaupt noch steueren? Offenes Systemmanagement mit dem OSTO-System-Ansatz, in: Kraus, H.; Kailer, N.; Sandner, K. (Hrsg.) Management Development im Wandel, Wien 1990, S. 27-96.

Schiepek, G. H. . (1987), Systeme erkennen Systeme. Individuelle, soziale und methodische Bedingungen systemischer Diagnostik, München 1987.

Ulrich, H.; Probst, G. J. B. (1988), Anleitung zum ganzheitlichen Denken und Handeln. Ein Brevier für Führungskräfte, Bern 1988.

Vester, F. (1986), Wir müssen in Systemen denken..., in: Management Wissen, 7/1986.

Walton, R. (1977), Work Innovation at Topeka: After 6 years. in: Journal of Applied Behavioral Science 13, 1977, S. 422-433.

Weber, D. (1990), Prinzip Dynamik, in: Management Wissen 1/90, S. 29 - 31.

Weick, K. E. (1985), Der Prozeß des Organisierens, Frankfurt/Main 1985.

Wittenzellner, Ch. (1989), Expedition ins Innere der Systeme; in: Management Wissen 6/89, S. 99 - 111.

Zeitschrift Orgnisationsentwicklung (4/1990), Schwerpunkt-Thema: Sozio-technische Systeme - Grundlage für neue Formen der Arbeitsorganisation.

Zukunftsgestaltung in einer Welt wachsender Turbulenzen

von *Klaus Henning*[1]

1. Worum geht es?

1.1 Eine Welt wachsender Turbulenzen

Wir leben in einer Welt wachsender Turbulenzen. Wir werden immer schneller und immer ausführlicher über immer wichtigere und immer weniger wichtigere Vorgänge dieser Welt informiert. Jeder redet mit jedem, jeder reist zu jedem, jeder kauft, was er will - ob sinnvoll oder sinnlos. Die Märkte werden immer turbulenter - neue Marktsegmente und ihre Nachfrage treffen die Unternehmen oft völlig unvorbereitet. Bewährte Märkte - auch bei Großkonzernen - brechen plötzlich von heute auf morgen zusammen. Meist sind die Unternehmen hierauf nicht vorbereitet.

Immer weniger bleibt stabil - immer mehr wird instabil. Nur wer sich in der Instabilität und im zunehmenden Chaos zurechtfindet, hat eine Überlebenschance.

In einer solchen Welt wachsender Turbulenzen wächst das Bedürfnis von Menschen, die Verantwortung haben bzw. unternehmerisch tätig sind, sich in diesen Turbulenzen zurecht zu finden. Fragen nach dem Sinn oder der Sinnlosigkeit brechen neu auf. Neue Weltbilder, die das Zeitalter der Aufklärung abzulösen scheinen, locken verheißungsvoll. Manche suchen auch nach einer neuen Interpretation christlicher Zukunftserwartung. Viele suchen nach Wegen, das Erkannte umzusetzen in ihrer täglichen Berufs- und Management-Praxis. Viele tun es vergeblich, weil sie immer noch nach Kochrezepten suchen. Manche tun es erfolgreich, weil sie begriffen haben, das man komplexe Problemstellungen heutiger Organisationen nur noch systemisch anpacken kann, also nur noch, indem man Organisationen als vernetzte, hochkomplexe,

[1]Prof. Dr.-Ing. Klaus Henning, Hochschuldidaktisches Zentrum (HDZ) und Fachgebiet Kybernetische Verfahren und Didaktik der Ingenieurwissenschaften (KDI) der RWTH Aachen, Rolandstr. 7-9, 5100 Aachen

schwer oder gar nicht beschreibbare Systeme wahrnehmen lernt, in denen die Wechselwirkungen zwischen den Systemkomponenten viel wichtiger sind als die einzelnen Systemelemente.

Wie können wir in einer solchen Situation - auf der Basis einer christlichen Zukunftserwartung - den kommenden Turbulenzen eines zusammenwachsenden Europas, ja einer zusammenwachsenden Welt entgegengehen und im nicht mehr Steuerbaren, in der Instabilität trotzdem verantwortlich handeln lernen?

1.2 Das Dilemma der Wahrnehmung

Lassen sie mich das Dilemma, in dem wir uns befinden, in einem Bild verdeutlichen (Abb. 1). In einer Welt wachsender Turbulenzen erleben wir ein Wechselbad widersprüchlicher Entwicklungen positiver und negativer Art, die sich zunehmend häufiger plötzlich ablösen. Die Chancen und die Risiken steigen ständig. Von einer monokausal sich zum besseren entwickelnden Welt kann nicht mehr die Rede sein. Der aufklärerische Geist der Rationalität nach dem der Mensch alles machen kann, was er machen will enthielt die Annahme, daß das Gemachte in der weitaus überwiegenden Zahl der Fälle gut wird oder zum Guten dient. Diese Annahme hat ausgedient, ja sie entpuppt sich zunehmend als Lebenslüge einer falschen Fortschrittsgläubigkeit, auch wenn dies immer noch auf manchen Hochglanzprospekten zu lesen ist.

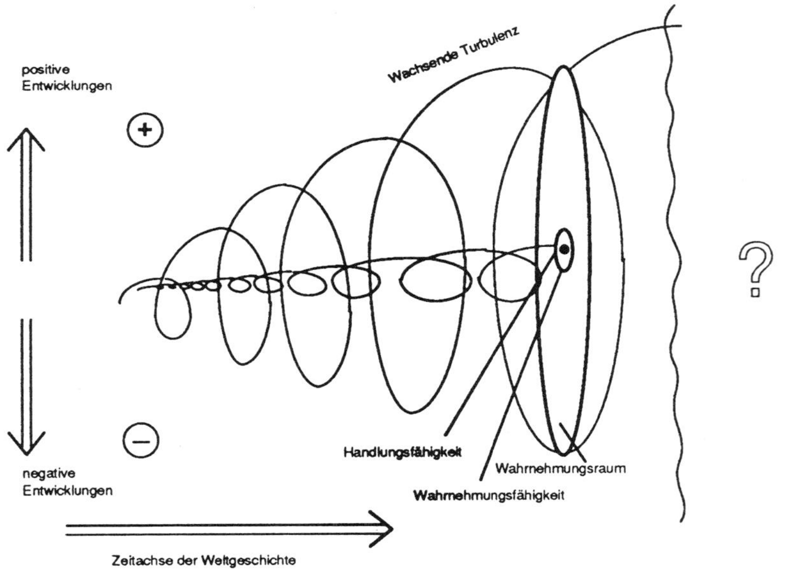

Abb. 1: Eine Welt wachsender Turbulenz

Aber auch der asiatische Geist, nach dem alles wiederkehre in ewigem Kreislauf von Wiedergeburt ist längst ergänzt worden durch das sogenannte westliche Tao, nach dem sich die Welt spiralförmig zu immer höherem Bewußtsein nach oben entwickle. Doch auch das "westliche Tao" der Japaner kommt an seine Grenzen. Auch sie beginnen an den von ihnen geschaffenen Turbulenzen zu ersticken.

Das wesentliche Merkmal der Weltgeschichte scheint also ihre wachsende Widersprüchlichkeit zu sein:

- Trotz wachsender technischer Möglichkeiten nimmt der Hunger in der Welt ständig zu.
- Trotz katastrophaler Bedrohungen durch Selbstzerstörung machen wir munter weiter, als wäre nichts geschehen.
- Trotz offensichtlicher Sinnlosigkeit verdrängen wir die Frage nach dem Sinn dieser Entwicklung - etwa nach dem Motto: Was nicht sein darf, ist auch nicht!

Warum ist das so? Zwei Gründe scheinen mir von besonderer Bedeutung zu sein:

Zum einen hat wachsende Turbulenz zur Folge, daß immer mehr wahrgenommen werden muß. Jeder Mensch aber flieht von Natur aus vor zunehmender Komplexität, die ja nichts anderes ist als ein Nebel, in dem das Ziel unklar wird, der Weg unklar wird und schließlich auch das Problem selbst. Der wahrzunehmende Problemraum übersteigt dabei hoffnungslos unsere noch so vorzüglich ausgebildeten intellektuellen, psychischen, physischen, emotionalen und seelischen Fähigkeiten. Die Diskrepanz zwischen Wahrnehmungsraum und Wahrnehmungsfähigkeit wird immer größer (vgl. Abb. 1).

Zum anderen wächst selbst bei optimal entwickelter Wahrnehmungsfähigkeit die Diskrepanz zwischen erworbener Wahrnehmungsfähigkeit und eigener Handlungsfähigkeit. Trotz wachsender Einfluß- und Handlungsmöglichkeiten wächst die Wahrnehmungsfähigkeit weit überproportional und der Wahrnehmungsraum überproportional zur Wahrnehmungsfähigkeit. Wir müssen also die Frage zulassen, wo das Ganze denn hinführen soll: In die große Sinnlosigkeit und in das Nichts weltweiter Katastrophen? - Oder in einen größeren Sinnzusammenhang und einen durch Gott vermittelten Urgrund, der nach christlicher Auffassung in der Person Jesu Christi am Ende der Zeit wiederkommen wird?

Wer in solchen Kategorien denkt, setzt sich tendenziell zwischen viele Stühle, auf denen etablierte Wissenschaftsverständnisse und etablierte Weltanschauungen sitzen, die ihre jeweiligen Machtpotentiale mehr oder minder heftig verteidigen. Wer so denkt, muß aber auch trennen zwischen dem natur- und geisteswissenschaftlichen Befund und dem glaubenden Menschen, der das nicht erfaßbare als Gewißheit erfährt.

2. Schlaglichter zur Zeitanalyse

2.1 Der Paradigmenwechsel

Es ist wohl nicht mehr notwendig, eine umfassende, systematische Zeitanalyse vorzulegen, um zu zeigen, daß wir in vielfältiger Weise unerwünschte Nebenwirkungen unseres Handelns aus den letzten Jahrzehnten erleiden (müssen). Dabei wächst die Zahl der Fälle, in denen die unerwünschten Nebenwirkungen die beabsichtigten Wirkungen übersteigen. Aber was ist denn beabsichtigt und unbeabsichtigt?

Für den Erfinder der Atombombe war wohl die Erfindung selbst eine unerwünschte Nebenwirkung, weil er eigentlich an der Kernspaltung - nicht aber an zerstörenden Waffen interessiert war. C.F. von Weizsäcker berichtet, wie O. Hahn geradezu aus der politischen Verantwortung in die reine Naturwissenschaft geflüchtet war und sich dann eines Tages tief betroffen nach dem entscheidenden positiv verlaufenden Experiment zur Kernspaltung der nicht mehr aufhaltbaren militärischen Dimensionen bewußt wurde. "Die Geister, die ich rief - ich werd' sie nicht mehr los!" Das alte Dilemma des Goethe'schen Zauberlehrlings zeigt sich in neuer Gestalt (Abb. 2).

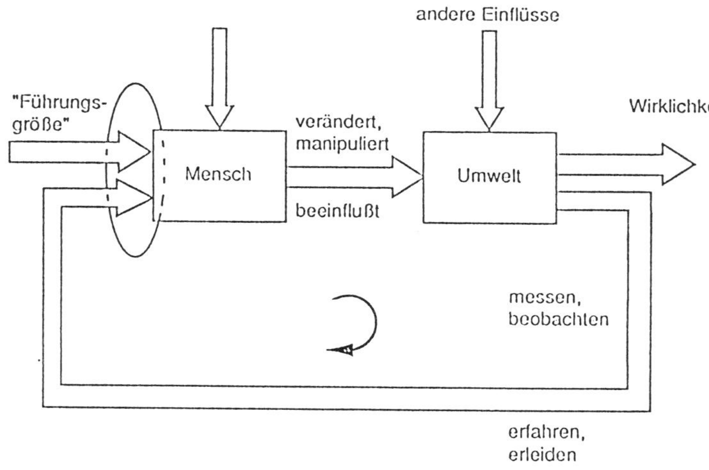

Abb. 2: "Die Geister, die ich rief - ich werd' sie nicht mehr los!"

Der Mensch verändert, manipuliert und beeinflußt seine Umwelt, die natürlich auch noch anderen Einflüssen ausgesetzt ist als den rein menschlichen. Das Verhalten der Umwelt stellt unsere "Wirklichkeit" dar, die wir - leider -

immer nur teilweise wahrnehmen können (getrennter Pfeil in Abb. 2). Wir modellieren die Wirklichkeit, indem wir sie messen, beobachten, erfahren und erleiden. Unser immer nur relatives Modell von Wirklichkeit vergleichen wir mit unseren internen und externen Führungsgrößen, Werten, Normen, Idealen, Verhaltenskodizes etc. und entwickeln neue Strategien, mit denen wir die Umwelt zu verändern versuchen.

So geht es - scheinbar selbstorganisierend - im ewigen Kreislauf weiter, wenn es nicht - Gott sei Dank - gerade besonders auf die Art der Führungsgrößen ankommt. Sie sind gewissermaßen die "Ordner" der sog. Selbstorganisation innerhalb eines rückgekoppelten Systems. Würden wir kritiklos die alten - auch religiösen - Mechanismen unseres Denkens und Handelns weitermachen, dann würden wir in der Tat, die Geister, die wir gerufen haben, nicht mehr los. Es geht also um nicht mehr und nicht weniger als einen neuen Geist, ein neues Denken, das verändertes und neues Handeln nach sich zieht.

Wir leben in dieser Frage in einer Epoche des Wandels von Begriffen, Werten, Wahrnehmungen und Erfahrungen, die für Problemlösungen angewandt werden. Enthält eine solche Konstellation von Begriffen, Werten etc. ein gemeinsames Weltbild als Grundlage, so spricht man von einem "gesellschaftlichen Paradigma" (Capra, 1984; Capra, Steindl-Rast, 1991). Hierfür nun einige Beispiele (Henning, 1991):

- der Wandel vom mechanistischen Organisieren (monokausales Denken) zum Organisieren lebender System (offenes, kybernetisches Denken),
- der Wandel von der Objektanalyse zur Analyse von Wechselbeziehungen - oder vom Teil zum Ganzen,
- der Wandel von objektiven Kriterien zu Beobachter-Modellen der Wirklichkeit,
- der Wandel von der Dominanz des Männlichen zur ergänzenden Polarität von Mann und Frau,
- der Wandel von der Selbstzerstörung zum Ausbalancieren konkurrierender Überlebensinteressen und
- der Wandel vom kurzfristigen Erfolgshandeln zum langfristigen Sinnhandeln.

Diese Aufzählung von möglichen Paradigmen-Wechseln bedeutet keineswegs, daß diese alle eintreten. Sie erhebt auch keinen Anspruch auf Vollständigkeit. Aber beispielhaft wird daran deutlich, in welchen Dimensionen sich die Ablösung des Zeitalters der Aufklärung vollzieht. Betrachten wir nun anhand von drei Beispielen die einzelnen Paradigmen-Wechsel etwas näher:

Beispiel 1: Der Wandel vom mechanistischen Organisieren (monokausales Denken) zum Organisieren lebender Systeme (offenes, kybernetisches Denken)

Klassischerweise werden Organisationen mechanistisch betrachtet. Dies baut auf Annahmen auf, die die beginnende Industrialisierung mit sich gebracht hat und schlug sich im Arbeiterbereich in Gestalt des Leitbildes "Taylorismus" nieder: Danach ist eine Arbeit umso effizienter, je mehr

- ein Arbeitsvorgang in möglichst kleine, reproduzierbare Bestandteile zerlegt wird,
- dabei insbesondere Kopf- und Handarbeit getrennt werden (white and blue colour workers) und
- diejenigen, die die Arbeit kontrollieren von denjenigen, die die Arbeit ausführen, zu trennen sind.

Diesem Denken liegt die Idee zugrunde, menschliche Arbeit wie eine Maschine zu organisieren (Henning, 1986). Ein solches Konzept war (und ist) in einer Situation mit chronischem Facharbeitermangel, hoher Arbeitslosigkeit, niedrigem Qualifizierungsniveau der Bevölkerung und hoher Konsumgüternachfrage erfolgreich, da die in diesem Kozept enthaltene Mißachtung der qualifikatorischen Möglichkeiten des Menschen durch die Nachfragesituation überkompensiert wird.

Allerdings hat sich dieser Denkansatz in unseren Köpfen so festgesetzt, daß wir über Jahrzehnte mit Erfolg sogar unser Ausbildungssystem tayloristisch organisiert haben. Typische weitere Merkmale dieser Entwicklung sind

- die Standardisierung von Abläufen,
- die Zentralisierung von Überwachung und Entscheidungen,
- die Einheitlichkeit von Regeln und Vorschriften und
- das Vermeiden von Aufgabenüberlappungen.

Die meisten dieser Merkmale widersprechen elementaren Erkenntnissen über die Funktionsweise biologischer und sozialer Systeme. Dies wurde durch die Entwicklung der letzten Jahrzehnte deutlich und wird in vielen Bereichen bis heute nicht registriert. Ein Grund dafür mag sein, daß eine Abkehr von solchen Prinzipien für viele mit Machtverlust, Verlust von Einfachheit und Sicherheit, Zunahme von Komplexität etc. verbunden ist.

Noch viel tiefer sitzt jedoch das paradigmatische Denkmuster der Aufklärung im Sinne monokausaler Wirkungszusammenhänge (Abb. 3):

Ist eine Ursache erkannt und beschrieben, dann kann eine Problemlösung erarbeitet werden, die eine bestimmte (gewünschte) Wirkung erzeugt - und das Problem ist gelöst! Dieser monokausale Denkansatz vernachlässigt die Rückwirkungen auf die Ursache. Die Integration der Rückwirkungen führt zum kybernetischen Denkansatz:

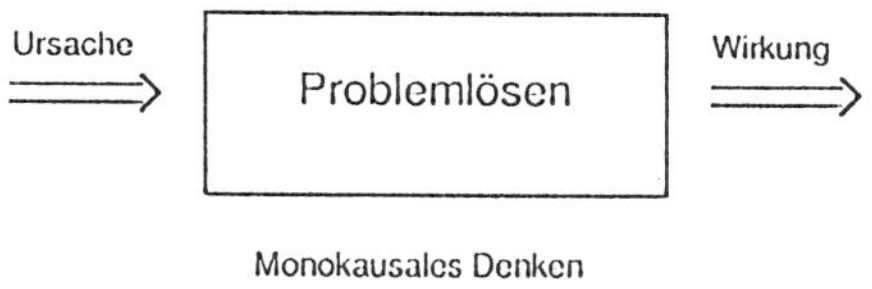

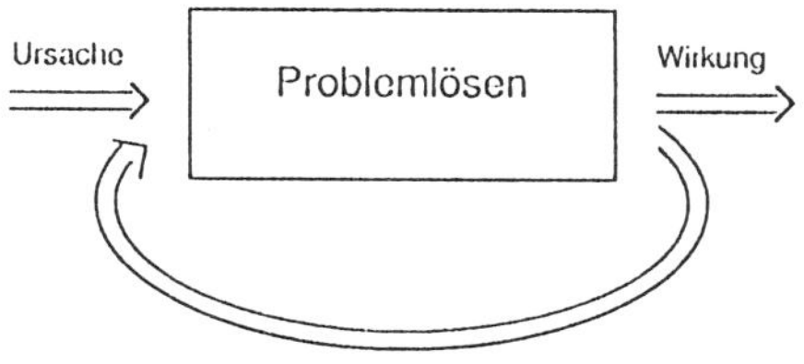

Abb. 3: Vom monokausalen zum kybernetischen Denken

Im Allgemeinen sind alle Systeme rückwirkungsbehaftet. Anders ausgedrückt: Habe ich ein Problem gelöst, so verändert die Problemlösung (Wirkung) in der Regel die Problemstellung (Ursache) und zwar in einer Art und Weise, daß die ursprüngliche Problemlösung gefährdet oder das ursprüngliche Problem gar nicht gelöst wird.

Für die Rückwirkung ist sehr entscheidend, wie schnell die Nachrichten den Kreis einmal durchlaufen. Zwei Tendenzen sind in der gegenwärtigen Weltentwicklung erkennbar:

Zum einen mehren sich Systemzusammenhänge mit immer kürzer werdenden Rückkopplungsschleifen. So hat z.B. der massenhafte Einsatz von Telefax-Geräten sowohl zu einer "monokausalen" Beschleunigung der Nachrichtenübertragung als auch zu wesentlich kürzeren Antwortzeiten und damit mehr Hektik in den Büros geführt. Der kybernetische Denkansatz erfaßt also ein Mehr an Realität.

Zum anderen mehren sich in unserer Zeit die ersten Rückwirkungen sehr langer Zeitverzögerungen in den Rückkopplungsschleifen. So zeigen sich erst jetzt nach über 50 Jahren teilweise verheerende Grundwasserverseuchungen durch Altdeponien, in die unsere Vorväter - damals wohl unwissend - ihre Abfälle gekippt haben. Heute allerdings können wir uns auf Zukunft hin nicht mehr mit Unwissenheit trösten.

So zeigen sich z.B. bei Rattenversuchen unter Östrogeneinfluß (Antibaby-Pille) erst in der dritten Generation extrem hohe Unfruchtbarkeitsraten. Falls der Analogieschluß zum Menschen zulässig ist - und das ist bei Medikamentenversuchen mit Ratten häufig der Fall - würde die Rückkopplung beim Menschen erst in ca. 90 Jahren auftreten, d.h. ca. erst in der Mitte des 21. Jahrhunderts.

Nun ist bereits wiederholt das Wort "System" gefallen. Was ist ein System? Nach F. Vester läßt sich ein System zunächst mit drei Axiomen beschreiben (Marks, 1991):

(1) "Ein System besteht aus mehreren Elementen. Sie besitzen Eigenschaften und sind verschieden voneinander.

(2) Beziehungen vernetzen die Elemente zu einem bestimmten Aufbau. Die Beziehungen zwischen den Elementen besitzen Eigenschaften.

(3) Ein System als Ganzes besitzt Eigenschaften, die nicht auf einzelne Elemente zurückgeführt werden können, sondern sich aus dem Aufbau des gesamten Systems ergeben."

Diese Axiome sind jedoch zur Kennzeichnung lebender Systeme nicht ausreichend. Dabei wollen wir unter lebenden Systemen solche Systeme verstehen, die Menschen in ihren Lebens- und Arbeitsprozessen enthalten[2]. Versucht man mit einem solchen Systembegriff wesentliche Strukturelemente heutiger Organisationen zu erfassen, so lassen sich vier weitere Axiome aufstellen:

(4) Ein lebendes System ist immer ein soziotechnisches System, d.h. es enthält ein soziales und ein technisches Teilsystem, die untrennbar miteinander in ständigen Wechselwirkungen stehen. Wegen der in lebenden Systemen handelnden Menschen entscheiden sich solche Systeme u.U. selbständig für Ziele - einen Sachverhalt, den Führungskräfte oft verdrängen.

(5) Ein lebendes System ist immer ein kybernetisches System, d.h. zwischen den Elementen des Systems existieren viefältige Rückführungen, die stabilisierend oder destabilisierend bzw. erneuernd wirken.

(6) Ein lebendes System ist immer ein komplexes System, d.h. die Anzahl und die Eigenschaften der Elemente und Beziehungen verändern sich mit der Zeit und sind nicht bzw. nur teilweise prognostizierbar, reproduzierbar oder berechenbar.

(7) Ein lebendes System ist immer ein offenes System, d.h. sowohl zwischen seinen Elementen als auch zu seiner Umwelt bestehen komplexe Beziehungen, die für das Überleben des Systems existenznotwendig sind.

Vor allem wegen der Axiome (5) und (7) werden lebende Systeme auch als offene kybernetische Systeme bezeichnet. Die in Axiom (7) erwähnten Austausch-Aktionen bestehen zum einen aus allem, was erwünscht oder unerwünscht in das System gelangt (Information, Energie, Material, ...) und zum anderen aus allem, was das System verläßt (Abb. 4).

---

[2] Streng genommen müßte man von lebenden humanen Systemen sprechen, im Gegensatz zu lebenden Systemen, die Tiere mit ihren Lebensprozessen enthalten.

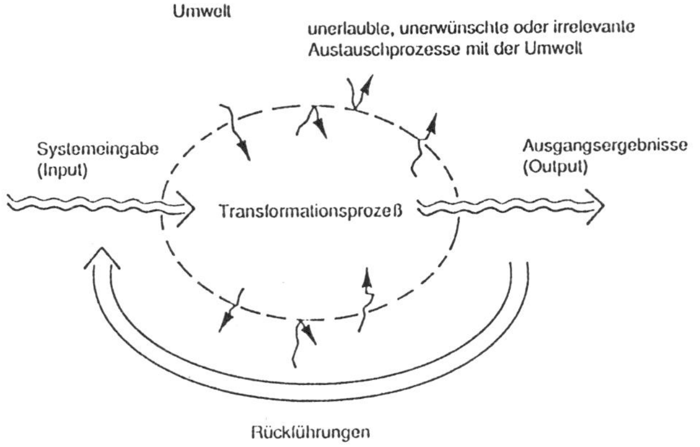

Abb. 4: Offenes kybernetisches System (Henning, 1991)

Systemintern findet ein Transformationsprozeß statt, durch den die Systemeingänge (Input) in erwünschte oder unerwünschte Ausgangsergebnisse (Output) umgewandelt werden. Um die Komplexität deutlich zu machen (Axiom (6)), sind die Pfeile in Abb. 4 "krumm" und nicht exakt anschließend. Es könnte sonst der Eindruck entstehen, als ließen sich komplexe Systeme doch berechnen. Um die Offenheit deutlich zu machen (Axiom (7)), ist die Systemgrenze in Abb. 4 gestrichelt und rund eingetragen. Es könnte sonst bei einem viereckigen, geschlossenen "Kasten" der Eindruck entstehen, es handle sich um ein geschlossenes, technisches System.

Beispiel 2: Der Wandel von objektiven Kriterien zu Beobachter-Modellen der Wirklichkeit

Als zweites Beispiel sei der generelle Wandel in den experimentellen Wissenschaften angedeutet. Dieser Wandel erhielt seinen entscheidenden Durchbruch durch die Quantenphysik (Heisenberg, 1962). Dabei wird eine Dualität zwischen Teilchen und Welle beobachtet. Ob ein Elektron oder ein Photon eine Welle oder ein Teilchen ist, weiß man nicht. Dieses hängt von der Betrachtungsweise ab. Wenn man in der Quantenphysik eine Wellenfrage stellt, erhält man eine Wellenantwort; wenn man eine Teilchenfrage stellt, erhält man eine Teilchenantwort. Von der Frage und Betrachtungsweise des Beobachters hängt also die Art der Antwort ab. Generell lehrt uns deshalb die Quantenphysik, daß die atomare Welt ein Netzwerk von Beziehungen ist. Wenn wir aber etwas beobachten, versuchen wir immer einen Teil von seiner Umwelt zu isolieren.

Analog zu den Überlegungen in der Physik gelten diese Kriterien für jede Form von experimenteller Wissenschaft, auch wenn diese Erkenntnis in vielen

Teilen der Biologie und Ingenieurwissenschaften immer noch nicht beachtet wird.

Das Beobachterprinzip ist also eine allgemeine, relativierende Erkenntnismethode, die keine Wahrheit vermittelt - auch keine Objektivität -, sondern Konstruktionen der Wirklichkeit oder Modelle der Wirklichkeit (Abb. 5).

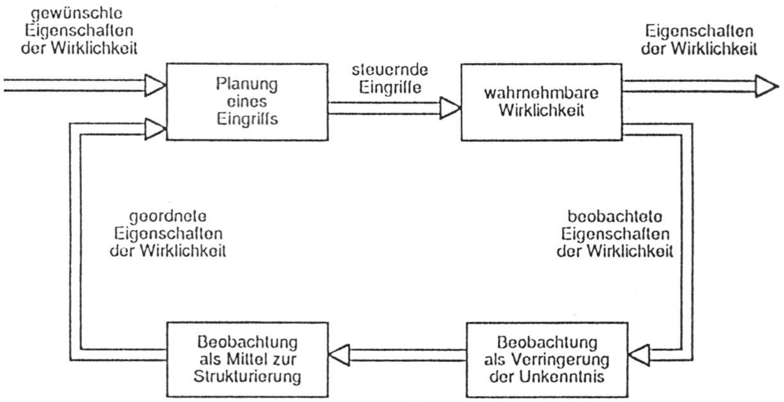

Abb. 5: Beobachterprinzip als Erkenntnismethode (Henning, 1990)

Zunächst kann man die Beobachtung als eine Verringerung der Unkenntnis des Beobachters auffassen. Diese Betrachtungsweise geht davon aus, daß der eigentliche Anlaß für eine Beobachtung der Wirklichkeit darin besteht, daß man über diese zu wenig weiß. Der Beobachter befindet sich also - relativ zu seinen Wünschen - auf einem Niveau hoher Unkenntnis. Im Sinne eines Regelkreises dient daher Information zunächst der meßtechnischen Beobachtung und Erfassung der zu regelnden Vorgänge.

Weiterhin kann eine Beobachtung als Mittel zur Strukturierung eingesetzt werden. Hierbei bleibt es nicht bei der meßtechnischen Erfassung der Wirklichkeit. Die Beobachtung liefert vielmehr die Voraussetzung zur Ordnung und Strukturierung des Beobachteten. Diese Strukturierung liefert nach einer entsprechenden Interpretation geordnete Eigenschaften der Wirklichkeit. Diese können durch Vergleich mit den gewünschten Eigenschaften der Wirklichkeit (Führungsgröße) die Planung eines weiteren Eingriffs zur Folge haben, mit dem man die beobachtete Wirklichkeit zu beeinflussen versucht.

Beispiel 3: Der Wandel vom kurzfristigen Erfolgshandeln zum langfristigen Sinnhandeln

Als drittes Beispiel sei der Wandel von kurzfristigem Erfolgshandeln zu langfristigem Sinnhandeln aufgeführt. Kurzfristiges Erfolgshandeln führt immer weniger zu langfristigem Erfolg. Betrachtet man dazu wieder - wie in Abb. 4 - offene kybernetische Systeme, so läßt sich diese Problematik an den Dimensionen der Bewertung der Ausgangsergebnisse verdeutlichen (Abb. 6).

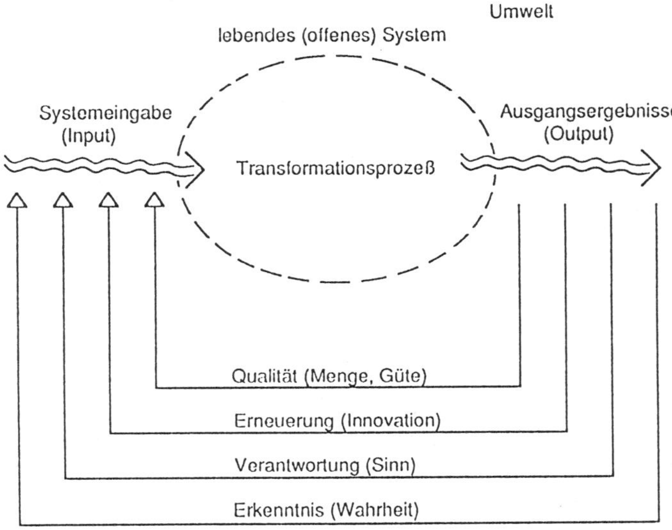

Abb. 6: Dimensionen der Rückführung in einem offenen kybernetischen System (nach Rieckmann/Weißengruber, 1990; Henning, 1991)

Kurzfristig müssen die Ausgangsergebnisse eines beliebigen offenen Systems eine entsprechende Qualität haben. Mittelfristig müssen die Ausgangsergebnisse erneuert werden, da sich die Bedürfnisse der Umwelt immer stärker und immer rascher verändern. Langfristig müssen die Ausgangsergebnisse sinnvoll und verantwortbar sein, weil in zunehmendem Maße Gefühle und Erfahrungen der Sinnlosigkeit von Erzeugnissen, Dienstleistungen und Verhaltensweisen unserer Zeit die internen Informationsprozesse eines Systems torpedieren.

Unter dem Gesichtspunkt des Woher und Wohin des Menschen müssen die Ausgangsergebnisse in einer produktiven Wechselbeziehung zu Fragen nach letzter Erkenntnis und Wahrheit stehen, weil jeden Menschen der innere Zweifel oder die innere Ungewißheit, was die Welt im Innersten zusammenhält, nie zur Ruhe kommen läßt.

2.2 Zum Paradigma der Aufklärung

Das in die Krise geratene Paradigma der Aufklärung hat über mehrere Jahrhunderte erfolgreich unsere geschichtliche Entwicklung getragen. Wieso ist es überhaupt zu dieser Krise gekommen? Dazu ist es sinnvoll, den durch die Aufklärung ermöglichten Entwicklungspfad nachzuverfolgen. Das Paradigma der Aufklärung im Gefolge von Descartes u.a. lautete etwa:

Indem der Mensch sich selbst als ein autonom handelndes Wesen begreift, der keines Gottes bedarf, wird er fähig, die Gesetze der Natur zu entdecken, daraus Erfindungen abzuleiten und in befreiender Weise einen monokausal verlaufenden materiellen und menschlichen Fortschritt zu ermöglichen.

In der Tat hat die Unterdrückung des menschlichen Geistes durch kirchlich-christliche Bevormundung und Denkverbote auch nach Galilei noch Jahrhunderte die menschliche Innovationsfähigkeit behindert und teilweise blockiert. Über diese Denkblockade setzte sich der französische Philosoph Descartes bereits 1637 hinweg:

"Wenn es Maschinen mit den Organen und der Gestalt eines Affen oder eines anderen vernunftlosen Tieres gäbe, so hätten wir gar kein Mittel, das uns nur den geringsten Unterschied erkennen ließe zwischen dem Mechanismus dieser Maschinen und dem Lebensprinzip dieser Tiere ..."

Descartes wollte damals christliche Theologie und die beginnende naturwissenschaftliche Forschung (Kopernikus, Keppler, Galilei) einander zuordnen. Der wesentliche Unterschied besteht dabei in dem erkennenden Geist des Menschen einerseits und der "geistlosen" Materie Natur andererseits. Damit war der Materialismus in der Idee der Welt als komplizierte Maschine bzw. als kompliziertes Uhrwerk geboren. Drei Jahrhunderte hat diese Sichtweise das Denken der westlichen Welt geprägt und die Erfindungskraft des Menschen freigesetzt.

Später versuchte in der historisch wichtigen Auseinandersetzung zwischen Determinismus und Zufall, einem uralten Problem der Menschheitsgeschichte, Kant nach einer relativ ausgeglichenen Position. In der Folge jedoch betrachtete Hegel die Welt unter dem Aspekt "Zufall". Schließlich wurde von den Neupositivisten die Frage nach dem Ursprung als nicht entscheidend klassifiziert (Henning/Kutscha, 1984). Lediglich die Theologie insistierte unter ständigen Rückzugsgefechten auf der Relevanz solcher Fragen.

Verbunden mit den Menschenrechtsbewegungen in Zusammenhang mit der französischen Revolution war so ein Klima geschaffen, in dem der säkular verankerte, von den Möglichkeiten der Naturwissenschaft faszinierte Menschentyp gedeihen konnte. Die "Kategorie des Möglichen" (Ratschow, 1972) war geschaffen - das Unmögliche konnte möglich werden - und das nicht durch Glauben, sondern durch das Frei- und Umsetzen der Naturgewalten in technische Gestalt: Dampfmaschine, Otto-Motor, Film, Telegrafie, Penicillin,...

Diese Kategorie des Möglichen wurde zu einer der entscheidenden Antriebsfedern der modernen großtechnischen Entwicklung. Jede neue technische Gestalt war - und ist immer noch - nur Möglichkeit des noch nicht Möglichen. Allein daß etwas noch nicht möglich ist, treibt in einem iterativen rückgekoppelten Prozeß die weitere technische Umgestaltung an. Daß solche dominant durch nichtlineare Rückkopplung angetriebenen Prozesse chaotische Systemstrukturen erzeugen, wußte man damals noch nicht. Heute lehrt uns das, wie bereits angedeutet, die neuere Chaostheorie.

Als erster Schub der explosiven technischen Entwicklung begann die Phase der Mechanisierung. Damit gelang es, die damals dominanten Engpässe von Kapital und Energie zu überwinden, wobei die Überwindung dieser Engpässe wiederum die weitere Mechanisierung antrieb.

In dieser iterativ von den genannten Faktoren angetriebenen Zeit ist eine Denkkultur entstanden, die in der mathematisch-physikalischen Beschreibung allzu oft "Wahrheit entdeckte" und die Entdeckungsreise ins technisch Machbare als Befreiung von Gott begriff:

Endlich konnte der Mensch sich selbst befreien und machen, was die Natur hergab. Und sie gab viel her: Ungeahnten Massenkonsum, Befreiung von schwerer körperlicher Arbeit, Reduzierung der Arbeitszeit etc. Zwar entstanden konkurrierende Gesellschaftssysteme des Kapitalismus und Kommunismus mit etlichen Varianten des Sozialismus zwischen diesen beiden Polen, aber alle hatten unterlagert die Überzeugung des monokausalen Denkens und Fortschrittglaubens zum immer Höheren und immer Besseren.

Daß auf dem Weg zum immer Höheren und immer Besseren so mancher Rückschlag in Kauf genommen werden mußte, änderte nichts an dem unkritischen Optimismus der Machbarkeit und Lösbarkeit der Probleme durch technische Mittel (dieser unkritische Optimismus beherrscht ja heute noch zum Teil die Köpfe angesehener Wissenschaftler). Die Rückschläge hatten recht unterschiedliche Namen: Kinderarbeit in Fabriken, Diktatur des Proletariats, erster Weltkrieg, Weltwirtschaftskrise, zweiter Weltkrieg, ...

Kritische Stimmen begannen sich zu erheben: E. Jünger über den Untergang des Abendlandes, O. Hahn und seine Erfahrungen bei der Erfindung der Atombombe, R. Guardini über das Ende der Neuzeit, W. Habermas über die Notwendigkeit einer symmetrischen Kommunikation als Demokratisierungsweg, W. Heisenberg über den Teil und das Ganze, E.F. von Weizsäcker mit Wahrnehmungen der Neuzeit usw.

Doch es waren und sind teilweise noch Rufer in der Wüste. Denn parallel zu diesen Rufern rollte spätestens nach dem zweiten Weltkrieg die nächste Phase technischer Faszination über den Erdball: Automatisierung und Datenverarbeitung. Damit konnten vor allem die gesellschaftlichen Engpässe von Informationsbedarf und Bildungsbedarf überwunden werden. Der erhöhte Informations- und Bildungsbedarf "heizte" nun wieder iterativ den Prozeß der Automatisierung und Datenverarbeitung an, der nach und nach nicht nur den betrieblichen, sondern auch den privaten Lebensbereich erfaßt(e). Es war ein neuer Sieg der Machbarkeit bis hin zu den Glanzleistungen der Mondlandung und der Feststellung eines russischen Astronauten: "Ich habe Gott nicht gefunden."

Die Rückschläge der technischen Zivilisation kamen dabei nach und nach in eine andere Dimension:

Atomwaffeneinsatz in Japan, Chemiewaffeneinsatz in Vietnam, Giftgaskriege, Chemieunfälle mit Dioxin, 40.000 Autotote pro Jahr in der BRD (heute sind es wieder weniger), Flugzeugabstürze mit bis zu 700 Toten bei einem einzigen Unfall, ölverseuchte Strände durch Tankerunglücke, Zusammenbruch von Ökosystemen in den Meeren, weltweite Terroranschläge, Tschernobyl, Drogenkrieg, Aids, drohende Klimakatastrophe, ...

Zu den zahlreich wachsenden kritischen Stimmen kamen bahnbrechende Neuentdeckungen in den Naturwissenschaften, die dem geistigen Fundament, dem Paradigma der Aufklärung nach und nach den Boden entzogen:

- Die Entdeckung, daß - bedingt durch die Unschärferelation in der Kernphysik - jede naturwissenschaftliche Erkenntnis Modellcharakter hat und nicht "Wahrheit" vermitteln kann, sondern nur Annäherungen an "Wahrheit".
- Die Entdeckung, daß in großen, turbulenten, chaotischen Systemen (zunächst physikalischer Art) kleinste Elemente zu Fluktuationen führen können, in denen plötzliche Ordnungsumbrüche entstehen, die dann den Rest des turbulenten Systems "versklaven". Erklären lassen sich solche Phänomene mit den Ansätzen zur Selbstorganisation bei Prigogine und der Spieltheorie bei M. Eigen.
- Die Entdeckung, daß nicht das Darwin'sche Modell einer "primitiven" Evolutionstheorie Erklärungsmuster für das Entstehen von Leben sein kann, sondern die Bedeutungsinhalte, mit denen die Informationscodes in den DNS-Ketten der Gene belegt sind. Dabei weiß niemand so recht, ob diese Bedeutungsinhalte durch Zufall oder Notwendigkeit entstehen.

Die uralten totgeglaubten Fragen brechen wieder auf. Fragen nach Sinn, Struktur und Orientierung werden wieder aktuell. Ethik hat Hochkonjunktur. Die dritte Phase der industriellen Entwicklung hat sich angemeldet: Menschliche, soziale und organisatorische Innovationen sind gefragt.

2.3 Von der Selbstorganisation zum offenen kybernetischen System

In diese Situation hinein tauchen längst vergessene und überwunden geglaubte religiöse Dimensionen auf, wie z.B.

- das Wiedererstarken des Islam,
- die Jesuspeople-Bewegungen,
- viele Sorten von personenabhängigen Sekten (Moon, Transzendentale Meditation, Mormonen etc.),
- esoterische Kreise und Zirkel bis hin zu hartem Okkultismus und Aberglauben,
- Erneuerungsbewegungen innerhalb und außerhalb der traditionellen christlichen Kirchen,
- das Wiedererwachen der orthodoxen Kirche in der UdSSR und
- die weltweite Verbreitung taoistischer und buddhistischer Lebenskonzepte.

In dieser geistig-psychischen Gesellschaftssituation konnte - nicht zuletzt aufgrund des fortdauernden "Dämmerschlafes" der christlichen Kirchen - eine religiös-wissenschaftliche Bewegung weltweit Fuß fassen, die versucht, die skizzierten neuen naturwissenschaftlichen Erkenntnisse mit religiös-mystischen Elementen zu einer neuen Sichtweise zu verknüpfen: Das neue Zeitalter, "New Age".

Der Grundgedanke ist dabei, daß der Mensch sich selbst als Teil eines ihn umfassenden Systems erkennt. Damit ist aber jeder Forschungsgegenstand Teil eines den Menschen umgebenden Systems und kann deshalb nicht mehr wie ein Uhrwerk im Sinne Descartes begriffen werden, sondern nur als Teil eines größeren lebenden Systems, in dem der Beobachter selbst Teil des Systems ist.

Dieses neue Paradigma von Weltsicht entspricht zunächst der Konsequenz, die wir aus den bisherigen Überlegungen zu ziehen haben. Einige Folgen sind unmittelbar einleuchtend (vgl. auch Maturana, 1970 und Winograd, Flores, 1980):

- Jede Beobachtung von Wirklichkeit ist ein begrenztes Modell der Wirklichkeit und notwendigerweise nicht wahr, sondern nur ein Modell.
- Lebende Systeme sind nie vollständig beschreibbar. Deshalb gibt es auch empirisch gesehen - keine vollständige Erkenntnis.
- Naturwissenschaftliche Erkenntnis und "Wahrheit" gibt es nur im Kontext der Beobachtungsbedingungen.

Soweit ist den Konsequenzen für eine neue Weltsicht auch voll zuzustimmen. Kritisch wird es allerdings, wenn dieser zunächst rein atheistische Ansatz durch religiöse Dimensionen ergänzt wird. So schreibt z.B. Capra:

"Der jeweilige individuelle menschliche Geist ist in den umfassenden Geist gesellschaftlicher und ökologischer Systeme eingebettet; dieser wiederum ist in das planetare geistige System integriert - in den Geist von Gaia -, das seinerseits an irgendeiner Art von universalem oder kosmischem Geist teilhaben muß. Das Gedankengebäude des neuen Systemansatzes wird in keiner Weise eingeengt, wenn man diesen kosmischen Geist mit der traditionellen Vorstellung von Gott assoziiert ... Aus dieser Sicht ist die Gottheit natürlich weder männlich noch weiblich noch in irgendeiner Form manifestiert, sondern stellt nichts weniger als die Selbstorganisationsdynamik des gesamten Kosmos dar." (Capra, 1984)

Capra versucht hier die Descartes'sche Spaltung der Welt in zwei Hemisphären zu überwinden. Mit diesem Versuch hat er auch Recht. Er versucht diese Verknüpfung jedoch mit der sog. Gaia-Hypothese. Die Anlehnung an einen griechischen Göttermythos besagt, daß die Erde ein lebendiger, sich selbst steuernder, intelligenter Organismus ist, der in der Lage ist, sich als ein sog. "Non-Input-System" (Gerken, 1989a) so zu regenerieren, daß er die entstandenen Schäden über Selbstregulation reguliert.

Diese Hypothese integriert die Vorstellung vom göttlichen Menschen (Atman). Danach wohnt Gott im Menschen und muß nur noch "herausentwikkelt" werden. Dies kann über mehrere Reinkarnationsstufen geschehen, in denen sich die menschliche Entwicklung bis zu kosmischem Bewußtsein und zum Eingehen in das All-Eine (Nirwana, Brahma, Jenseits) entfaltet. Das "Karma" des Menschen durchläuft dabei solange mehrere materielle Formen, bis das Gesetz von Ursache und Wirkung (Schuld und Buße) einmal durch den Zustand der Erleuchtung gebrochen ist und der Urgrund des Seins erreicht wird.

Um diesen Prozeß jetzt schon zu beschleunigen, wird von einigen New-Age-Vertretern empfohlen, zum Erreichen der höheren Stufen des Bewußtseins "Beschleuniger" einzusetzen, wie z.B. parapsychologische, magische, spiritistische, transzendental-meditative oder astrologische Praktiken.

Das neue Paradigma des Selbstaufklärungsglaubens könnte also in etwa lauten:

Der Mensch ist ein "Non-Input-System", der sich - selbst organisierend - zu immer höheren Stufen eines kosmischen Bewußtseins entwickelt und damit verschmilzt in die kosmische Selbstentwicklung dieser Erde als lebendiger Organismus.

Für eine kritische Reflexion des New-Age-Ansatzes ist es hilfreich, die Umsetzung dieses Paradigmas in die Welt des unternehmerischen Handelns zu verfolgen. Hier sind Autoren wie z.B. der Unternehmensberater G. Gerken (1989a) richtungsweisend und erhellend.

Wie andere geht Gerken von der Hypothese der Selbstorganisation aus[3]. Das bedeutet nichts anderes, als daß im Gegensatz zum (falschen) monokausalen Denkmodell nun alles - ohne Input! - in Kreisläufen geschehe, in sog. Non-Input-Modellen, die m.E. ebenso falsch sind wie die rein monokausalen Modelle (vgl. Abb. 7). Dieses Prinzip der Selbstreferentialität wird nun bei G. Gerken wie folgt entfaltet:

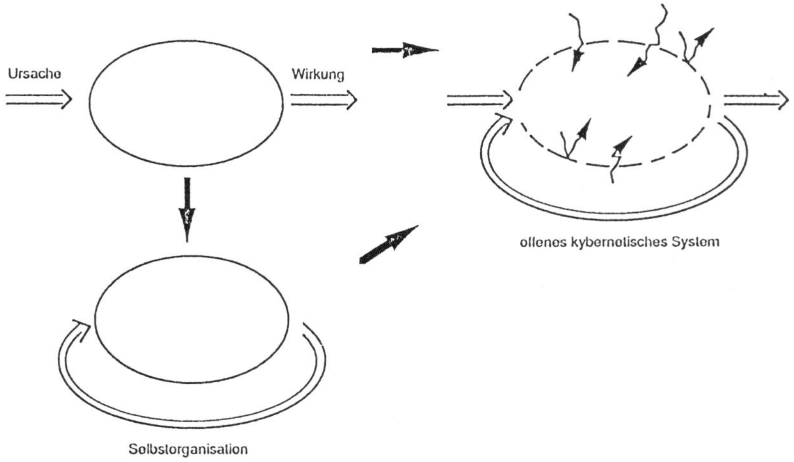

Abb. 7: Von den (falschen) Modellen des monokausalen Denkens und der Selbstorganisation zum (weniger falschen) Modell des offenen kybernetischen Systems (vgl. Abb. 3)

- Alles geschieht nur noch von selbst.
- Es gibt keine Wahrheiten mehr, sondern nur noch Brauchbarkeiten.
- Es gibt keine Ziele mehr, sondern nur noch Verschmelzungen.
- Chaos wird das unendliche Spiel.
- Alles Lebendige erzeugt sich durch sich selbst (Autopoiese).
- "Instabilität wird zur Norm und zum Synonym für Lebendigkeit"*.
- "Der Mensch begründet sich durch Glauben, er rechtfertigt sich durch Glauben"* an die Autopoiese.

Gerade bei G. Gerken wird der weltanschauliche Hintergrund des New-Age-Ansatzes überdeutlich. Alles geschieht von selbst. Dann ist der Mensch

3 Die in diesem Abschnitt mit * versehenen Zitate stammen aus einem Management-Seminar von G. Gerken, 1989.

auch in der Lage, sich selbst zu finden, sich selbst zu erlösen, sich selbst zu managen, sich selbst zu manipulieren, sich selbst zu befriedigen, sich selbst zu ermorden, sich selbst(los) loszulassen - aber wohin?

Die alten Fragen sind wieder da, die Fragen nach dem Woher und Wohin! Die Frage nach den letzten Ursachen und letzten Wirkungen bleibt offen. Insofern ist der Ansatz der völligen Selbstorganisation ein Rückschritt gegenüber dem sicherlich ebenfalls unvollständigen und im Sinne von "Wahrheit" falschen Ansatz offener kybernetischer Systeme (Abb. 7). Doch verknüpft dieser Ansatz das monokausale Denken mit dem kreisförmigen Denken der Selbstorganisation. Das hat allerdings einen Preis: Die in dem Paradigma der Selbstorganisation integrierte Gaia-Hypothese ist als religiöses Konstrukt nicht mehr haltbar. Im Modellansatz des offenen kybernetischen Systems sind Autonomie des Menschen (Rückkopplung) und Abhängigkeit (Input/Output) des Menschen in einem offenen System-Ansatz verknüpft.

Die Notwendigkeit eines solchen Ansatzes wird bereits bei Winograd und Flores (1988), die den von Maturana 1970 eingeführten Begriff Autopoiese wesentlich differenzierter beschreiben, als dies bei G. Gerken der Fall ist:

Die Struktur eines autopoetischen Systems "muß sich so ändern, daß sie geeignete Veränderungen ihres (System)Zustands erzeugt, die durch spezielle Störungen des Mediums (= Umwelt, Anm. d. Verf.) ausgelöst werden; andernfalls wird es auseinanderfallen." (Übersetzung des Verfassers)

Damit geschieht aber nicht mehr alles von selbst. Der Mensch ist dabei ein Input-Output-System mit einem hohen Maß an Selbstregulationskräften, die allerdings bei falscher Dimensionierung der Rückkopplungsmechanismen zu völliger Instabilität führen und die Überlebensfähigkeit des Systems gefährden.

Unter dieser Betrachtungsweise ist Selbstorganisation eine Selbstlüge, die Selbsterlösung des Menschen vortäuscht und versucht, diese durch wissenschaftliche Experimente zu belegen, die der Theorie der Selbstorganisation entstammen.

Eine wesentliche Aussage dieser u.a. von Prigogine entwickelten Theorie besagt: In chaotischen Systemen können überraschend Strukturen auftreten, die aus der Unordnung heraus plötzliche Ordnungsmuster ausbilden. Diese Fluktuationen können zu plötzlichen Ordnungsumbrüchen führen und "versklaven" dann den Rest. Die mathematische Beschreibung solcher Prozesse gelingt dabei zum Teil mit Methoden der Chaostherorie, die wiederum das Gesetz des Zufalls spiegeln. Die Frage nach dem Zufall taucht wieder auf. Ist der Zufall die Ursache aller Dinge?

G. Gerken sagt dazu: "Ja. Es ist alles nur Spiel. Es ist alles nur ein Witz."* Die Nähe zu Camus oder Monod ist unverkennbar. Wie heißt es doch bei Monod sinngemäß (1970):

Die Wahrscheinlichkeit, daß die Welt durch Zufall entstanden ist, ist extrem unwahrscheinlich. Es ist so unwahrscheinlich, daß es, wenn überhaupt, nur einmal stattgefunden haben könnte.

Wie nahe doch Zufall und Determinismus beim menschlichen Denken zusammenliegen. Das Dilemma wird auch bei G. Gerken selbst deutlich, wenn er für den Umgang mit komplexen Systemen vorschlägt:

"Wenn man ein System nicht mehr beherrschen kann, sollte man nur noch die "Ordner" gestalten"*, d.h. die Ursachen von Selbstorganisationsprozessen. Hier wird das Wort "Selbst..." mit Recht ad absurdum geführt. Jede Selbstorganisation hat eben "Ordner" und seien sie noch so unscheinbar. Und diese Ordner steuern den Prozeß der Rückkopplung.

3. Was sollen wir tun?
Plädoyer für eine wert- und sinnorientierte Zukunftsgestaltung

3.1 Konsequenzen

Welche Konsequenzen können nun aus dem bisher Gesagten gezogen werden?

Eine erste Konsequenz kann darin bestehen, sich für eine wert- und sinnorientierte Zukunftsgestaltung zu entscheiden. Von daher scheiden alle Zukunftsstrategien aus, die sich auf das Spiel, den Witz, die Manipulation, esoterische Praktiken, den Zufall etc. berufen.

Eine zweite Konsequenz besteht darin, daß eine wert- und sinnorientierte Zukunftsgestaltung eine transzendente Qualität enthalten sollte. Diese Konsequenz weist über das immanente Paradigma kybernetischen Denkens als Handlungsstrategie hinaus - also jenes Denken, das den monokausalen Denkansatz mit dem Denken in Kreisen und Rückkopplungen kombiniert. Mit den Vertretern der New Age-Bewegung kann man sagen, daß nur ein im Glauben verankerter Mensch in der Lage sein wird, sich den Zukunftsfragen in ihrer Vielfalt und Turbulenz zu stellen. Doch bei der Frage, welcher Glaube denn trage, gibt es unterschiedliche Antworten. Christliche Zukunftserwartung enthält die Überzeugung, daß christlicher Glaube die dichteste und sinnvollste Antwort bei der Bewältigung von Tod, Schuld, Leid, Versagen etc. ermöglicht.

Eine dritte Konsequenz kann darin bestehen, mit einer christlichen Existenz einen Beitrag zu einer wert- und sinnorientierten Zukunftsgestaltung zu leisten. Dies ist aber nur dann möglich, wenn eine solche Existenz einerseits tief in einer persönlichen Kommunikationsbeziehung zu Gott verankert ist und andererseits eine äußerst kritische Distanz gegenüber allen organisatorischen Strukturen der verfaßten Kirche(n) bewahrt. Leider sind diese noch (?!) allzu oft Repräsentanten veralteter Weltbilder, veralteter Zeitanalysen, verhärteter Machtstrukturen oder unreifer Demokratisierungsprozesse.

Auf der Basis dieser drei Konsequenzen lassen sich Orientierungspunkte bilden, die die durch die Aufklärung ermöglichte technische Zivilisation mit der Frage der Sinngebung verknüpfen.

3.2 Das kommende Weltbild einer christlichen Existenz

Bei der Frage des Weltbildes einer wert- und sinnvollen Zukunftsgestaltung auf der Basis einer christlichen Existenz kommt man früher oder später auf die prophetischen apokalyptischen Bilder des Alten und Neuen Testamentes, die Dimensionen der Dynamik der Weltgeschichte aufzuzeigen. Dabei wird die gesamte menschliche Entwicklung als ambivalent betrachtet (Henning, 1979). Insofern ist dieser Denkansatz mit den monokausalen Fortschrittsgedanken der Aufklärung schon immer unvereinbar gewesen. Vielmehr geht es bei diesem Weltbild darum, wie sich eine christliche Existenz unter den wachsenden Widersprüchen der Weltentwicklung und den ständig wachsenden Machtkartellen bewähren kann. Fortschritt wird dabei als ein Fortschreiten auf das Kommen Jesu Christi aufgefaßt. Die "alte" Welt wird dann in ihren Ordungen aufgelöst und in eine "neue" überführt.

Die Frage, wann dieser Zeitpunkt eintritt, ist von untergeordneter Bedeutung, denn seit Einstein wissen wir in der Naturwissenschaft, daß "Zeit" ein relativer Begriff ist - ein Modell, mit dem wir unsere Wirklichkeit beurteilen. Allerdings wissen wir schon viel länger, daß Zeit relativ ist, wenn die Bibel davon spricht: Bei Gott sind tausend Jahre wie ein Tag und ein Jahr wie tausend Jahre (Psalm 90). Die endlose und auch nutzlose theologische Diskussion um die sogenannte Nah- und Fernerwartung Jesu Christi ist im Licht der modernen Naturwissenschaft unsinnig und hinfällig.

Gerade diese Ambivalenz, daß ich nicht weiß, ob Jesus Christus jetzt in diesem Moment oder erst in 1000 oder 2000 Jahren kommt, aktualisiert die apokalyptische Botschaft und befreit zugleich zu langfristigem Handeln. Dabei ist aber die Auffassung entschieden abzulehnen, daß wir noch beliebig lange Zeit hätten, uns in aller Ruhe auf das Kommen Christi vorbereiten zu können und erst einmal in Ruhe unsere eigennützigen Ziele verfolgen könnten. Ebenso unsinnig ist aber die Einstellung, daß es keinen Sinn mehr habe, gerade mit und durch Technik die technische Zivilisation so umzugestalten, daß sie auch für die nächsten Jahrtausende Lebensgrundlagen für den Menschen schafft. Wer so denkt, handelt und fühlt, wird sich vor Gott dafür verantworten müssen, daß er sein eigenes Lebens- und Berufshandeln gewissermaßen mit einem Kredit der nachfolgenden Generation gestaltet hat. Im Hinblick auf die enormen Risiken des Mißbrauchs von Technik - und hierzu gehört insbesondere unser unermeßlicher Energiebedarf - müssen wir uns als verantwortliche und heranwachsende Generation die kritische Frage stellen lassen: "Und wenn euch eure Kinder fragen, wollt ihr dann wieder sagen: Wir haben nichts gewußt...?"

In der Sichtweise christlicher Apokalyptik verfolgen die Strukturen des Wohlstands den Menschen auf ähnliche Weise wie die gewalttätigen Strukturen totalitärer Systeme. Die offenen Mechanismen eines totalitären Systems entsprechen dem versteckten und oft schwer erkennbaren Konsum- und Informationsterror (z.B. über die Massenmedien), mit dem der Mensch des Wohlstandssystems mit der Zeit in eine völlige Abhängigkeit von materiellem Reichtum gezogen wird. Der Wohlstand wird zur (inneren) Verfolgung. Die Menschen im Wohlstand "haben" alles, und nur wenige begreifen, daß sie in Wirklichkeit nichts haben. Innerhalb eines freiheitlich organisierten Wohlstandssystems gibt es jedoch wesentlich mehr Möglichkeiten, sich sowohl für die unterdrückten Schichten zu engagieren, als sich auch als "Obrigkeit" an bestimmten Stellen des Systems für positive politische Entwicklungen einzusetzen. Dabei ist es entscheidend, ob solche Aufgaben als Lehrer, Politiker, Direktor oder Manager primär dem eigenen Ehrgeiz und Karrieredenken entspringen, oder ob man sich auf eine solche Aufgabe als gottgewollt einläßt. Wo sich christliche Existenz in der Gesellschaft mit einem entsprechend positiven Lebensstil zeigt, wird sie zum Hoffnungspol für weite Bereiche.

Für ein solches Engagement lassen sich in Anlehnung an das 18. Kapitel der Johannes-Offenbarung einige Thesen formulieren (Henning, 1979):

- Christliche Existenz bedarf der Distanz gegenüber dem System Wohlstand, weil alles "in einer Stunde" (Off. 18) dahin sein kann.
- Christliche Existenz braucht Maßstäbe zur Integration oder Distanzierung gegenüber dem herrschenden Gesellschaftssystem. Diese können nur aus der laufenden und vielfältigen Gemeinschaft mit Menschen gleichen und ähnlichen Sinnes gewonnen werden.
- Alles sollte jedoch unter dem Aspekt geschehen, daß der Urgrund der Freude nicht in der Freude über materiellen Reichtum, Luxus und sozialen Fortschritt steht, sondern in dem Maß an Geborgenheit, in dem ein Mensch weiß, daß sein Leben Sinn und Ziel hat und sein Platz in dieser Welt sinn- und wertvoll ist.
- Aus Sicht der christlichen Apokalyptik gibt es keine "christliche" Politik, kein "christliches" Unternehmen und wohl auch keine "christliche" Kirche, sondern immer nur Christen in der Politik, im Unternehmen, in der Kirche. Das Wirkungsfeld christlicher Existenz in den Systemen dieser Welt wird begrenzt durch das Ausmaß der Entfremdung dieser Systeme von den Grundlinien christlicher Existenz.
- Alle Systeme und Organisationen dieser Welt sind in irgendeiner Weise Provisorien. Ihre Lebensdauer ist begrenzt - wie auch das Leben des Menschen begrenzt ist. Wenn Gott Herr der Welt ist, dann bestimmt er auch die Lebensdauer der Systeme und Organisationen dieser Welt.

- Kirche darf dabei niemals Staatskirche sein, sonst verliert sie ihren Wesenscharakter. Die Gemeinschaft der Christen wird sich vielmehr zunehmend in einem Netzwerk verteilter informeller Kontaktgruppen und Gemeinschaften niederschlagen, die flexibel und dynamisch auf die Erfordernisse ihrer Zeit reagieren.
- Generell enthält die christliche Zukunftsgestaltung einen Vorbehalt gegen alles Große, Starre, Gewalttätige, gegen alles Durchorganisierte, Militärische etc. Demgegenüber betont sie Beweglichkeit, Flexibilität, Treue in der Gottes- und in den Menschenbeziehung, kritische Haltung gegenüber den herrschenden Systemen und kompromißlose Klarheit, wenn es um grundlegende Werte der menschlichen Existenz geht.

4. Literatur

Capra, F.: Wendezeit - Bausteine für ein neues Weltbild, Bern 1984.

Capra, F.; Steindl-Rast, D.: Wendezeit im Christentum, Bern, München, Wien 1991.

Gerken, G.: Die Trends für das Jahr 2000, Düsseldorf 1989.

Gerken, G.: Seminarunterlagen (unveröffentlicht), 1989.

Heisenberg, W.: Physik und Philosophie, New York 1962.

Henning, K.: Die Zukunft findet statt - Die Johannes-Offenbarung aus der Sicht eines Ingenieurs, Wuppertal 1979.

Henning, K.: Soziale Auswirkungen der Automatisierung - Vorlesungsmanuskript, Aachen 1986.

Henning, K.: Kybernetische Verfahren der Ingenieurwissenschaften - Vorlesungsmanuskript, Aachen 1990.

Henning, K.: Stabilität in der Instabilität, unveröffentlichtes Manuskript, Aachen 1991.

Henning, K.; Kutscha, S.: Mangelnde Ursachen oder mangelndes Wissen? - Zum Begriff Zufall in Philosophie und Naturwissenschaft, Naturwissenschaften 71/1984, S. 493-499.

Henning, K.; Marks, S.: Systemisches Management - Ein organisationskybernetischer Ansatz zur Regelung von Unternehmen in turbulenten Umwelten, in: Czap, H. (Hrsg): Unternehmensstrategien im sozio-ökonomischen Wandel, Berlin 1990.

Henning, K.; Staufenbiel, J.: Berufsplanung für Ingenieure, Köln 1989.

Marks, S.: Gemeinsame Gestaltung von Technik und Organisation in soziotechnischen kybernetischen Systemen, Düsseldorf 1991.

Maturana, H.R.: Biology of cognition, 1970, nachgedruckt in Maturana, H.R.; Varela, F.: Autopoiesis and Cognition: The Realization of the living, Dordrecht 1980.

Monod, J.: Zufall und Notwendigkeit, München 1970.

Ratschow, C. H.: Technik als theologisches Problem, Porta 14, Marburg 1972.

Rieckmann, H.; Weißengruber, P.: Managing the Unmanagable? - Oder: Lassen sich komplexe Systeme überhaupt noch steuern? - Offenes Systemmanagement mit dem OSTO-Systemansatz, in: Kraus, H.; Kailer, N.; Sander, K. (Hrsg.): Management Development im Wandel, Wien 1990.

Vester, F.: Neuland des Denkens - Vom technokratischen zum kybernetischen Zeitalter, Stuttgart 1983.

Winograd, T.; Flores, F.: Understanding computers and Cognition, Norwood, N.J. 1980.

Diagnose und Design komplexer Organisationen

von *Holger E. Krug*[1]

Führungskräfte stehen in Organisationen immer wieder vor der Frage, wie die Ergebnisse ihres Verantwortungsbereiches verbessert werden können. Die Komplexität und Vernetzung begreifend; wissend, daß Organisationen nicht programmierbar sind, gilt es dennnoch Organisationsveränderungen herbeizuführen, die die Leistungsfähigkeit verbessern.

Das im folgenden beschriebene Modell bietet einen programatischen Ansatz, um den Status von Organisationen zu diagnostizieren und dann entsprechende Ansatzpunkte für eine Weiterentwicklung zu identifizieren[2].

Folgt man der Aussage: "Alle Organisationen sind perfekt so gestaltet, das sie die Ergebnisse erreichen, die sie erreichen", dann bedeutet dies, daß man das Organisationsdesign verändern muß, wenn man andere Ergebnisse erreichen möchte.

Gleichzeitig heißt dies auch, daß man wissen muß, was die Basis für gute, zufriedenstellende Ergebnisse ist. Schließlich sollen diese guten Resultate erhalten bleiben.

Wegen der vielfältigen Interdependenzen und der hohen Komplexität ist eine saubere Definition des Organisationsbereiches, von dem gesprochen wird, unerläßlich. Was ist Bestandteil der Organisation, was nicht; was ist innerhalb, was ist außerhalb der Organisationsgrenze. Erst wenn die Abgrenzung sauber vorgenommen wurde, die Rekursionsebene definiert ist, kann man das "Organization Performance Model" anwenden. Dieses Modell stellt die Wechselwirkung zwischen fünf Hauptparametern dar, die die Ergebnisse einer Organisation wesentlich beeinflussen.

---

[1] Holger E. Krug, Organisationsentwicklung und Training, Procter & Gamble GmbH, Sulzbacherstraße 40, 6231 Schwalbach a. Ts.

[2] Der Artikel basiert auf dem Buch "Designing Organizations for High Performance" von D. P. Hanna. Das Modell wurde bei Procter & Gamble entwickelt.

Geschäftssituation ------------------------------------ Geschäftsergebnisse

Geschäfts-
strategien ---------------- Design-
Elemente ----------------- Organisationskultur
(beobachtbares
Arbeitsverhalten)

Diagnose

Der Diagnoseprozeß kann wie folgt zusammengefaßt werden:

1. Genaue Beschreibung der Geschäftssituation, der Randbedingungen und Erwartungen.
2. Vergleich der gelieferten Geschäftsergebnisse mit der Geschäftssituation.
3. Untersuchung der Organisationskultur und -normen, um die Symptome herauszufinden.
4. Analyse der Design-Elemente, um die Wurzeln für die Organisationskultur zu identifizieren.
5. Beschreibung der "gelebten", wirklichen Strategien, um die Basis für die Design-Elemente zu verstehen.
6. Vergleich der wirklichen "gelebten" Strategien mit den in Schritt 1 identifizierten Erwartungen, um Konsistenz- und Kongruenzmängel aufzudecken.

Diagnose-Prozeß

Der Diagnose-Prozeß ist der Prozeß des Verstehens, warum die Ergebnisse so sind, wie sie sind.

1. Geschäftssituation

Welche Bedürfnisse müssen von der Organisation befriedigt werden? Welche Randbedingungen gelten? Welche Widerstände müssen gemanaget werden? Welche Wettbewerbskräfte wirken auf die Organisation ein? Welche

Erwartungen haben Nachbarorganisationen (die Mutterorganisation)? Welche Ergebnisse werden erwartet?

Die Liste dieser Fragen läßt sich beliebig weiterführen. Entscheidend ist, daß hier die von der Organisations*umwelt* bestimmten Randbedingungen aufgelistet werden. Es geht hierbei um ein *Erfassen* der Situation und *nicht um ein Bewerten.*

2. Geschäftsergebnisse - Geschäftssituation

Abhängig von den unter Schritt 1 (Geschäftssituation) gestellten Fragen werden hier die entsprechenden Organisationsergebnisse dargestellt.

Aus dem Vergleich von Geschäftssituation und -ergebnis leitet sich ab, welche Ergebnisse verändert werden müssen und welche nicht.

3. Organisationskultur (beobachtbares Arbeitsverhalten)

Hier geht es um das beobachtbare Verhalten der Organisation. Über die Frage: Warum sind die Ergebnisse so wie sie sind?, lassen sich die Symptome (d.h. die gegenwärtige Organisationskultur) für die erzielten Ergebnisse beschreiben.

Auch in diesem Schritt geht es noch nicht um ein Bewerten im Sinne von gut und schlecht. Es geht um eine möglichst faktische, interpretationsfreie Beschreibung der Organisationskultur, so wie sie ist. Es ist eine Darstellung der Art und Weise, wie die Organisation wirklich arbeitet.

4. Design-Elemente

Nachdem die Organisationskultur beschrieben ist, geht es darum die Hintergründe, die Wurzeln dafür zu verstehen. Die Antworten auf die Frage: Warum ist das Verhalten der Organisation so wie es ist?, lassen sich unter folgenden miteinander verknüpften und in Wechselwirkung stehenden Design-Elementen gruppieren.

a) Aufgabe

Was hat das beobachtete Verhalten mit der Aufgabe/Aufgabenstellung zu tun?

b) Struktur

Was hat das beobachtete Verhalten mit der Struktur/dem Strukturelement der Organisation zu tun?

c) Sanktionssystem

Was hat das beobachtete Verhalten mit dem, was in der Organisation belohnt und anerkannt bzw. kontrolliert und bestraft wird, zu tun?

d) Informationssystem

Was hat das beobachtete Verhalten mit dem Informationssystem zu tun? (Hier geht es um das System, das den Informationsfluß sicherstellt, und nicht um die Qualität der Information; z.B. wer hat Zutritt zu welchen Informationen; wie werden Informationen an die Belegschaft weitergegeben usw.)

e) Entscheidungssystem

Was hat das beobachtete Verhalten mit dem Entscheidungssystem zu tun? (Auch hier liegt die Betonung auf System, also z.B. wer fällt Entscheidungen, wer wird involviert usw.?)

f) Technologie

Was hat das beobachtete Verhalten mit der in der Organisation vorhandenen Technik zu tun?

g) Menschen

Was hat das beobachtete Verhalten mit den in der Organisation vorhandenen Menschen, ihrer Geschichte, ihrer Qualifikation usw. zu tun?

5. Geschäftsstrategien

Warum wurden die Designelemente (bewußt oder auch unbewußt) so gewählt, wie diese in der Organisation sichtbar sind? Häufig basiert diese Wahl auf Grundlagen der Annahmen, Werte und Prioritäten. Die Grundlage der Organisationskultur wird deutlich. Diese Werte und Annahmen sind fundamental für die "gelebte", wirkliche Strategie innerhalb einer Organisation.

Um die wirkliche (nicht die gewünschte und offiziell nach außen kommunizierte Strategie), die gelebte Strategie herauszuarbeiten, müssen für die vorher beschriebenen Design-Elemente, der Zweck, die Ziele, die Prinzipien, die zugrundeliegenden Werte und Annahmen, die Visionen usw. identifiziert werden. Das Ergebnis ist eine Beschreibung der Strategien, Werte und Annahmen, die für die Organisation bestimmend sind. Dies kann durchaus abweichend von den offiziellen, publizierten Strategien, Werten und Annahmen sein. Das wirkliche Verhalten von Organisationen ist häufig nicht im Einklang mit den offiziellen Absichten. Deshalb ist hier besonders darauf zu achten, daß Wunschdenken und Wirklichkeit nicht miteinander vermischt werden.

6. Vergleich der wirklichen Strategien mit der Geschäftssituation

In diesem letzten Diagnoseschritt geht es um die Überprüfung, ob die wirkliche, "gelebte" Strategie der Organisation so ist, daß ein Wachstum und Überleben unter den Erwartungen und Randbedingungen der Organisationsumwelt wahrscheinlich ist.

Dies ist sehr häufig einer der besonders diffizilen Schritte. Es ist schwierig, eingestehen zu müssen, daß Annahmen, Wertvorstellungen, Strategien nicht mehr den gegenwärtigen Erwartungen der Organisationsumwelt entsprechen. Tiefverwurzelte Überzeugungen, wie die Organisation zu funktionieren hat, stehen dahinter.

Gerade dieser Vergleich aber ist es, der hilft, den eigenen "blinden Fleck" zu entdecken, und der die Grundlage für präventive Maßnahmen ist.

Durch diese Diagnose läßt sich in einer logischen Ursachen-Wirkungs-Kette der Einfluß auf die Ergebnisse der Organisation darstellen.

Design

Der Designprozeß, mit dem nach der grundlegenden Diagnose Organisationsveränderungen geplant werden, besteht aus folgenden Schritten:

1. Entwicklung einer Strategie, die den Anforderungen der Organisationsumwelt gerecht wird.
2. Durchführung der notwendigen Veränderungen der Design-Elemente, damit diese kongruent mit der neuen Strategie sind.
3. Identifikation des positiven und negativen Einflusses der neuen bzw. veränderten Design-Elemente auf die Organisationskultur.
4. Abschätzung der Wechselwirkungen von geänderter Organisationskultur und erwarteten Ergebnissen.

Die Schritte 3 und 4 sind Vorhersagen und müssen durch eine Diagnose bestätigt werden, nachdem die Veränderungen implementiert sind. Dies ist ein iterativer Prozeß von Diagnose und Design.

Design-Prozeß

1. Geschäftsstrategie

Basierend auf der Diagnose der Geschäftssituation muß eine Strategie entwickelt werden, die Überleben und Wachstum der Organisation sicherstellt.

Antworten müssen gefunden werden auf Fragen wie z.B.:

- Warum gibt es diese Organisation?
- In welchem Markt bewegen wir uns?
- Wie wollen wir in unserem Bereich wettbewerbsfähig sein?
- Welche grundlegende Technologie wollen wir wählen?
- Welches sind unsere Werte und Prinzipien?
- Welche Zielsetzung haben wir?
- Welche Ziele wollen wir bis wann erreichen?

2. Design-Elemente

Irgendwann degeneriert jede noch so schöne und gute Strategie zu operativem Verhalten. Deshalb muß die neue Strategie in ein entsprechendes Organisationsdesign umgesetzt werden.

Die Aufgaben müssen entsprechend gestaltet und vergeben werden. Informations- und Entscheidungssysteme müssen implementiert werden, Strukturen geschaffen werden, das Sanktionssystem angepaßt werden, die Technologie gewählt werden und Maßnahmen - das Personal betreffend - durchgeführt werden.

Häufig scheitern Strategien,

a) weil diese nicht in organisatorische Maßnahmen umgesetzt werden. Eine gute Strategie zu entwickeln, reicht nicht aus. Nur durch eine entsprechende organisatorische Maßnahme zeigt sich, ob die Führung es ernst meint mit der neuen Strategie.

b) weil die Wechselwirkung zwischen den Design-Elementen nicht genügend betrachtet wird.

3. Organisationskultur

Welcher Einfluß das neue Design auf das Organisationsverhalten hat, kann nur vermutet werden. Als Beispiel ist hier eine Änderung des Sanktionssystems angeführt. Basiert das neue Sanktionssystem darauf, daß von nun an die Qualität der Arbeit kontrolliert, belohnt und bestraft wird anstelle von Quantität, so wird dieses einen dramatischen Einfluß auf das Verhalten, die Organisationskultur haben.

4. Geschäftsergebnisse

Auch hier lassen sich nur Vermutungen anstellen, ob die neue Organisationskultur das Erreichen der gewünschten Ergebnisse unterstützt.

Schlußbemerkung

Das hier beschriebene Modell hilft in einer relativ einfachen, aber dennoch vollständigen Art, komplexe Abläufe in Organisationen zu beschreiben. Der Veränderung geht immer die Diagnose voraus.

"Alle Organisationen sind perfekt so gestaltet, daß sie die Ergebnisse erreichen, die sie erreichen."

Der hier beschriebene Prozeß von Diagnose und Design kann helfen, die Organisation so weiterzuentwickeln, daß notwendige Ergebnisse geliefert werden.

2. Methodik der Komplexitätsbewältigung

Komplexitätsbewältigung in großen Netzwerken: Konzeption und Implementierung geeigneter Heuristiken

von *Roland Fahrion*[1]

1. Einleitung und Übersicht

Die Komplexität von Systemen ist im Hinblick auf die Struktur und das Verhalten eines Systems zu unterscheiden. Systemstruktur bedeutet die Spezifikation eines formalen Modells, wie etwa einem Netzwerk, das als mathematischer Graph mit Knoten und Kanten aufgefaßt werden kann. Bestimmungsgrößen für die Charakterisierung der Komplexität eines Netzwerks sind durch die mengenmäßige Ausprägung der Modellkomponenten gegeben. Diese ist durch die Anzahl der Knoten und deren Eigenschaften, sowie durch die Anzahl der Knotenverbindungen bzw. Beziehungen zwischen den Knoten festgelegt. Die Knoten selbst lassen sich als Variable auffassen und dienen als Repräsentation für einen Systemzustand. Die Kanten repräsentieren Beziehungen zwischen den Knoten, die quantitativer wie qualitativer Natur sein können. Mit diesen Systemindikatoren läßt sich intuitiv der Begriff Komplexität operationalisieren.

Weiterhin ist Komplexität im Rahmen der im Operations Research verfügbaren Algorithmen zu sehen. Eine mögliche Bestimmungsgröße für die Komplexität ist der Zeit- bzw. Rechenaufwand für die Bestimmung einer Lösung. Aus algorithmischer Sicht läßt sich Komplexität also dadurch operationalisieren, daß man eine Vorabschätzung des Ressourcenaufwands für die algorithmische Bestimmung der Problemlösung vornimmt. Gleichwertig mit der Komplexitätsabschätzung ist die Entscheidbarkeit über die Existenz eines Algorithmus überhaupt, welcher für die potentiellen Problemausprägungen immer eine Lösung finden kann.

Was die Klassifizierung der Problemkomplexität angeht, unterscheidet man die Begriffe NP-Komplexität und NP-Vollständigkeit. Unter NP-komplexen Problemen erweisen sich die NP-vollständigen Probleme als besonders schwierig, deren Formulierung als Optimierungsaufgabe als NP-schwer bezeichnet

---

[1] Prof. Dr. Roland Fahrion, Universität Heidelberg, Wirtschaftswissenschaftliche Fakultät, Grabengasse 14, 6900 Heidelberg

wird. Für NP-vollständige Probleme gibt es keinen polynomial beschränkten Algorithmus, sondern Lösungen lassen sich nur enumerativ finden. Beispiele sind das Traveling Salesman Problem, das Auftragsreihenfolgeprobleme bei der Maschinenbelegungsplanung, Probleme der Standort- und Layoutplanung, sowie die Erzeugung von Erreichbarkeitsmatrizen bei der interaktiven Strukturmodellierung (ISM) und in Petrinetzen. In vielen Anwendungen des Operations Research hat aufgrund der NP-Vollständigkeit die Verwendung von Heuristiken eine praxisrelevante Bedeutung erlangt. Entscheidend für Heuristiken ist das Finden einer Bewertungsfunktion, mit der es möglich ist, den Raum der Lösungsmöglichkeiten stark einzuschränken und damit den Suchaufwand zu reduzieren.

Im folgenden Abschnitt 2 werden Suchverfahren als Produktionssystem im Sinne der Begriffsbildung in der Künstlichen Intelligenz aufgefaßt. Am Beispiel einer additiven Heuristik wird verdeutlicht, in welcher Weise die Steuerung der Produktionsregeln während eines Suchprozesses erfolgt. Bekannt geworden sind die Bewertungsfunktionen vom Typ A* (Hart, 1968; Karigl, 1989). A*-Algorithmen werden als Suchverfahren auf einem Graphen organisiert. Die theoretischen Eigenschaften führen dann zu den Heuristiken (Abschn. 3), welche für die Suchverfahren in großen Netzwerken verwendet werden. Die Algorithmen beschränken sich hier auf die Bestimmung kürzester Pfade in Netzwerken. Verschiedene Varianten sind in neuerer Zeit in der Literatur angegeben worden. Diese werden auf Ihr Zeit- und Effizienzverhalten hin untersucht (Abschn. 4). Die Implementierung ist auf einem Mikrocomputer erfolgt. Über Erfahrungen mit Netzen unterschiedlicher Knoten- und Kantenanzahl wird berichtet.

In Abschnitt 5 werden Heuristiken betrachtet, mit denen im Rahmen von neuronalen Netzen eine Einschränkung der Komplexität möglich ist. Hierbei steht allerdings weniger das Auffinden eines kürzesten Pfades im Netzwerk im Vordergrund, sondern vielmehr die Erfassung des strukturellen Zusammenhangs zwischen erklärenden und zu erklärenden Bestimmungsgrößen. Der grundsätzliche Unterschied zu den Ansätzen in Abschnitt 3 besteht darin, daß die Kantenbewertungen nicht vorgegeben sind, sondern im Zuge eines heuristischen Anpassungsprozesses gefunden ('gelernt') werden müssen. Komplexe Strukturmuster lassen sich grundsätzlich in einem neuronalen Netzwerk abbilden. Der praktische Umgang mit neuronalen Netzen zeigt jedoch eine extreme Sensitivität der Parameter, die für den Adaptionsprozeß (Lernalgorithmus) a priori vorgegeben werden müssen. Abschließend werden auch Hinweise zur Implementierung von neuronalen Netzen auf Mikrocomputern gegeben und mehr grundsätzliche Aspekte zu zukünftigen Weiterentwicklungen im Hinblick auf die Bewältigung des Komplexitätsproblems herausgestellt.

2. Einschränkung der Komplexität durch Heuristiken

Heuristik bedeutet die Kunst 'des Entdeckens': Ein Verfahren ist dann heuristisch, wenn ein exaktes Lösungsverfahren entweder nicht existiert oder nicht bekannt ist, oder wenn der Aufwand zum Auffinden einer Lösung zu groß wird. Ein Algorithmus im Sinne einer fest vorgegebenen Lösungsvorschrift führt im allgemeinen mit endlichem Zeitaufwand zu einer Lösung. Bei Verwendung einer Heuristik wird eine Lösung u. U. nicht in jedem Falle erreicht. Das Ziel bei der Festlegung einer Heuristik ist es daher weniger, eine exakte Lösung mit sehr hohem Aufwand zu finden, sondern nur eine 'hinreichend gute' Lösung mit möglichst geringem Aufwand. Heuristische Verfahren kann man als Produktionssysteme auffassen: Ein Produktionssystem besteht (a) aus einer globalen Datenbasis, die den aktuellen Datenbestand während des Suchprozesses enthält, (b) aus den Produktionsregeln, welche die Elemente in der globalen Datenbasis erzeugen, und (c) aus einem Kontrollsystem, das die Steuerung des Suchverfahrens und die Abprüfung der Endebedingung übernimmt. In einem Netzwerk besteht die Datenbasis aus der Liste der Knoten. Eine Produktionsregel würde den Übergang vom Systemzustand eines Knotens zu demjenigen eines anderen Knotens modellieren. Die Endebedingung stellt fest, wann der gesuchte Zielknoten und damit der gewünschte Systemzustand erreicht ist. Ein Pseudocode-Schema für ein heuristisches Suchverfahren läßt sich mit diesen Voraussetzungen folgendermaßen definieren:

```
DATEN   := Startsituation;
SOLANGE NOT (Endebedingung (DATEN))
            S  := AUSWAHL_ELEMENT (DATEN);
            R  := AUSWAHL_REGEL (S);
            S1 := R(S);
            DATEN := F(DATEN, S1);
ENDE.
```

Bei gegebener globaler Datenbasis DATEN wird eine kopfgesteuerte Wiederholungsanweisung solange durchlaufen bis eine gegebene Endebedingung erfüllt ist. In dieser Schleife bestimmt AUSWAHL_ELEMENT ein Datenelement, danach wird mit AUSWAHL_REGEL eine Regel gesucht, die dieses Datenelement im Bedingungsteil enthält. Die Ausführung dieser Regel (R) erzeugt ein neues Datenelement (S1), und die Anwendung einer Heuristik in Form einer Bewertungsfunktion (F) erzeugt aus der bisherigen Datenbasis und S1 eine neue Datenbasis DATEN. Das Kontrollsystem zur Steuerung der Produktionsregel wird in diesem Schema durch AUSWAHL_ELEMENT und AUSWAHL_REGEL repräsentiert. Diese bilden die Basis für eine Heuristik und sind entscheidend für die Effizienz des Suchprozesses. Da grob gesprochen die Effizienz umgekehrt proportional zum Aufwand ist, sollten dem Aufwand auch Kosten zugewiesen werden, die von der reinen Bewertung F der Knotenrelationen zu unterscheiden sind. Diese Kosten sollten den mit der Ausübung der Regel verbundenen Aufwand sowie die Kosten für die Inferenz enthalten. Diese beiden Kostenarten sind in gewissem Sinne gegenläufig. Es gilt daher, diesen trade-off 'auszubalancieren'. Eine aufwandsbestimmende Komponente ist auch die gewählte Suchstrategie (Tiefen- oder Breitensuche in einem Entscheidungsbaum), ebenso die Art der Speicherung des Netzwerks.

Als AUSWAHL_REGEL wird in Netzwerken normalerweise explizites Expandieren eines Knotens verwendet, d. h. zu einem aktuell betrachteten Knoten ist jeweils die Menge der Nachfolgerknoten zu bestimmen und hinsichtlich der Verzweigung im Entwicklungsknoten zu bewerten. Das Expandieren geschieht durch Aufbau von zwei Listen OFFEN und GESCHLOSSEN im Expansionsknoten: OFFEN stellt die Menge der bereits expandierten Knoten, deren Nachfolgerknoten noch nicht alle expandiert wurden. Die Vorschrift AUSWAHL_ELEMENT entspricht dann der Auswahl eines Nachfolgerknotens mit minimaler Bewertungsfunktion. Dieses Expansionsprinzip gilt grundsätzlich für Suchverfahren in Graphen, für die sich das folgende Vorgehen empfiehlt:

```
OFFEN  := {Startknoten};
GESCHLOSSEN := {};
SOLANGE OFFEN <> {};
        N := AUSWAHL_ELEMENT(OFFEN);
        OFFEN := OFFEN - {N}
        GESCHLOSSEN := GESCHLOSSEN ∪ {N}
        FALLS EndeBedingung(N) Terminieren.
        SONST
                S := EXPANDIEREN(N);
                OFFEN := OFFEN ∩ {GESCHLOSSEN-S};
ENDE.
```

Verschiedene Strategien können in der Bewertungsfunktion berücksichtigt werden. Eine vielversprechende Strategie ist, daß AUSWAHL_ELEMENT immer diejenigen Knoten in der Liste OFFEN sucht, welche geringstmögliche Kosten bis zum aktuellen Expansionsknoten aufweisen. Falls mehrere Knoten mit minimalen, bisher aufgelaufenen Kosten existieren, wird derjenige Knoten gewählt, der die Endebedingung 'am besten' erfüllt. Dies ist auch die Vorgehensweise des klassischen Algorithmus von Dijkstra (1959). Eine andere Suchstrategie wäre die vorrangige Expansion solcher Knoten, die im Sinne der zugrundegelegten Bewertungsfunktion am erfolgversprechendsten sind, und gleichzeitig eine möglichst geringe Anzahl von noch auszuführenden Knotenentwicklungen erforderlich machen.

Bei der Festlegung der Bewertungsfunktion orientieren wir uns an HPA (Heuristic Path Algorithm), der auf Hart (1968) u. a. zurückgeht. Die Grundidee ist, die gesamten Kosten aus den Kosten bis zum aktuellen Entwicklungsknoten und aus den Kosten von Entwicklungsknoten bis zum Zielknoten zusammenzusetzen. Es sei

$g^*(n) =$ Kosten eines Pfades mit minimalen Kosten vom Startknoten zum Knoten n

$h^*(n) =$ Kosten eines Pfades von n zum Zielknoten (bzw. zu einem Knoten, der die Endebedingung erfüllt)

$f^*(n) =$ Kosten eines optimalen Pfades vom Start- zum Zielknoten, welcher durch den Knoten n führt

$f^*(n) = g^*(n) + h^*(n)$.

Mit '*' seien die wahren Kosten bezeichnet, die man normalerweise nicht kennt. Wir betrachten daher Schätzungen g(n) = Kosten des bis zum aktuellen Knoten 'billigsten' Pfades vom Startknoten bis zum Knoten n; h(n) = Heuristisches Wissen über die 'Rest-Bewertung' von Knoten n bis zum Zielknoten: $f(n) := g(n) + h(n)$;

Die erste Komponente g(n) läßt sich i.a. leicht berechnen, schwieriger ist es schon mit h(n). Unter diesen Voraussetzungen terminiert ein Suchverfahren, da bei jedem Schleifendurchlauf ein Knoten von OFFEN nach GESCHLOSSEN kommt, und damit OFFEN nach endlich vielen Schritten leer ist. Hinreichend für die Terminierung eines Suchverfahrens ist die Zulässigkeit der Heuristik, d. h. wenn die Kosten niemals höher eingeschätzt werden, als sie tatsächlich sind: $h(n) \leq h^*(n)$. Pearl (1984) hat eine ganze Reihe von theoretischen Aussagen zusammengestellt: Notwendige und hinreichende Bedingungen für das Expandieren eines Knotens, sowie die Konsistenzeigenschaft, d.h. in jedem Zwischenknoten findet das Suchverfahren bereits einen optimalen Pfad. Wichtig ist auch die Monotonie-Eigenschaft, derzufolge die Folge der f-Werte monoton steigt. Diese Eigenschaften sollten daher bei der Festlegung einer Heuristik erfüllt sein.

3. Implementierung von heuristischen Algorithmen zur Bestimmung bewertungsoptimaler Pfade in großen Netzwerken

Auf der Grundlage dieser additiven Bewertungsfunktion hat Martelli (1977) gezeigt, daß $h(n) \leq h^*(n)$ notwendig, aber nicht hinreichend, für die Konsistenz ist. Es gibt daher Knoten, die nicht konsistent sind, obwohl sie $h(n) \leq h^*(n)$ erfüllen. Eine solche Situation ist dann gegeben, wenn zu Knoten, die bereits in GESCHLOSSEN sind, im Verlauf des Expansionsprozesses immer noch 'billigere' Pfade gefunden werden können. Martelli modifiziert das Verfahren dahingehend, daß in einer Variablen F stets das Maximum der f-Werte der bisher expandierten Knoten gehalten wird. AUSWAHL_ELEMENT wird so gewählt, daß für alle Knoten OFFEN mit $f \leq F$ derjenige selektiert wird, der den kleinsten g-Wert aufweist. Diese Selektionsprozedur erkennt dann nicht konsistente Knoten. Eine solche Heuristik repräsentiert eine Sicherheitsstrategie, bei der dem minimalen g-Wert eine höhere Präferenz eingeräumt wird.

Bagchi und Mahanti (1989) selektieren aus Knoten in OFFEN mit $f \leq F$ denjenigen mit kleinstem g-Wert. Falls keine Knoten in OFFEN mehr vorhanden sind, wird der Knoten mit kleinstem g-Wert gewählt. Eine andere Variante stammt von Mero (1984), der eine permanente Korrektur des h-Werts während des Expansionsprozesses vornimmt. Der h-Wert wird künstlich 'hochgehoben', wenn zwischen dem Expansions- und einem Nachfolgerknoten die Monotonieeigenschaft nicht erfüllt ist. Die 'monotonisierte' Bewertung f' wird hierbei nach der folgenden Vorschrift erzeugt: f'(Startknoten) = f(Startknoten); f' (n):=max (f(n),f(m)), n = Nachfolgerknoten von m. Die Heuristik wird damit in jedem selektierten Nachfolgerknoten n eines Expansionsknotens m angepaßt.

Auch das Komplexitätsverhalten von A* ist maßgeblich von Pearl (1984) untersucht worden. Entscheidend ist die Approximationsgüte von h(n) im Vergleich zu h*(n), die entweder absolut durch |h(n)-h*(n)| oder hinsichtlich der relativen Veränderung |h(n)-h*(n)|/h*(n) abgeschätzt werden kann. Diese Abschätzung ist aber im konkreten Fall meist sehr schwierig, da die wahre Heuristik h* nicht bekannt ist. Im Rahmen eines probabilistischen Ansatzes wurde vorgeschlagen, h*(n) als Zufallsvariable im Intervall [0,h*(n)] aufzufassen. Es zeigte sich jedoch, daß nach wie vor ein exponentieller Suchaufwand erforderlich ist, solange P(h=h*) nicht hinreichend groß ist. $P_H(h \leq x) = F_H(x)$ stellt die zugrundegelegte Verteilungsfunktion dar. Auch die umgekehrte Fragestellung, mit welcher Genauigkeit h* zu schätzen ist, um einen polynomialen Suchaufwand zu haben, ist untersucht worden. Grundsätzlich ist eine angemessene Repräsentation der Lösungsqualität und des Suchaufwandes erwünscht. Für Netzwerke mit zufällig gewählten Knoten (nach einer vorgegebenen Wahrscheinlichkeitsverteilung) ist dieser 'trade-off' untersucht worden (Pearl, 1984). Weiterhin sind Vorschläge gemacht worden, die beiden Komponenten g und h konvex zu kombinieren (Pohl, 1970): $f_w(n)=(1 - w)\, g(n) + wh(n)$. Für verschiedenes $w \in [0,1]$ sind die zugehörigen Heuristiken nach deren 'Erfindern' benannt worden (z. B. für w=1 der 'Graph Traverser' von Doran / Mitchie (1966), u. a.); w = 0 würde dem klassischen Vorgehen von Dijkstra entsprechen. Generell läßt sich feststellen, daß mit kleiner werdendem w das Suchverfahren im Entscheidungsbaum zunehmend 'in die Breite' tendiert (Breitensuche). Umgekehrt ist für w = 1 das Verfahren häufig sehr viel schneller als mit einem von Null verschiedenen g-Wert. Allerdings kann dann bei schlecht gewähltem h die Suche nach einer Lösung scheitern. Aus diesen Überlegungen resultiert daher die Empfehlung, ein g von Null verschieden zu wählen, da in diesem Falle alle für die Suche relevanten Teile des Netzwerks berücksichtigt werden. Das Verfahren von Mahanti und Ray (1988) (hier als Variante D) gilt bisher als bestes heuristisches Verfahren, da bereits expandierte Knoten bei dem Versuch der nochmaligen Expansion gesperrt werden ($h = \infty$).

4. Implementierung der heuristischen Suchverfahren

Die in Abschnitt 3 genannten Varianten sind in der folgenden Übersicht zusammengestellt. Die Verfahren sind objektorientiert in Turbo-Pascal realisiert worden, um weitere empirische Evidenz zu erhalten.

Verfahren	Bewertungsfunktion f	'Deterministischer' Anteil g	Korrektur der Heuristik
Dijkstra	min. g	-	-
Typ A	min. f	-	-
Typ B	f < F	min. g	-
Typ B1	min. f < F	min. g	-
Typ B2	min. f < F	max. g	ja
Typ B3	f < F	max. g	ja
Typ C	f < F	max. g	-
Typ D	min. f < F	min. g	ja, $h(n)=\infty$, falls n ohne Nachf

Abb. 1: Varianten heuristischer Verfahren

Typ	Literaturquelle	theoretischer Aufwand ('worst case')
A	Hart, Nilsson (1980)	$O(2^N)$
B	Martelli (1977)	$O(N^2)$
B1	Mero (1984)	$O(N^2)$, $O(2^N)$?
C	Bagchi/Mahanti (1985)	$O(N^2)$
D	Mahanti/Ray (1988)	$O(N^2)$

Abb. 2: Literaturquellen für die Varianten heuristischer Verfahren

Die bei Mahanti und Ray (1988) angegebenen theoretischen Aufwandsabschätzungen konnten bei der empirischen Überprüfung mit Hilfe des Pascal-Programms für große Netzwerke nicht bestätigt werden. Mero (1984) stellt fest, daß Typ B1 stets nicht mehr Knoten-Expansionen erforderlich macht als Typ B und folgert daraus für Typ B1 einen theoretischen Aufwand von $O(N^2)$. Im Gegensatz hierzu zeigen Mahanti und Ray (1988), daß Typ B1 im schlechtesten Fall einen Aufwand $O(2^N)$ benötigt. Außerdem erweist sich B1 theoretisch wesentlich schlechter als A und B, wenn die gewählte Heuristik nicht zulässig ist. Auch dieser Unterschied konnte empirisch nicht bestätigt werden. Wegen der nur eingeschränkt verfügbaren RAM- Speicherkapazität von 640 KB sind Netzwerke mit maximal 1600 Knoten und ca. 8000 Kanten möglich. Das Programmsystem besteht aus drei Modulen: Im ersten werden die Knoten, im zweiten die Kanten nach einem vorzugebenden zufälligen Auswahlprinzip erzeugt. Im dritten Modul können optional die verschiedenen heuristischen Varianten durchgerechnet werden. Das Auswahlprinzip konzentriert sich - wie wir anschließend noch sehen werden - auf die Festlegung des Abstands zwischen einem Knoten und dessen Nachfolgeknoten (als 'Spanne' bezeichnet), sowie auf das Verhältnis zwischen Anzahl Netzknoten und Anzahl Netzkanten. Da aus Gründen der genannten Speicherbeschränkung maximal 8000 Kanten möglich sind, wäre beispielsweise eine Netzkonstellation von 1000 Knoten mit jeweils 8 Verbindungen zu anderen Knoten, oder 400 Knoten mit 20 Kanten und unterschiedlicher Spanne möglich.

Aus der Vielzahl an Netzwerk-Simulationen seien hier zwei verschiedene Knoten-/Kanten-Konstellationen ausgewiesen. Es handelt sich um eine Netzkonstellation mit 400 Knoten und 20 Kanten, die einen Knoten mit 20 anderen Knoten verbinden (N400_20.DAT). In der Spalte 'Spanne' ist angegeben, in welchem Abstand die adjazierten Knoten gewählt wurden. Hierzu werden die Knotenabstände innerhalb eines Gitterschemas gewählt. Eine Spanne von 2 soll beispielsweise bedeuten, daß die 20 Kanten, die von einem Knoten ausgehen, Endknoten ergaben, die nicht mehr als zwei Gitter-Rechtecke vom Ausgangsknoten entfernt liegen. Die Anzahl der Gitter-Rechtecke hängt von der Anzahl der gewählten Knoten ab. Für die meisten Testbeispiele ist ein quadratisches Gitterschema angenommen worden, d.h. z. B. bei 400 Knoten ein Gitterschema von 20 mal 20 Gitterquadraten. In der Spalte 'Aufwandsverh.' ist das Aufwandsverhältnis zwischen dem klassischen Dijkstra-Algorithmus und den heuristischen Varianten ausgewiesen. Grundsätzlich ist festzustellen, daß sich die heuristischen Varianten untereinander nur unwesentlich unterscheiden, daher wird hier auch darauf verzichtet, die Beispielrechnungen separat für jede heuristische Variante auszuweisen.

Start/-Zielkn.	Aufwandsverh. Dijkstra/ Heuristik	Spanne	Netzwerke
0 - 399	5/1	≤ 20	400 Knoten mit 20 Kanten je Knoten
399 - 0	45/1	≤ 20	
0 - 399	1/2	10	
399 - 0	20/1	10	
0 - 1599	70/52	2	1600 Knoten mit 4 Kanten je Knoten
1599 - 0	1/1	2	
0 - 1599	98/1	10	
1599 - 0	17/1	20	

Abb. 3: Knotenkonstellationen

Fazit der umfangreichen empirischen Simulationen unterschiedlichster Netzformen: Zwischen Aufwand für die Suche und der Netzwerkstruktur lassen sich keine 'gesetzmäßig' gültigen Zusammenhänge feststellen. Allerdings erscheint die Beobachtung relevant, daß mit zunehmender Spanne sich das Aufwandsverhältnis zugunsten der heuristischen Varianten verschiebt.

Auch verbessert sich die Effizienz der heuristischen Verfahren gegenüber dem Verfahren ohne Heuristik, je mehr Kanten von jedem Knoten ausgehen. Kaum einen Vorteil erhält man mit den heuristischen Varianten, wenn das Netzwerk vom Startknoten zum Zielknoten hin 'ausgerichtet' ist, wohingegen sich das Aufwandsverhältnis teilweise erheblich zugunsten der heuristischen Varianten verändert, wenn die Kantenrichtungen heterogen sind. Es wäre sicherlich interessant, in einer weiteren Untersuchung eine Art 'Grad der Heterogenität' des Netzwerks als Kennzahl zu entwickeln, die dann als Auswahlfunktion für eine der heuristischen Varianten dienen könnte. Bleibt abschließend noch darauf hinzuweisen, daß das Programmsystem auf Anfrage jederzeit zur Verfügung gestellt werden kann.

5. Künstliche neuronale Netze (KNN) zur Bewältigung der Komplexität in Netzwerken?

Ein fundamental verschiedener Ansatz zur Abbildung von Netzwerkstrukturen und zur Auffindung von Lösungen bietet sich heute im Rahmen verschiedener Modelltypen künstlicher neuronaler Netze an. Der Unterschied zu den kalkülorientierten Verfahren besteht in der mehr assoziativen Repräsentation der Netzwerkstruktur. Bei den bisherigen heuristischen Verfahren stand die Bestimmung einer Zielgröße bei gegebenen Kantenbewertungen im Vordergrund. Im Gegensatz dazu sind in KNN die Kantenbewertungen unbekannt und müssen bestimmt (bzw. 'gelernt') werden. Die Neuronen übernehmen die Funktion der Netzknoten. Die Axonen (Nervenfasern) stellen die Verbindungen zwischen Neuronen dar und sind damit das funktionale Äquivalent der Netzkanten. Die Kantenbewertungen entsprechen der Stärke der Synapsenaktivitäten. Die Gesamtheit der Kantenbewertungen erfaßt damit das Wissen über den strukturellen Zusammenhang und läßt sich als eine Art assoziatives 'Gedächtnis' interpretieren. Auch die Problemsichtweise ist weniger algorithmisch, sondern KNN ist ein System, das von außen über eine Eingangsschicht Information aufnimmt, diese verarbeitet, und in einer Ausgangsschicht ein Ergebnis reproduziert. Durch Rückkopplung zwischen den Neuronenschichten wird weitere Information produziert. Hierdurch wird eine gewisse Eigendynamik des Systems erzeugt. Das 'Feuern' der Neuronen und die hiermit verbundene Stärke der Neuronenaktivität wird durch eine Schwellenwert-Logik gesteuert.

Während für die traditionelle Algorithmik ein Hauptspeicher, ein Rechen- und Steuerwerk erforderlich ist, braucht man diese Verarbeitungskomponenten eines Computers für KNN grundsätzlich nicht. Die einzelnen Verarbeitungselemente in einem NN sind voneinander unabhängig aktiv, und es gibt keine Steuerungsinstanz, die dem Zentralprozessor entsprechen würde. Aus diesem Grunde ist das intrinsische Funktionieren eines KNN auch so schwierig zu verstehen. Dies kommt in vielen bisherigen Anwendungen der KNN auf ökonomische Fragestellungen zum Ausdruck (z.B. die Aktienkurs- und Dollarkursprognosen bei Rehkugler, 1991).

Bevor wir die Simulationsmöglichkeiten von KNN für die Pfadsuche in Netzwerken diskutieren, seien einige Hinweise zu Modelltypen von KNN gegeben. Im allgemeinen werden künstliche neuronale Netze schichtenorientiert aufgebaut. Die Netzeingänge können die Kantenbewertungen als reelle Zahlen oder auch die Knoten selbst im Sinne ihrer natürlichen Reihenfolge sein. Die Ausgabeschicht enthält die Ergebnisinformation, welche die verborgenen Neuronenschichten bei Anlegen einer Eingangsinformation erzeugt. Je nach Anzahl der Neuronenschichten und deren Verbindungen werden unterschiedliche Typen von KNN-Modellen verwendet, die sich in der Ausprägung ihrer analogen oder digitalen Aktivierungsfunktion, sowie durch ihre Schwellenwertfunktion (Ausgangsfunktion) unterscheiden (McCulloch-Pitt, Fermi u.a.). Der Zustand eines KNN ist durch die Werte an den Eingängen (Ist) und an den Ausgängen (Soll) der Neuronen gegeben. Der Zustand eines Netzes ändert sich kontinuierlich in der Zeit. Daher muß rechnerisch der Zustand eines KNN zu diskreten Zeitpunkten approximiert werden.

Einfache KNN sind der Muster- und Auto-Assoziator, die sich im Typ der Ein- und Ausgänge unterscheiden. Das Funktionsschema für die Bestimmung der Kantengewichte wird im einfachsten Fall durch die Hebbsche Lernregel repräsentiert (Hebb, 1949) oder in einer erweiterten Form durch die sog. ∂-Lernregel. Grundidee bei der Hebbschen Lernregel ist, daß bei zwei gleichzeitig feuernden Neuronen die verbindende Synapse stärker wird. Damit ist Lernen durch die Veränderung der Synapsenstärke charakterisiert. Beim Hebbschen Lernen ist die Ausgangsfunktion ohne Bedeutung, nicht jedoch bei der ∂-Lernregel. Der Muster-Assoziator und der Auto-Assoziator bestehen aus einer einzigen Schicht ohne Rückkopplung zwischen den Neuronen. Der Verwendungszweck von Muster-Assoziatoren besteht im Lernen von Mustern (Prototypen), d. h. legt man am Eingang das zu lernende Muster an, wird am Ausgang das reproduzierte Soll-Muster erscheinen. Mit einem Muster-Assoziator lassen sich daher funktionale Spezifikationen zwischen erklärenden und zu erklärenden Bestimmungsgrößen im traditionellen Sinne lernen. Der Auto-Assoziator speichert einzelne Prototypen. Der Verwendungszweck besteht darin, daß aus einem modifizierten oder deformierten Muster das Originalmuster trotzdem erkannt werden kann. Von bisher praktischer Bedeutung beim optischen Erkennen sind auch Backpropagation-Netze, die aus mindestens zwei Schichten verborgener Neuronen bestehen. Das Lernen erfolgt hier in einem dynamischen Rücksetzungsprinzip von der Ausgangs- zur Eingangsschicht.

Hopfield-Netze sind Auto-Assoziatoren mit symmetrischen Gewichten. Sie sind u. a. auch für das Lernen der Lösung eines Traveling Salesman Problems eingesetzt worden. Am Institut für wissenschaftliches Rechnen (IWR) der Universität Heidelberg sind bereits Implementierungen von KNN für das TSP auf einem Transsputersystem T800 von Parsytec vorgenommen worden. Weiterhin gibt es eine Pascal-Implementierung von Albrecht et al. (1991) auf Mikrocomputern. Hier werden Heuristiken für eine geeignete Anwendung des Hopfield-Netzes vorgeschlagen. Eine kritische Überprüfung dieser Programmanwendung macht jedoch die grundsätzliche Problematik von KNN deutlich: (1) Es ist die geringe Problemdimension zu nennen. (N = 20 Knoten ergeben einen bereits nicht mehr vertretbaren Rechenaufwand). Mit heute bekannten herkömmlichen Heuristiken läßt sich eine Problemdimension von einigen zehntausend Knoten bewältigen, daher ist der KNN-Ansatz für das TSP im Augenblick noch keine ernsthafte Alternative. (2) Es ist eine extreme Parameter-Sensitivität bezüglich des Lösungsverhaltens festzustellen. Und dies nicht nur im Hinblick auf eine geringfügige Veränderung der Parameter, sondern vor allem für das Auffinden einer 'passenden' Parameterkonstellation für den Iterationsstart. Ähnliches gilt auch für das Lernen von Aktienkursen mit dem Ziel der ex ante-Prognose. Auf der Basis des Muster-Assoziators wurde von mir der Zusammenhang zwischen dem DAX (Deutscher Aktienindex) als Ausgangsmuster und einigen wichtigen Aktientiteln (Daimler, Siemens) als Eingangsmuster simuliert. Der Zusammenhang konnte exakt gelernt werden, allerdings war der Aufwand für das Auffinden 'geeigneter' Problemparameter (Lernrate, Schwellenwerte, Steigung der Fermi-Ausgangsfunktion) erheblich. Auch ist keinerlei Gesetzmäßigkeit zwischen Eingangsmustern und Parameterausprägung zu erkennen. Daher ist für jede neue Spezifikation des Zusammenhangs dieser Suchaufwand für die Parameter erneut erforderlich. (3) Das Hauptproblem liegt in der Nichtverfügbarkeit KNN-adäquater Hardware. Neuronale Netze arbeiten extrem parallel, und diese Parallelität ist auf einem Einprozessorsystem nur mit entsprechend hohem Aufwand nachzubilden.

Was das Ausgangsproblem, nämlich die Bestimmung kürzester Pfade in Netzwerken angeht, erscheint mir das Modell von Kohonen (1984, siehe Ritter et al., 1991, S. 64 ff.) am erfolgversprechendsten. Ohne auf die algorithmischen Schritte im einzelnen einzugehen, sei lediglich eine kurze geometrische Interpretation gegeben. Ein Eingangssignal selektiert ein neuronales Zentrum, in dessen Umgebung alle Neuronen ihre Gewichtsvektoren in Richtung dieses Zentrums verschieben. Hierbei nimmt die Stärke der Verschiebung mit wachsendem Abstand vom Zentrum ab. Für das kürzeste Pfadproblem wählt das Kohonen-Verfahren zu Beginn N zufällig verteilte Knoten. Die Neuronenkette (=Knotenkette= Pfad) wählt zu jedem Eingangssignal ein 'nächstliegendes' Neuron und deformiert den Weg entsprechend in Richtung des Eingangssignals. Hieraus entwickelt sich ein Pfad, dessen Verlauf diejenigen Bereiche des Knotennetzes begünstigt, aus denen verstärkt Eingangssignale kommen. Eine vorzugebende Wahrscheinlichkeitsdichte (im Standardfall die Normalverteilung) legt fest, wie stark der Pfad an bestimmte Bereiche der Neuronenkette gebunden sein soll.

Nach der Programmierung des Kohonen-Ansatzes wurden einige Fallbeispiele simuliert. Auch hier zeigte sich die starke Parametersensitivität und die Behandelbarkeit von nur kleinen Problemgrößen (N = 25). Der Vergleich zu den effizienten heuristischen Varianten aus Abschnitt 3 und 4 ist weder im Hinblick auf die Problemgröße, noch auf den Rechenaufwand möglich.

Allerdings erscheint die Situation für einen problemgrößenrelevanten Einsatz von KNN-Modellen nicht so hoffnungslos, wenn man die augenblicklichen Projekte zur Entwicklung neuronaler Hardware in die Betrachtung miteinbezieht. So wird in neuerer Zeit ein Projekt der 6. Generation diskutiert (NIPT = New Information Processing Technology; Kahaner, 1991). Hardware-Architekturen mit bis zu 10^{12} Neuronen könnten bereits in 8 bis 10 Jahren verfügbar sein. (Das menschliche Gehirn hat etwa 10^{10} Neuronen). Die hierfür zu entwickelnden Neuronenchips würden bereits einen Backpropagation-Lernalgorithmus mit einer sehr großen Anzahl von 8-Bit Ein- und Ausgängen enthalten. Auch gibt es für solche Chips bereits eine neue Kenngröße der Leistungsmessung: Nicht mehr MIPS (Mega ínstructions per second), auch nicht mehr LIPS (Logical inferences per second, 5. Generation), sondern TCUPS (Tera computed updates per second), d. h. also neuronale Computer, die eine Vielzahl von Zustands-Updates der Größenordnung 10^{12} in jeder Sekunde durchführen können. Es steht außer Frage, daß mit einer solchen Hardwareleistung die Komplexität von Netzwerkstrukturen einer praxisrelevanten Dimension gelernt und für verschiedenste Auswertungszwecke eine Reproduktion erreicht werden kann. Die Ära neuronaler Hardware- und Softwarestrukturen hat gerade erst begonnen!

6. Literatur

Albrecht W., Kruse H., Mechler B., Ranzinger Ch. (1991): Zur Lösung des Traveling-Salesman Problems mit neuronalen Netzen - Das Modell von J. Hopfield - Arbeitsblatt "Neural Computing", Nr. 1, Universität Mannheim.

Bagchi A., Mahanti A. (19859: Three Approaches to heuristic search in networks. JACM 32 (1), 1-27.

Hart P.E, Nilsson N.J., Raphael B. (1968): A formal basis for the heuristic determination of minimum cost paths. IEEE Trans. Systems Science and Cybernetics SSC-4(2), 100-107.

Hoffmann N. (1991): Simulation neuronaler Netze. Grundlagen, Modelle, Programme. Vieweg-Verlag.

Kanal L., Kumar V. (eds.,1988): Search in Artificial Intelligence. Springer Verlag, New York, Berlin, Heidelberg.Kaindl H. (1989): Problemlösen durch heuristische Suche in der Artificial Intelligence. Springer Verlag Wien, New York.

Khama Tarun (1990): Foundations of Neural Networks. Addison-Wesley Publ.Comp.

Mahanti A., Ray K. (1988): Network Search Algorithms with modifiable heuristics. In: Kanal L., Kumar V., eds., Search in Artificial Intelligence. Springer Verlag, New York, Berlin, Heidelberg, 200-222.

Martelli A. (1977): On the Complexity of Admissible Search Algorithms. AI 8, 1-13.

Mero L. (1984): A Heuristic Search Algorithm with Modifiable Estimate. AI 23, 13-27.

Pearl J. (1984): Heuristics. Intelligent Search Strategies for Computer Problem Solving. Addison-Wesley Publ. Comp.

Radermacher F. J. (1991): Überlegungen zur zukünftigen Informationsgesellschaft. Beitrag zu den Würzburger Informatiktagen, 3. - 5. Juli 1991, Bayerische Julius-Maximilians-Universität Würzburg.

Rehkugler H./Poddig T. (1990): Entwicklung leistungsfähiger Prognosesysteme auf Basis künstlich neuronaler Netzwerke am Beispiel des Dollars. Disk. Pap. Nr. 76/1990, Universität Bamberg.

Rehkugler H., Poddig T. (1990): Statistische Methoden versus künstliche neuronale Netzwerke zur Aktienkursprognose - eine vergleichende Studie - Disk. Pap. Nr. 73/1990, Universität Bamberg.

Ritter H.,Martinetz Th.,Schulten K. (1991): Neuronale Netze: Eine Einführung in die Neuroinformatik selbstorganisierter Netzwerke (2. erw. Auflage, Reihe Künstliche Intelligenz), Addison-Wesley Verlag.

Qualitative Informationen - Ein Weg zur Reduktion der Komplexität im internationalen Management

von *Kuno Rechkemmer*[1]

1. Einführung

Internationales Management ist naturgemäß sehr komplex. Kernaufgabe des Managements einer international operierenden Unternehmung ist es, diese Komplexität zu handhaben (Bleicher, 1991).

Nehmen wir als Beispiel den Daimler-Benz-Konzern: Ein Mitglied des Vorstandes dieser Unternehmung hat (1) die Gesamtverantwortung für nahezu 400.000 Mitarbeiter, ca. 50 Mrd. DM Einkaufsvolumen, rd. 700 Beteiligungsgesellschaften, zahlreiche Geschäftsfelder, unzählige Sparten sowie vielfältige Kooperationen und strategische Verbindungen und (2) die unmittelbare Verantwortung für ein bestimmtes Funktionalressort (Finanzen und Material, Personal, Forschung und Technik) oder einen bestimmten Unternehmensbereich (Mercedes Benz, AEG, Deutsche Aerospace, Daimler-Benz InterServices). Zudem ist es (3) im Aufsichtsrat von 10, 20 oder mehr Gesellschaften in aller Welt innerhalb und außerhalb des Konzerns sowie Mitglied verschiedener Institutionen in Wirtschaft und Politik.

Hier gilt es Überblick zu behalten um den Kurs der Unternehmung ganzheitlich "richtig" vorgeben zu können. An dieser Stelle setzen unsere Überlegungen an. Unser Grundgedanke ist, daß die Führung komplexer, international operierender Unternehmen in vielerlei Hinsicht Analogien zu der Regierung eines Staates bzw. einer Volkswirtschaft aufweist - das Management dieser Unternehmungen z.B. in der Wahrnehmung seiner Aufgaben durch einen aus Stäben, Arbeitsgruppen und Linienbereichen zusammengesetzen "Regierungs"-Apparat unterstützt wird, der es leitet, berät und mit allen wichtigen Informationen versorgt - und auf volkswirtschaftlicher Ebene erfolgreich eingesetzte Instrumente somit möglicherweise auch auf dieser Ebene einen Beitrag leisten können.

---

[1] Dr.rer.pol. Kuno Rechkemmer, Daimler Benz AG, Postfach 800230, 7000 Stuttgart 80

Ausgehend von diesem Gedanken versuchen wir vorliegend die auf das Ifo-Institut für Wirtschaftsforschung, München, zurückgehenden, bislang vornehmlich im gesamtwirtschaftlichen Zusammenhang eingesetzten qualitativen Erhebungen auf die Belange des internationalen Managements zu übertragen.

Orientierungspunkt unserer Überlegungen ist, wie oben bereits angedeutet, die Zielgruppe "Top-Management". Bezogen auf diese Zielgruppe geht es uns vor allem um die Reduktion von Komplexität zur Verbesserung ihrer Handhabung.

Andere mit qualitativen Informationen möglicherweise verbundene Vorteile analytischer oder prognostischer Art sollen damit nicht ausgeschlossen sein - auch wenn sie aus unserer Sicht eher relevant für den Apparat sind, als für den Top-Manager selbst. Gleichermaßen offen lassen wir in dem uns vorgegebenen Rahmen umgekehrt die Frage nach der Bedeutung der Reduktion von Komplexität für den Regierungsapparat.

Im folgenden stellen wir als erstes die *Ifo-Methode* beispielhaft vor; als zweites zeigen wir unser *Konzept* der Anwendung der Ifo-Methode im Bereich des internationalen Managements auf; als drittes gehen wir auf die *Integration* von qualitativen und quantitativen Informationen ein - denn selbstverständlich: ein Manager kann sich nicht allein auf qualitative Indikatoren abstützen; er braucht für seine Arbeit auch "harte" Quantitäten und Fakten; als viertes fassen wir unsere Überlegungen kurz zusammen.

2. Ifo-Methode

Hauptanwendungsgebiet der qualitativen Ifo-Erhebungen ist die Konjunkturanalyse und -prognose (Oppenländer, 1990). Im Rahmen des Ifo-Konjunkturtests beispielsweise werden regelmäßig von rund 10.000 Unternehmungen Beurteilungs- und Erwartungsinformationen nach dem Muster in Abbildung 1 erhoben.

Das Ifo-Institut quantifiziert diese Meldungen wie folgt: zunächst werden die angekreuzten Antworten in eine "-1, 0, +1"-Skala umgesetzt; dann werden diese Werte entsprechend der Größe der jeweiligen Unternehmung innerhalb ihres Marktbereiches gewichtet; schließlich werden die gewogenen Prozentanteile über alle Unternehmungen hinweg zu sogenannten Beurteilungs- bzw. Erwartungsindizes saldiert, aus denen dann fallweise zusätzlich - durch einfache Mittelwertbildung - ein Klimaindex errechnet wird.

Dieses augenscheinlich bewußt einfach gehaltene Verfahren hat sich bislang als außerordentlich erfolgreich erwiesen. Die ermittelten qualitativen Indikatoren bilden die ökonomische Entwicklung nicht nur ganzheitlich signifikant ab - und dies häufig mit Frühindikatoreneigenschaft - sondern sie sind auch schnell, einfach und relativ kostengünstig zu erheben. Ein aus dem Blickwinkel des internationalen Managements nicht unwesentlicher Aspekt ist darüberhinaus, daß die Methode unabhängig von dem situativ geltenden quantitativen Rechnungswesen ist. Wie wäre sie auf die Belange einer komplexen, international operierenden Unternehmung zu übertragen?

Wir beurteilen unsere Geschäftslage für XY z.Z. als

gut ☐

befriedigend bzw. saisonüblich ☐

schlecht ☐

Unsere Geschäftslage für XYZ wird in den nächsten 6 Monaten in konjunktureller Hinsicht - also unter Ausschaltung rein saisonaler Schwankungen

eher günstiger ☐

etwa gleich bleiben ☐

eher ungünstiger ☐

Abb. 1: Zum Ifo-Konjunkturtest

3. Konzept

Unsere Überlegungen unterstellen: eine Unternehmung hat ihre Zentrale in einem Land X, ist in einer Reihe von Geschäftsfeldern aktiv und verfügt über zahlreiche Tochtergesellschaften weltweit.

Als erstes fragen wir: über "was" soll informiert werden? Nehmen wir der Einfachheit halber an: für alle Tochtergesellschaften des Konzerns wären die durch das St. Galler Management-Modell kategorial vorgegebene Informationsgegenstände relevant (Ulrich, Krieg, 1974) (s. Abb. 2).

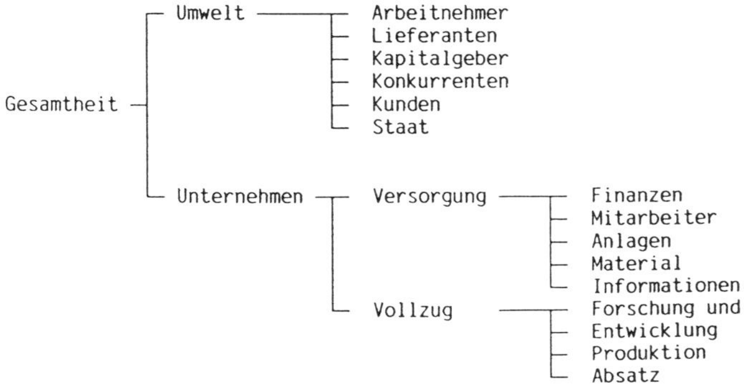

Abb. 2: Informationsgegenstände

Ob diese Festlegungen im Einzelfall so gelten oder nicht, ist für das Prinzip des Ansatzes unerheblich. Wesentlich ist, daß das Informationsfeld ganzheitlich und aufgabengerecht gegliedert ist und daß bzgl. der explizierten Informationsgegenstände (also z.B. Absatz, Produktion, Umsatz etc.) Standardfragen in Form von Abbildung 3 entwickelt werden können.

Gesellschaft: Datum:

Wir beurteilen unsere ...... - Situation z.Z. als

gut ☐

befriedigend bzw. saisonüblich ☐

schlecht ☐

Unsere .... - Situation wird in den nächsten 6 Monaten unter Ausschaltung rein saisonaler Schwankungen

eher günstiger ☐

etwa gleich bleiben ☐

eher ungünstiger ☐

Abb. 3: Standardisierter Fragebogen

Diese Standardfragen sind nach unserer Vorstellung nun regelmäßg, z.B. monatlich, für jeden der vorausgehend definierten Informationsgegenstände direkt durch den Verantwortlichen selbst - in unserem Fall also beispielsweise durch die Geschäftsführung jeder Tochtergesellschft - zu beantworten und der Zentrale vorzulegen.

Die Auswertung der Antworten folgt dem Prinzip der Ifo-Methode: zunächst werden die Antworten zu den verschiedenen Informationsgegenständen in das "-1, 0, +1"- Schema übertragen. Abbildung 4 a) zeigt beispielhaft die Ergebnisse einer solchen Übertragung für einen Konzern namens FIM und dessen Tochtergesellschaft FIM-XY.

Im nächsten Schritt werden diese Quantitäten gruppenweise zu Beurteilungs- und Erwartungsindikatoren addiert, aus denen dann anschließend Klimaindizes gemittelt werden. Was die Aussage dieser Indizes angeht, so liegt diese letztendlich vor allem im Zeitvergleich der Monat für Monat ermittelten Werte (vgl. Abbildung 4 b).

a)

F I M - X Y Stand	**Beurteilung aktuell** schlecht -1 befried. 0 gut 1	**Erwartung nächste 6 Monate** schlechter -1 gleich 0 besser 1
Gesamtheit	+1	0
Unternehmung	+1	0
Vollzug	+1	0
Absatz	+1	0
Produktion	0	+1
F+E	+1	0
Versorgung	+1	0
Finanzen	+1	0
Mitarbeiter	+1	0
Investitionen	0	0
Einkauf	-1	-1
Umwelt	0	-1
Arbeitnehmer	0	0
Lieferanten	0	-1
Konkurrenten	-1	-1
Kapitalgeber	+1	0
Staat	+1	0

b)

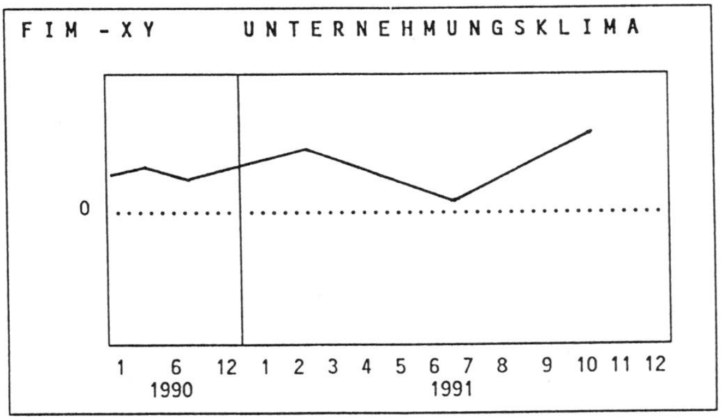

Abb. 4: Zur Auswertung

Doch gehen wir nochmals einen Schritt zurück: Nehmen wir an, alle Meldeeinheiten - in unserem Fall: alle Gesellschaften - hätten ihre Antworten der Zentrale eingereicht. Dort sind diese zuerst noch in 2 Richtungen auszuwerten:

- gesellschaftsspezifisch/gegenstandsübergreifend:
  zu prüfen ist die Plausibilität der relativen Gewichtung der Informationsgegenstände pro Gesellschaft (z.B. Gewichtungsverhältnis zwischen Umwelt und Unternehmung in politsch oder wirtschaftlich instabilen Ländern); möglich wird dies (1) durch die

ganzheitliche Aufteilung der Informationsgegenstände, sowie - damit verbunden - (2) durch redundante Meldungen, vorliegend bzgl. der Aggregate "Gesamtheit", "Unternehmung" und "Umwelt" bzw. "Versorgung" und "Vollzug".

- gegenstandsspezifisch/gesellschaftsübergreifend:
  die Daten werden pro Informationsgegenstand (Absatz, Umsatz etc.) ausgewertet; hierzu werden zunächst die Meldungen der einzelnen Gesellschaften gemäß deren Bedeutung - z.B. ihres Anteils am Gesamtumsatz - gewichtet; wie oben sind dann die entsprechenden Indizes auch gegenstandsbezogen zu errechnen, also z.B. das Absatz- oder Umsatzklima zusammengefaßt nach bestimmten Regionen (Europa, Afrika etc.); sicherzustellen ist vorab, daß die in gesellschafts- und gegenstandsspezifischer Richtung ermittelten Ergebnisse in ihren Schnittpunkten auf aggregierter Ebene übereinstimmen.

Damit sind die Grundelemente der Konzeption aufgezeigt. Ihre Ausgestaltung in der Praxis ist situativ.

4. Integration

Wie sind qualitative und quantitative Informationen zu integrieren? Unsere diesbezügliche Vorstellungen sind durch die mit den sogenannten Executive Information Systems (EIS) verbundene Möglichkeiten geprägt (Bullinger et. al.,1991). Im folgenden gehen wir zuerst auf die Stellung von EIS in der Systemlandschaft einer Unternehmung ein und anschließend auf die Integration qualitativer und quantitativer Informationen in EIS. Grundlage unserer Betrachtung ist das mit Abbildung 5 a) dargestellte Schema. In diesem Schema positionieren wir EIS als Informationssystem für "Executives" unter den Aspekten "Chronologie des Aufkommens", vor allem aber "Hierarchie der Zielgruppe" und damit Verdichtungsgrad der Informationsgehalte" an oberster Spitze.

In Abbildung 5 b) schreiben wir dieses Schema aus dem Blickwinkel "Informationsinhalte" weiter fort. Wir trennen zunächst zwischen den Kategorien

- Information des Managements
- Information des Apparates, der die Managementinformationen erarbeitet und weiterleitet - u.a. auf Basis zusätzlicher spezifischer Informationen, und
- Informationen der Operative.

Die Managementinformationen unterscheiden wir - analog zu mehrstufigen Entscheidungsprozessen (Brauchlin, 1991) - in qualitative und quantitative Informationen, wobei wir den quantitativen Bereich nochmals in zwei Kategorien, die "fokussiert quantitativen" und die "detaillierten" Informationen trennen. Soweit zur Stellung von EIS bzw. von qualitativen Informationen in EIS.

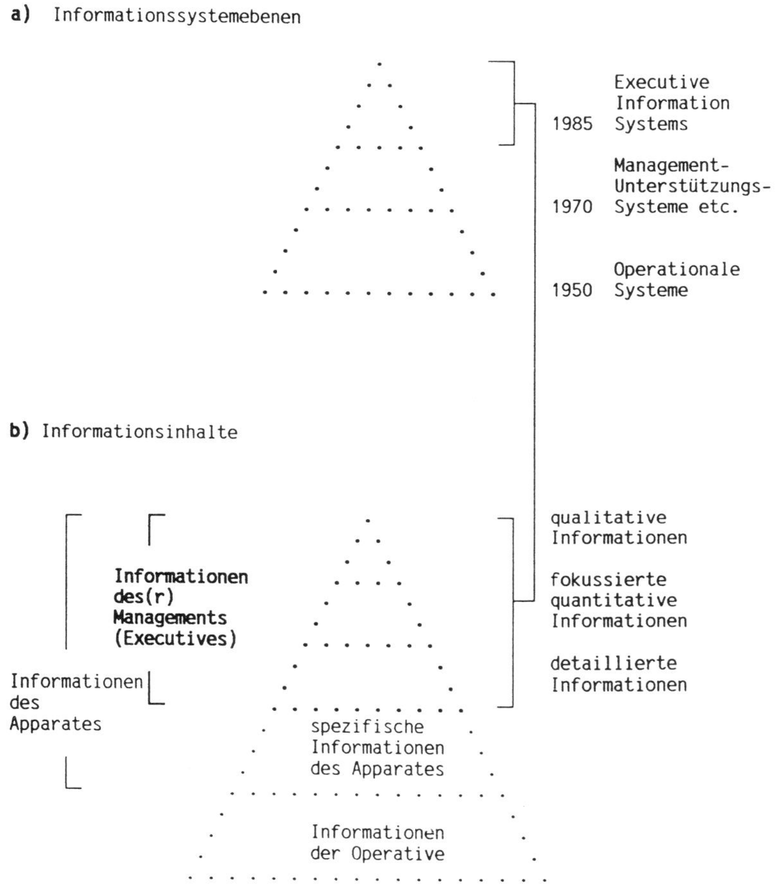

Abb. 5: Informationssystemebenen und Informationsinhalte

Die Integration zwischen qualitativen und quantitativen Informationsinhalten vollziehen wir wie folgt: wir ergänzen das Feld der Managementinformationen um die Dimension "Gegenstände" entsprechend Abbildung 6 und übertragen dieses Schema, wie mit moderner Software möglich, "1:1" auf den Computerbildschirm. Damit ist im Rahmen dieses Systems jede gewünschte Information - ohne jegliche Computerkenntnisse über "touch screen" oder "Maus"technik - im Wechsel zwischen qualitativen und quantitativen Segmenten schnell und gezielt abzurufen.

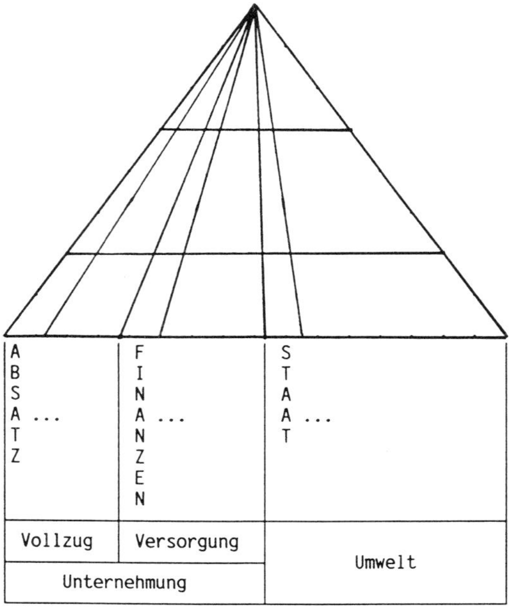

Abb. 6: Integriertes System qualitativer und quantitativer Informationen

Grundsätzlich möglich ist darüberhinaus, die qualitativen Informationen - ähnlich dem Ifo-Vorgehen - farblich zu codieren (z.B. "rot" für ungünstige und "grün" für günstige Entwicklungen) und über eine gleichfalls auf dem Computerbildschirm aufscheinende Weltkarte - geordnet nach Ländern und Regionen - aufzuzeigen.

Ein solches System könnte dem Systemnutzer einerseits die internationale Lage auf einen Blick transparent machen. Andererseits würde es ihm ermöglichen, direkt auf die ihn interessierenden Informationen im integrierten Wechsel zwischen qualitativen und quantitativen Ebenen zuzugreifen und damit entweder seinen Informationsbedarf bereits innerhalb des Systems abzudecken oder auf weiteren Informationsbedarf aufmerksam zu werden um diesen - da innerhalb des Systems nicht zu realisieren - an seinen Apparat weiterzuleiten.

5. Zusammenfassung

Vorgestellt wird ein Konzept qualitativer Informationen für das internationale Management. Die Eckpunkte des Konzepts sind an einer auf das Ifo-Institut für Wirtschaftsforschung, München, im gesamtwirtschaftlichen Zusammenhang entwickelte Methode orientiert.

Ziel des Entwurfs ist es, die Komplexität international operierender Unternehmungen besser handhabbar zu machen. Das Managenent soll sich bzgl. ganzheitlich als relevant ausgewählter Gegenstände (Unternehmung, Umwelt, Absatz, Umsatz etc.) schnellen Überblick über die Lage weltweit verschaffen können. Die qualitativen Informationen sollen das herkömmliche quantitative Rechnungswesen dabei nicht ersetzen, sondern es - wie beispielhaft aufgezeigt - in integrierter Weise ergänzen.

Das qualitative Konzept verspricht über den Aspekt der komplexitätsreduzierenden Ganzheitlichkeit hinaus eine Reihe weiterer Vorteile. Hierzu gehört, daß qualitative Informationen nach dem vorgestellten Entwurf

- die ganzheitliche Sicht der Verantwortungsträger reflektieren;
- Frühindikatoreneigenschaft haben;
- einfach, d.h. auch kostengünstig, und schnell, d.h. mit hoher Aktualität zu erheben sind;
- flexibel auf den spezifischen Informationsbedarf ausgerichtet werden können und damit - aus der Sicht "internationales Management" nicht unwesentlich - unabhängig sind von dem Rechnungswesen vor Ort.

6. Literatur

Bleicher, K.: (1991), Das Konzept integriertes Management. Frankfurt/Main, New York.

Brauchlin, E.: (1990), Problemlösungs- und Entscheidungsmethodik: eine Einführung. 3.Aufl.; Bern, Stuttgart.

Bullinger, H.J. Huber, H., Koll, P.: (1991), Chefinformationssysteme (CIS). In: Office Management, 3/1991, 6-20.

Oppenländer, K.H.: (1989), Handbuch der Ifo-Umfragen. Berlin.

Ulrich, H. Krieg, W.: (1974), St. Galler Management Modell. 3. Aufl.; Bern, Stuttgart.

Rekursive Interaktionen in Netzwerken (RIN) oder wie sich Unternehmen im "Nebeldreieck" durch Selbstorganisation zurechtfinden können

von *Josef Zelger*[1]

"Blicke weiter um dich!" (L.Wittgenstein)

In einer Unternehmenssituation, in der Problem, Ziel und Weg unklar sind (=laut Tagungsausschreibung das "Nebeldreieck") sollte man seine Aufmerksamkeit auf eine möglichst umfassende Sicht der Gesamtsituation erweitern. Dadurch können manchmal Sackgassen vermieden werden, in die man gerät, wenn man zunächst bloß das Problem definiert, dann die Ziele klärt, um schließlich Maßnahmen festzulegen. Denn das Problem hängt vom Ziel ab, Ziele, die rational und realistisch angestrebt werden sollen, sind abhängig von den Handlungsmöglichkeiten. Handlungen können aber nur im Hinblick auf das Problem sinnvoll ausgewählt werden. Daher sollten Problem, Ziel, Mittel, aber auch Wertgesichtspunkte, philosophisch-gesellschaftliche Sichtweisen, Wissensgrundlagen, gefühlsbetonte Einstellungen der Betroffenen, Fähigkeiten usw. gleichzeitig ins Auge gefaßt werden. Dabei können sie eher in ihrer Abhängigkeit voneinander gesehen werden.

Ich gehe dabei natürlich von der philosophischen Annahme aus, daß es bei Problemlösungen vor allem auf strukturelle Zusammenhänge ankommt. Da Symptombehandlungen kaum effektiv sind, müßte man versuchen, das umfassende Wirkungsgefüge des Unternehmens in Betracht zu ziehen. Ein hypothetisches Wirkungsgefüge kann man entwerfen auf der Grundlage latenter Meinungen der Mitarbeiter, Kunden, Konkurrenten des Unternehmens. Ich werde nun einVerfahren beschreiben, das dazu geeignet ist.

Zunächst werde ich theoretische Zusammenhänge formulieren, sozusagen abstrakte Thesen über die Methode der Rekursiven Interaktionen in Netzwerken. Dann werde ich die abstrakten Begriffe dieser Thesen erläutern. Zur Veranschaulichung füge ich in Umrahmung Strukturskizzen und Zitate aus Erfahrungsberichten ein. Die Erfahrungsberichte stammen von 12 Studenten, mit

[1]Univ.- Prof. Dr. Josef Zelger, Universität Innsbruck, Institut für Philosophie, Innrain 52, A-6020 Innsbruck

denen das Verfahren RIN durchgeführt worden ist. Zunächst die theoretischen Thesen:

A) *RIN* (Rekursive Interaktionen in Netzwerken) ist eine *Methode zur Entwicklung von Sinnzusammenhängen durch eine Gruppe.*

B) Die *Methode* besteht in der *parallelen Verarbeitung* der *Problemsituation* einer *Gruppe*, wobei *Operationen* nach einem *zyklischen Organisations*muster durchgeführt werden.

C) Die *Methode* führt zur *selbstorganisierten Produktion von Ideen.*

D) *Sinnzusammenhänge*, (die die Grundlage für komplexe zusammenhängende Problemlösungsvorschläge sind) entstehen durch *zyklische Organisation der Produktion von Ideen.*

E) *Sinnzusammenhänge* sind Beziehungen zwischen *komplementären Ideen* über Probleme, Ziele, Mittel, Werte, Einstellungen usw., wobei die Entwicklung der Ideen, im *Ein- oder Mehrparteienspiel* durch Ideen *gesteuert* wird, die vorher im *Ein- oder Mehrparteienspiel* formuliert worden sind.

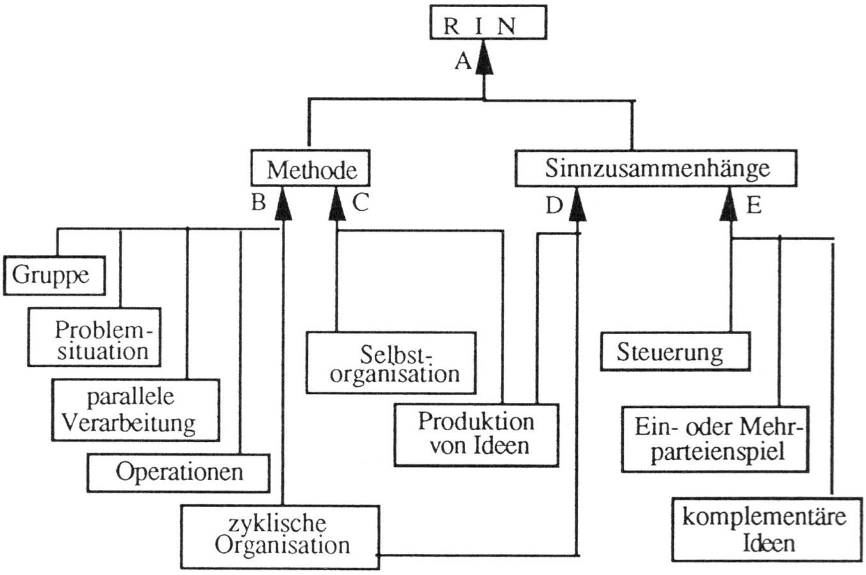

Abb. 1:

Man kann die theoretischen Zusammenhänge (nach einem Verfahren von Gordon Pask, 1975, 1976) wie in Abb. 1 übersichtlich darstellen: Die Pfeile sollen dabei als Hinweise auf die Zusammenhänge verstanden werden. Das

Schema Abb. 1 ist keine Klassifikation von Begriffen. Es stellt Wege dar, nach denen RIN rekonstruiert oder verstanden werden kann. Vier alternative Wege werden vorgegeben, die zu einem minimalen Verständnis des Verfahrens RIN führen, nämlich B+D+A, C+D+A, B+E+A, oder C+E+A. Damit ist gemeint, daß z.B. für den ersten Weg B+D+A wenigstens die Begriffe "Gruppe", "Problemsituation", "parallele Verarbeitung", "Operationen", "Zyklische Organisation" und "Produktion von Ideen" als quasi-Grundbegriffe des Verfahrens RIN vorausgesetzt werden müssen.

Gruppe

Ich gehe davon aus, daß ein sehr großes Problemlösungspotential im Wissen und der Erfahrung der Mitarbeiter latent vorhanden ist. Dabei stellt sich das Problem z.B. in den verschiedenen Abteilungen eines Unternehmens unterschiedlich. Wenn für alle betroffenen Unternehmensbereiche jemand in der Gruppe vertreten ist, so kann ein Teil des latenten Wissens aktiviert und hervorgeholt werden.

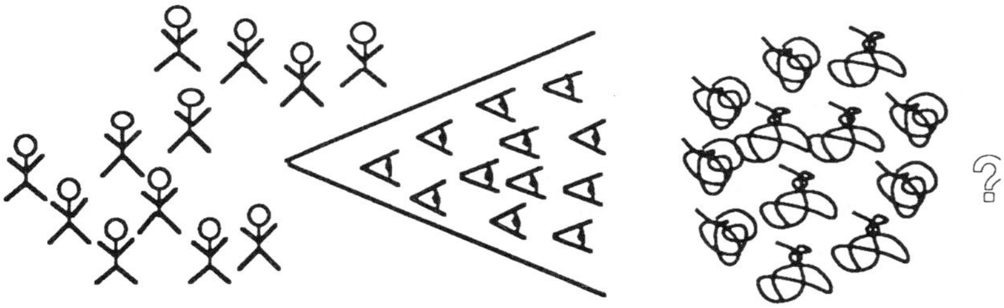

12 Studenten sehen die Aufgabenstellung in einem Seminar unterschiedlich. Sie sollten für das Modell des vollkommenen Wettbewerbs Veränderungen vorschlagen und zwar 1) für weltanschauliche Prinzipien oder 2) für wissenschaftstheoretische Prinzipien, die dem Modell zugrunde liegen. Die Studenten konnten aber auch 3) die volkswirtschaftlichen Axiome variieren oder 4) geeignete Fallbeispiele beschreiben.

Abb. 2:

Problemsituation

Vorerst schreibt jedes Gruppenmitglied irgendetwas zur Unternehmenssituation auf einen Zettel. Die Problemaspekte, Ziele, Mittel werden sehr verschiedenartig sein. Dadurch wird der Problembereich umrissen.

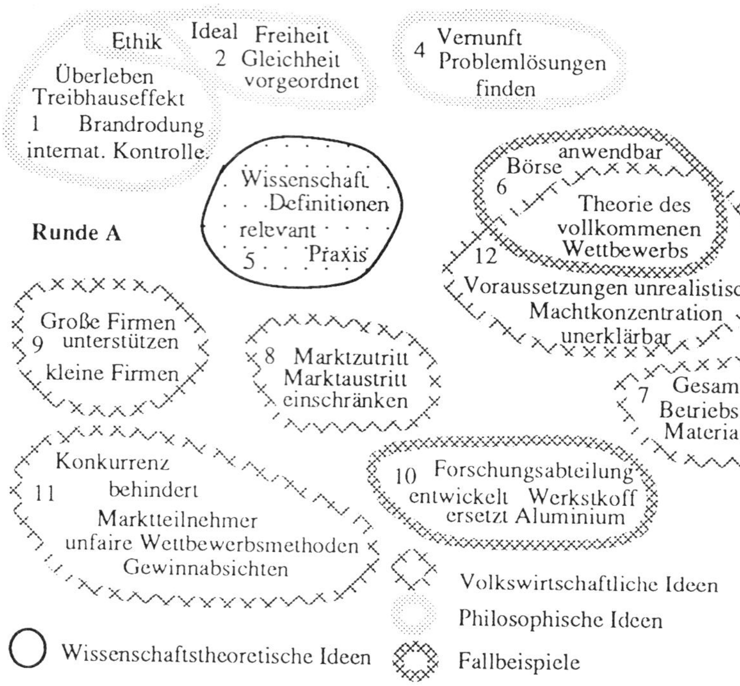

Ergebnisse der Studenten in der ersten Spielrunde zum Thema: das volkswirtschaftliche Modell des vollkommenen Wettbewerbs . Es werden hier nur die wichtigsten Stichworte wiedergegeben. Sie charakterisieren die Ausgangs- oder Problemsituation. Die Umkreisung von Schlüsselworten deutet den Bedeutungs- oder Satzzusammenhang an, in dem die Stichworte vorkamen. Zwischen den Äußerungen der Studenten bestehen vorerst kaum sinnvolle Zusammenhänge.

Abb. 3:

Parallele Verarbeitung

Wenn neue Handlungsräume oder Erfolgspotentiale für ein komplexes Unternehmen in einer komplexen Umwelt gefunden werden sollen, so muß ein komplexer Gruppendialog in Gang gesetzt werden, in dem möglichst viele Aspekte des Unternehmens und der Umwelt beschrieben und neu interpretiert werden. Es handelt sich um einen Prozeß des selbstgesteuerten offenen Lernens oder Problemlösens, von dem man nicht weiß, in welche Richtung er führen wird. Der Prozeß soll zu Ergebnissen führen, die von den Beteiligten als sinnvoll beurteilt werden können, sodaß die Beteiligten auch motiviert sind, entsprechend zu handeln. Ein solcher Prozeß wird durch rekursive Interaktionen in Netzwerken in Gang gesetzt. Die formale Organisation des Ablaufes garantiert, daß ein offener und komplexer Prozeß der Ideenproduktion und -Interpretation zustande kommt, wobei jeweils die Ideen oder Ergebnisse der Vorrunde als pragmatische Filter wirksam werden. Diese "Filterung" ist notwendig, damit nicht vollkommen beliebige Neuerungen entwickelt werden, die auf der Basis der gegebenen Situation des Unternehmens in dessen Umwelt unrealistisch wären.

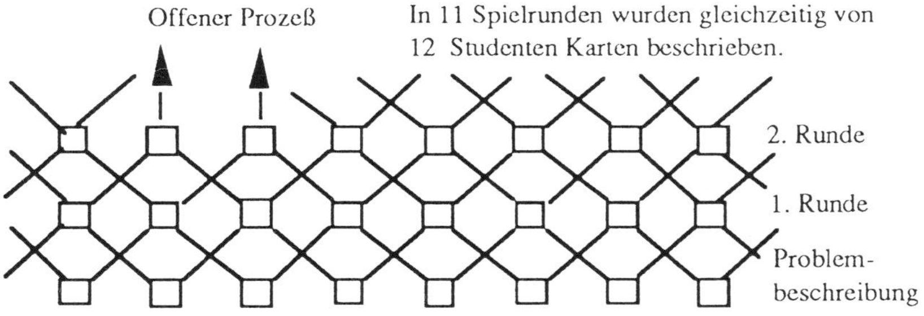

"Es war schon schwierig genug, die beiden Ausgangstexte einigermaßen miteinzubeziehen und zu berücksichtigen. Trotzdem war das Spiel irgendwie sehr fesselnd und man konnte die Konzentration der Spieler bei der Formulierung gut beobachten. Texte tauchten auf, die meine Gedanken von der Verantwortlichkeit der Wissenschaft, Emanzipation, Umwelt bis zu dem Nato-Stützpunkt auf Island gleiten ließen. Ein breites Angebot also und trotzdem entscheidet man sich dann für irgendein Thema, das einem momentan eben am wichtigsten erscheint und insofern kommen immer wieder die aktuellsten Schwerpunkte der einzelnen Spieler in Umlauf, werden aufgenommen oder nicht." (P.P.)

Abb. 4:

Operation

Die Erfüllung der Einzelaufgaben soll natürlich nicht im Rahmen des Gewohnten und Üblichen bleiben. Kreative Leistungen kommen vermehrt in Situationen zustande, in denen man mit gegebenen Denkgewohnheiten und bekannten Lösungen nicht zurecht kommt. Eine gewisse Entfremdung vom Gewohnten ist Voraussetzung für die Entdeckung neuer Lösungen. Um dies zu erreichen erhält jeder Teilnehmer je zwei Ergebnisse aus der Vorrunde (oder aus der Problembeschreibung). Jeder erhält die Aufgabe, mit Rücksicht darauf, seine Ideen zu formulieren. Nun haben die vorgegebenen Ideen oft wenig miteinander zu tun. Dann ist es kaum möglich, einen neuen Vorschlag zu entwikkeln, der zu beiden paßt. Genau diese Beschäftigung mit Ideen, die vielleicht nichts miteinander zu tun haben oder die überhaupt unverträglich sind, führt zur Entfremdung. Der Teilnehmer weiß nicht, wie er die Aufgabe "richtig" lösen soll. Dies fördert die Entwicklung neuer Ideen und ungewohnter Vorschläge. Es kommen Vorschläge zustande, die nicht zu den vorgegebenen Ideen "passen", die aber einen hohen Neuigkeitswert haben. Wenn jemand einen Vorschlag findet, der zu den vorgegebenen Informationen "paßt", dann wird die Ordnung im Gesamtprozeß gefördert. Wenn sein Vorschlag nicht "paßt", dann entsteht eher Neues. Und beides wird angestrebt: Sowohl die Entdeckung von Neuem als auch die immer neu herzustellende Ordnung der Ergebnisse ist erwünscht.

Elementare Aufgabenstruktur

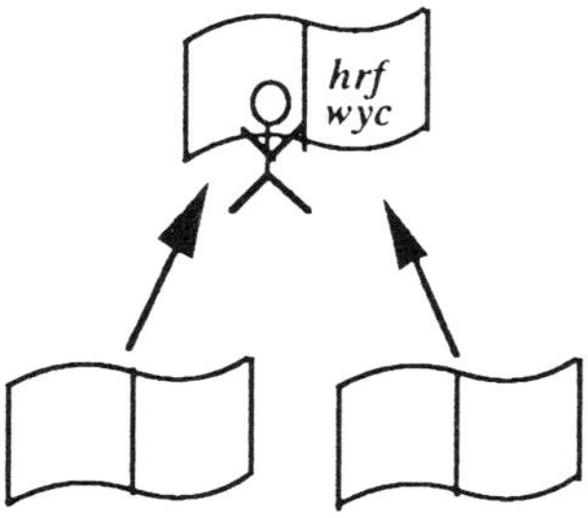

"Als Schwierigkeit empfand ich sicherlich die oft völlig verschiedenen "statements", die scheinbar oft überhaupt nicht zusammenpassen wollten. Trotzdem wurde verlangt, auf beide Argumente gleichzeitig einzugehen, was manchmal überhaupt nicht möglich war und dann dazu führte, daß man ein Kärtchen mit einer unbefriedigenden Antwort abgeben mußte. ....Dadurch, daß man mit den verschiedensten Meinungen konfrontiert wird, ist man gezwungen, eigenständig zu denken, ja vielleicht zu philosophieren." (D.K.)

Abb. 5:

Zyklische Organisation

Damit werden von den Gruppenmitgliedern Aufgaben gestellt und erfüllt, die rekursiv immer wieder zur Erzeugung und Erfüllung neuer Aufgaben führen.

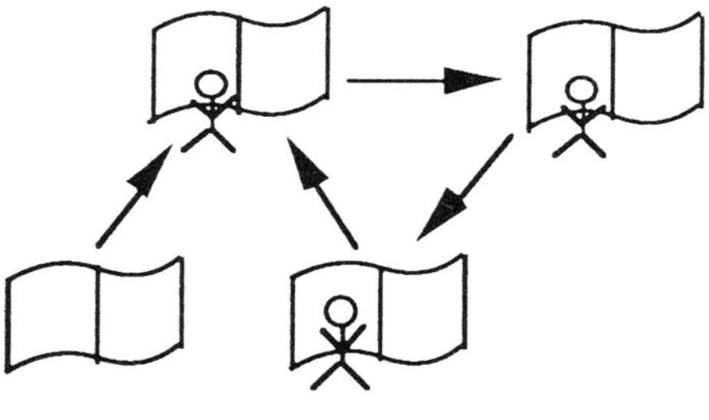

"Das Spiel simuliert für mich fast eine Gesprächssituation zwischen drei Menschen, die dauernd ausgetauscht werden (außer mir, denn ich muß ja ständig reagieren). Dieser Vorgang verlangte mir sehr viel Konzentration und Phantasie ab, machte dabei aber einen Mordsspaß. Ich gab die Hoffnung nicht auf, durch meine Anregungen den Verlauf der Spielentwicklung beeinflussen zu können - es gelang nicht, aber durch die ständig neu gestellte Anforderung, auf zwei "Fremdaussagen" einzugehen und zusätzlich auch noch eine eigene aufzustellen, verlor das Spiel nicht an Spannung." (I.T.)

Abb. 6:

Damit dies nicht zur überwiegend divergenten Entwicklung von Meinungen führt, werden die Ideen zyklisch verarbeitet. D.h., jede von einem Teilnehmer geäußerte Idee wird an einen Nachbarn in der Gruppe weitergegeben. Dieser erhält die Aufgabe, die Idee weiterzuverarbeiten und weiterzuleiten, so, daß der letzte im Kreis die veränderte Idee wieder an das erste Gruppenmitglied richtet. Wenn der Kreislauf der Ideen nicht unterbrochen und die Gruppe nicht aufgelöst wird, entsteht ein Trend zur Meinungskonvergenz. Die Meinungen werden im Sinne der Gruppe immer wieder korrigiert. Es ergibt sich ein Lernprozeß, bei dem jedes Mitglied zugleich Lehrender und Lernender ist.

Produktion von Ideen

Da alle Teilnehmer gleichzeitig sich mit unterschiedlichen Aspekten des Unternehmens befassen, wird das Problem in großer Breite behandelt. Ein Teilnehmer wird über Ziele nachdenken, ein anderer über Mittel, oder über die Problemdefinition usw. Es hat sich nun gezeigt, daß die Kreativität bald nachläßt, wenn jemand hintereinander Aufgaben gleicher Art durchzuführen versucht. Daher erhält jeder Teilnehmer in jeder Spielrunde eine neue Aufgabe. Die formale Struktur der Aufgabe bleibt dabei erhalten. Nach einer Art Rollentausch nimmt jeder Teilnehmer jedesmal eine neue Perspektive ein.

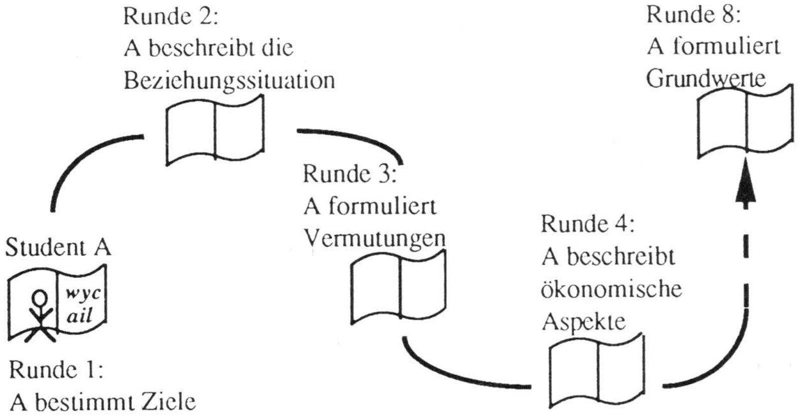

"... Später habe ich angefangen zu verstehen, was der Grund meiner Beklemmung war. ...Da gabs nichts zum Mitschreiben, da gabs immer nur etwas zu tun oder zu besprechen. Als ich das so richtig kapiert hatte, verwandelte sich die Atmosphäre der Beklemmung in eine der Freizügigkeit, Kreativität und Selbständigkeit. ... Das, was zuerst der Grund für meine Unsicherheit war, wurde später zum Grund meines Wohlbefindens." (E.B.)

Abb. 7:

Selbstorganisation

Um in einem Unternehmen neue Produkte oder Verfahrensweisen einzuführen, genügt es nicht, wenn man neue Ideen hat. Vielmehr geht es bei Innovationen vor allem um die Integration des Neuen in das Unternehmen und in die Umwelt. Innovationen sollen zu einer günstigen Koevolution von Unternehmen und Umwelt führen. Um dies zu ermöglichen, werden die Ideen nicht einfach zufällig erzeugt. Sie werden immer wieder aufeinander abgestimmt. Dazu wird ein speziell an die Unternehmenssituation angepaßter Spielplan verwendet. So wird der Selbstorganisationsprozeß bei der Produktion von Ideen ausgelöst, wobei eine gewisse Integration der Vorschläge zustande kommt.

Jeder Teilnehmer braucht sich nur mit zwei oder drei Nachbarn abstimmen. (Es würde den einzelnen überfordern, wenn er - wie in allgemeinen Diskussionen - die Ideen aller Teilnehmer unter einen Hut bringen sollte.) Trotzdem kann jeder Teilnehmer im Laufe mehrerer Spielrunden alle anderen Teilnehmer beeinflussen und er kann von jedem anderen beeinflußt werden. So führt die zyklisch geschlossene Organisationsform sowohl zur Produktion vieler Ideen als auch zugleich zur Verstärkung mancher Vorschläge und zur Ausfilterung anderer. Es entstehen gemeinsame Trends. Gleichzeitig werden schwache Signale aufgedeckt.

Der bei der Durchführung mit den Studenten verwendete Spielplan.

"Die Gruppenmitglieder werden angeregt und angeleitet, die Lösung eines Problems selbst in die Hand zu nehmen, selbst kreativ zu werden und Ideen einzubringen." (M.J.)

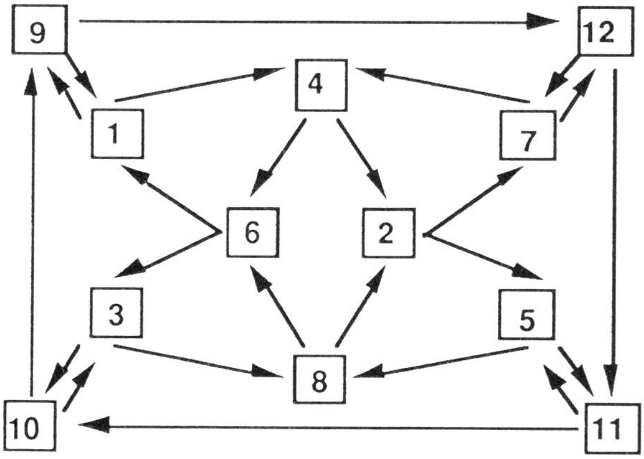

Abb. 8:

Methode

Um zu verstehen, um welche Art von "Methode" es sich handelt, genügt es, die obigen strukturellen Begriffserläuterungen der Abb. 2 bis Abb. 8 zu betrachten.

Eine Studentin berichtet:

"Anfangs war mir alles, aber auch alles unklar. Nachdem ich dann erfahren hatte, daß das Ganze anonym bleiben sollte, war mir schon etwas wohler. Trotzdem war die erste Runde eine blinde Runde. Die einzige Information, die wir erhalten hatten, war:

"Schreiben Sie etwas zu unserem Problem auf das erste Kärtchen!" Daß diese Kärtchen dann quasi weitergereicht würden, also den gesamten Spielverlauf wesentlich verändern würden, war mir zu diesem Zeitpunkt nicht klar. Ich hätte mir eine längere Erklärung/Einstimmung gewünscht.

Mit der Zeit aber, mit wachsendem Verständnis, Durchblick und feeling, habe ich bei jedem Kärtchen gemerkt, daß sich da von Runde zu Runde etwas weiterentwickelt, etwas "herauskristallisiert" und damit ist der Spaß an der Sache gewaltig gestiegen. Ich bin mir vorgekommen wie bei dem Spiel, wo der erste den Kopf irgendeines Phantasiewesens malt, der zweite den Hals, der dritte den Bauch, der vierte die Beine... und keiner weiß, was der andere gemalt hat. Da entstehen groteske Ergebnisse. Genauso gespannt war ich auf das Ergebnis unseres Wissenschaftsspiels und ich dachte genausowenig, daß es ernstzunehmen sein werde. Als wir die Auswertung beendet hatten, fand ich daß das Ergebnis aber doch ernstzunehmen war. (Vielleicht weil selber erarbeitet?) In diesem Ergebnis habe ich mich nämlich zu großen Teilen wiedererkannt. Vielleicht war das der Grund, warum ich mich beim zweiten Spiel (oder besser: bei der Fortsetzung des ersten) nicht mehr so isoliert gefühlt habe. Mir ging es dabei von Anfang an recht gut und diese Stimmung blieb, bis zum Ende, dieselbe. Nur die Spannung auf das Ergebnis und der Ernst haben sich mit den einzelnen Runden gesteigert. Die Vertrautheit mit den anderen Teilnehmern ist mit dem Spiel gewachsen. Das, so glaube ich, hatte mit Sicherheit eine positive Auswirkung auf die Spieler und auf die Authentizität der Ergebnisse." (E.B.)

Das zur Erläuterung verwendete Beispiel sollte natürlich nicht zur Ansicht verleiten, es handle sich um eine Methode, die vorrangig für Studenten geeignet ist. In einer etwas variierten Form, nämlich als "Verfahren kreativer Selbstorganisation" richtet sich die Methode RIN an alle Institutionen, in denen Menschen zusammenarbeiten. Anwendungen mit Tischlern, Klimatechnikern, Wirtschaftsberatern, Statikern, Metallfacharbeitern, Pädagogen usw. haben ergeben, daß das Verfahren kreativer Selbstorganisation in hohem Ausmaß hilfreich ist zur Situationsanalyse, Innovationsförderung, Projekt- und Organisationsentwicklung oder auch zur Entfaltung der Unternehmensphilosophie. Es führt zu einer klaren Sicht der Probleme und zur umfassenden Beurteilung der Unternehmenssituation. Es ergeben sich gemeinsame Trends, und Handlungsmöglichkeiten werden sichtbar. Es hat sich gezeigt, daß meistens auch in Unternehmen die Motivation, Probleme gemeinsam zu lösen und das Vertrauen unter den Teilnehmern gefördert und Selbstorganisationseffekte ausgelöst werden.

Steuerung

Einzelne Elemente, Ideen, Begriffe beeinflussen die Konstruktion oder Rekonstruktion anderer Elemente, Ideen, Begriffe. Dadurch entwickeln sich schon nach wenigen Spielrunden thematische Trends, die in der gegebenen Situation der Gruppe wichtig erscheinen.

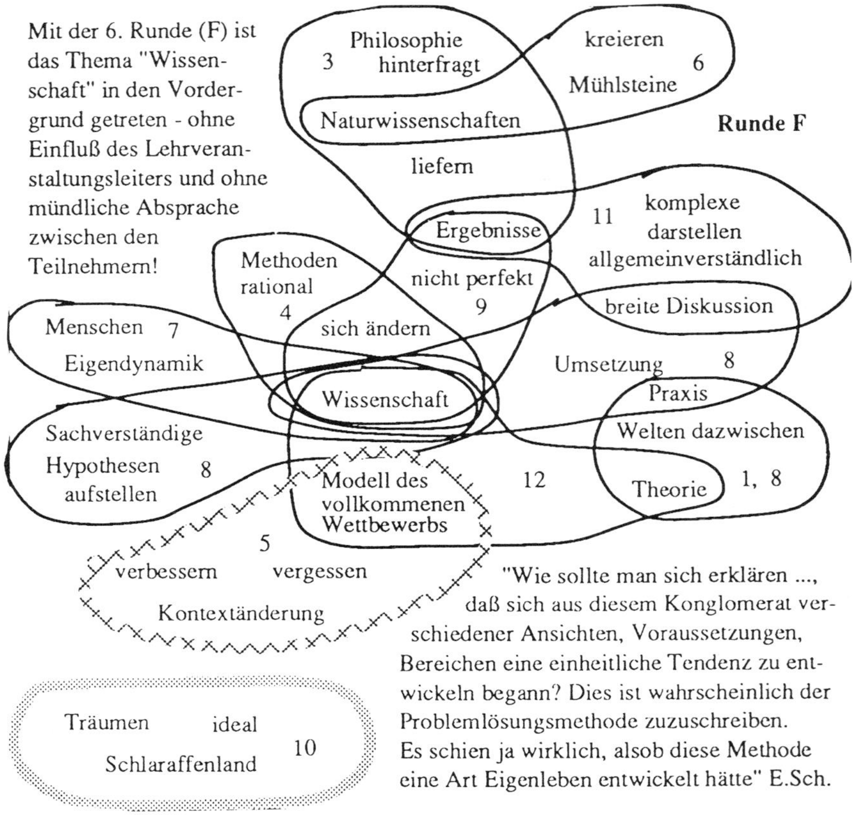

Abb. 9:

Ein- oder Mehrparteienspiel

Es können nicht nur Vertreter verschiedener Unternehmensbereiche teilnehmen, sondern sogar mehrere gegensätzliche Gruppen. Nach H. Hübner (1983) waren die Erfolgschancen von Innovationen höher, wenn Neuerungen nicht nur unternehmensintern sondern auch durch den Markt, wenn möglich durch echte Bedürfnisse der Verbraucher angeregt wurden. Solche innovativen push- and pull-Projekte können initiiert werden z.B. durch ein Zweiparteienspiel mit Experten. Es beteiligen sich nicht nur Repräsentanten des Unternehmens, sondern zusätzlich mögliche Kunden, vielleicht auch Experten, die das Verhalten der Umwelt, etwa der Konkurrenz abschätzen können.

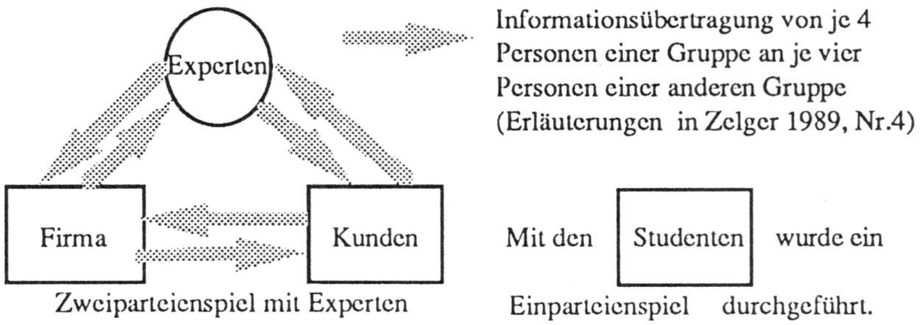

Abb. 10:

Komplementäre Ideen

Um Chancen und Risiken einer Innovation zu beurteilen, sollen möglichst viele komplementäre Gesichtspunkte berücksichtigt werden. Die Unterscheidung in verschiedene Problembereiche führt dazu, daß die Teilnehmer das Problem unter möglichst weit auseinanderliegenden Perspektiven betrachten. Es können die relevanten ökonomischen, technischen, organisatorischen, psychologischen, politischen, rechtlichen, ökologischen, ethischen Gesichtspunkte zur Geltung gebracht werden. Dabei beeinflussen sich die Ideen, bzw. Personen gegenseitig, so daß die Problemformulierung, Ziele, Handlungsmöglichkeiten,

"Gerade die zwei oft konträren Meldungen waren sehr nutzbringend. Zum Zeitpunkt des Abbruchs kam es mir vor, ich befände mich in einer regen Kommunikation." (R.H.)

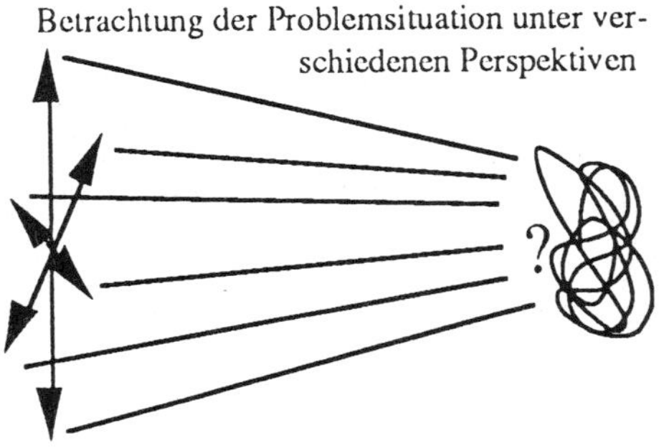

Abb. 11:

Wertgesichtspunkte usw. mehr und mehr aufeinander abgestimmt werden und eine kohärente ganzheitliche Situationsbetrachtung erreicht wird.

Sinnzusammenhänge

Wenn Meinungen über unterschiedliche Problembereiche, über Ziele, Begriffe, Theorien, Mittel, Werte, Phantasien, Beziehungssituationen, ökonomische Bedingungen usw. miteinander verträglich sind und wenn die Gruppenmitglieder diese Meinungen akzeptieren und zyklisch miteinander verknüpfen, dann spreche ich von Sinnzusammenhängen. Sie können eine ganzheitliche Sicht der Problemsituation darstellen sowie Lösungsmöglichkeiten nahelegen.

Beispiel für zyklische Zusammenhänge zwischen Sätzen verschiedener Studenten aus verschiedenen Spielrunden.

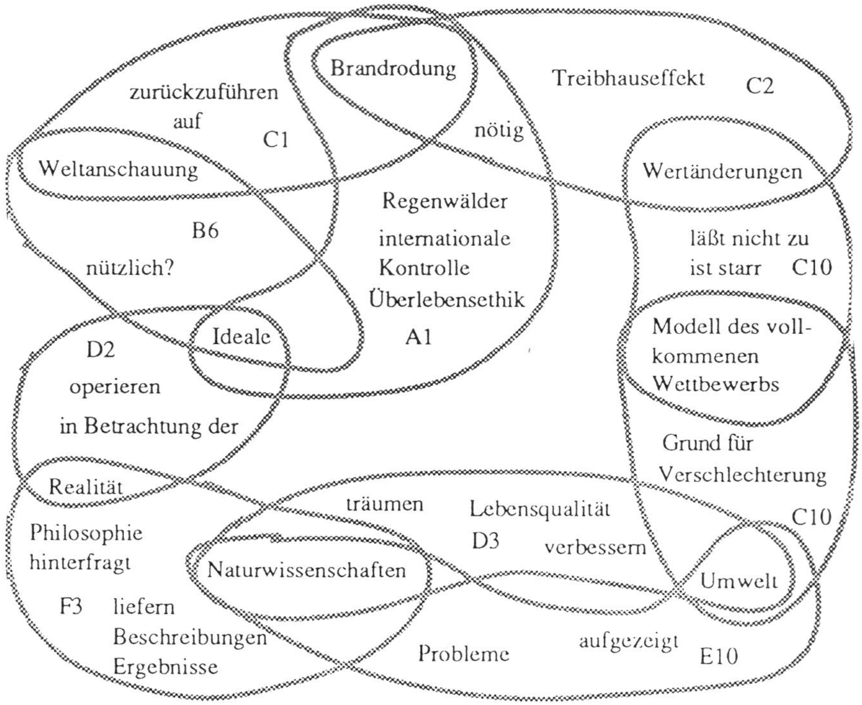

"Mir persönlich hat die Veranstaltung gezeigt, daß die Lösung vieler Probleme unserer Gesellschaft und unserer Umwelt stark zusammenhängen." (R.M.)

"Man kann einfach Probleme, die die Zukunft der Menschheit bestimmen, nicht isoliert und nur von einer Betrachtungsweise aus sehen. In den Thesen wurde immer wieder der Zusammenhang und die Vernetztheit von Wirtschaft und Umwelt sowie von Wissenschaft, Umwelt und Menschheit zu Tage gebracht. Die Wirkungen einer Entscheidung sollten einem stets bewußt sein und so ist die Verantwortung oberstes Gebot. Denn es sind meist nicht Entscheidungen, die eine einzelne Person betreffen, sondern die gesamte Menschheit." (K.A.)

Abb. 12:

Durch das Verfahren RIN (bzw. dessen Variante, das *Verfahren kreativer Selbstorganisation*) werden normalerweise viele zyklische oder netzwerkartige Verknüpfungen von Meinungen hergestellt. Da die Teilnehmer daran mitwirken, so beurteilen sie meistens die Ergebnisse auch subjektiv als sinnvoll. Die Studenten haben so auch ihre Arbeit umso sinnvoller erlebt, als sie das Thema "Wissenschaft" in späteren Spielrunden erweitert und mit einer Vielzahl neuer Themen (Mensch, Chaos, Ordnung, Gefühl, Natur, Umwelt, Verantwortung usw.) verknüpft haben.

RIN

"Rekursive Interaktionen in Netzwerken" fasse ich als Oberbegriff auf für unterschiedliche Methoden, in denen die oben beschriebenen Prinzipien gelten. RIN ist anwendbar als Fallforschungsmethode, als Kreativitätsmethode, zur Organisationsentwicklung usw. Als *Verfahren kreativer Selbstorganisation* hat sich RIN vielfach in Unternehmen bewährt.

Jedoch liegen die Ergebnisse nach Durchführung des Verfahrens nicht geordnet vor. Strukturelle Verknüpfungen, Sinnzusammenhänge, komplexe Wirkungsgefüge sind in den Ergebnissen enthalten, sie müssen aber erst klar herausgearbeitet werden.

Dazu habe ich die Methode *"Ganzheitliche Bewältigung von Komplexität"* (GABEK) entwickelt. Alle Texte werden mithilfe von GABEK nach Art einer Landkarte übersichtlich dargestellt. Es entsteht ein Begriffs- oder Meinungsnetz, das alle Zusammenhänge zwischen den Ideen, Meinungen, Vorschlägen aufzeigt. Durch PC-Unterstützung kann man an jeder Stelle im Begriffsnetz auf die ursprünglichen Texte zurückgreifen und sich sehr schnell über die wichtigsten "Gebiete", d.h. über die inhaltlichen Trends, einen Überblick verschaffen. Das Verfahren GABEK kann angewandt werden, wenn ungeordnete und kontroverse oder chaotische Texte aufgeschlüsselt, geordnet, analysiert und wenn Entscheidungen in komplexen Situationen vorbereitet werden sollen.

Die Auswertung führt dazu, daß Einzigartigkeiten (schwache Signale) entdeckt werden. Inhaltliche Zusammenhänge kann man wie "Reiserouten" verfolgen. Man kann Texte systematisch nach vorgegebenen Kriterien oder nach Interesse im Detail erkunden oder auch ergänzen. Sinnzusammenhänge werden aufgespürt und Wirkungszusammenhänge entdeckt.

In Verbindung mit RIN ist GABEK ein sehr wirkungsvolles Instrument zur Orientierung in unklaren Situationen. Beide Verfahren einzeln oder zusammen angewandt, führen zu einer mehr ganzheitlichen Betrachtung der Situation, so daß man den Rat Wittgensteins eher erfüllen kann, der für paradoxe Situationen den Rat gibt, den ich an den Anfang gestellt habe: "Blicke weiter um dich!"

Literatur

Hübner, Heinz: Produktionsinnovation und Funktion, in: H. Hübner: Technologie- und Innovationsmanagement unter Berücksichtigung der Technikeinwirkung. Eine Textsammlung,Univ. Kassel, Fb 7, 1988.

Pask, Gordon: Conversation Theory, (Elsevier) Amsterdam 1976.

Zelger, Josef: Verfahren zur kreativen Selbstorganisation, (Wilfer), Spardorf 1988a.

Zelger, Josef: Philosophie und Verfahren kreativer Selbstorganisation. Projektberichte, Institut für Philosophie der Universität Innsbruck, Preprints Nr. 1 bis 10, 1989/1990.

Zelger, Josef: Philosophie weist Wege zur kreativen Problemlösung, Videofilm Teil I und II, Innsbruck, 1987/1988b.

Den Studenten danke ich herzlich für ihre Mitarbeit und Herrn Mag. Richard Hule für seine Anregungen zu diesem Beitrag.

Bedeutungskonsistente Datenmodellierung im Konzern unter Berücksichtigung hoher Umweltkomplexität und Dynamik

von *Hans Czap*[1]

1. Einleitung

Unter Datenmodellierung versteht man die Schaffung geeigneter Informationskategorien. So wie allgemein unter Modellierung[2] die Erstellung eines zweckorientierten homomorphen Abbildes der Realität verstanden wird, ist speziell auch die Datenmodellierung ein Prozeß, der nur vor dem Hintergrund konkreter Informationserfordernisse verstanden werden kann.

Informationsbedürfnisse und Informationserfordernisse sind andererseits untrennbar eingebunden in das allgemeine betriebliche Umfeld, in die Beschaffungs- und Absatzmärkte und ihre Charakteristika sowie die Besonderheiten der Produktion.

Übereinstimmung im wissenschaftlichen Schrifttum besteht dahingehend, daß dieses allgemeine betriebliche Umfeld deutliche Zeichen zunehmender Komplexität und Dynamik aufweist. Vielfältige Ursachen[3] können dafür angeführt werden, nämlich die

- Globalisierung wirtschaftlicher Aktivitäten und die damit einhergehende Verschärfung des Wettbewerbs,
- wachsendes Umwelt- und Sozialbewußtsein, was zu einer Fülle von betrieblichen Selbstverpflichtungen und staatlichen Regelungen führt,
- gestiegenes Selbstbewußtsein der Kunden, was eine Verschärfung der Qualitätserfordernisse, terminliche Vorgaben und Serviceanforderungen zur Folge hat.
- Der Einfluß von Forschung und Entwicklung führt nicht zuletzt dazu, daß Produktionsverfahren und Verhaltensweisen, die jah-

---

1 Prof. Dr. Hans Czap, Universität Trier, Fachbereich Betriebswirtschaftslehre, insb. Wirtschaftsinformatik, Postfach 3825, D- 5500 Trier

2 Siehe Bamberg/Coenenberg(85), S.13

3 Vgl. Czap (90), S.11ff.

relang Basis des geschäftlichen Erfolges waren, heute vielfach als überholt angesehen werden müssen.

Komplexität und Dynamik des betrieblichen Geschehens äußern sich in der Vielfalt der angebotenen Produkte, deren Funktionenreichtum, sowie in kurzen Innovationszyklen. Wie am Beispiel der Chip-Produktion[4] ersichtlich, wird für manche Branchen die zeitliche Komponente eine der wichtigsten Erfolgsfaktoren.

2. Varietät und Information

Die Zunahme an Komplexität und Dynamik muß durch eine korrespondierende Zunahme an Varietät ausgeglichen werden, um das systemische Gleichgewicht zu erhalten.

Varietät kann durch Arbeitsteilung und Selbstorganisation erhöht werden. Dieser Prozeß läßt sich allenthalben in den Industriebetrieben beobachten; er äußert sich in der Schaffung strategischer Geschäftseinheiten sowie in einer weitgehenden Dezentralisierung und Delegation von Entscheidungskompetenzen.

Varietät kann bei diesem Dezentralisierungsprozeß jedoch auch zerstört werden, wenn die Synergieeffekte des gemeinsamen Verbunds der Geschäftseinheiten beeinträchtigt werden. Koordination und Kommunikation und damit letztlich der Information kommen zur Wahrung der erforderlichen Synergie eine besondere Bedeutung zu.

Wahrung von Synergie und damit Sicherstellung der erforderlichen Varietät kann natürlich nun nicht heißen, daß jeder Vorgang und jeder Sachverhalt an alle möglichen Adressaten gemeldet wird. Vielmehr muß in Übereinstimmung mit der gewählten Organisationsstruktur unterschieden werden, welche Stelle welche Informationsbedürfnisse hat. Die Information muß strukturiert und geordnet werden, d.h. sie muß eingeteilt, kategorisiert, klassifiziert und schematisiert werden. Dieser Vorgang wird als Datenmodellierung bezeichnet.

Die Bildung von Informationskategorien setzt das Wissen um Art, Umfang und Bedeutung von den Geschäftssituationen voraus, die informationsmäßig zu erfassen und abzubilden sind. Dabei darf die Schwierigkeit dieses Modellierungsprozesses nicht unterschätzt werden. Jede Kategorisierung hat zum Ziel, die vorhandene Vielfalt zu reduzieren. Damit gehen notwendigerweise die Besonderheiten des konkreten Einzelfalls verloren.

Wird folglich sehr stark kategorisiert, dann fehlt unter Umständen später die Information für eine notwendige Differenzierung. Umgekehrt können nicht beliebig viele Informationskategorien gebildet werden. Denn die beschränkte

---

[4] Vgl. Milling (90), S. 37 ff.

kognitive Varietät des Menschen verlangt zur Komplexitätsreduktion geeignete Informationskategorisierungen.

Angesichts der eingangs betonten Komplexität und Dynamik betrieblichen Geschehens muß gefolgert werden, daß zum einen das Wissen um die zweckmäßigsten Informationskategorien nicht an einer zentralen Stelle, einem für den Gesamtkonzern zuständigen Informationsanbieter verfügbar sein kann und zum anderen, daß dieses Wissen den sich ständig ändernden Geschäftssituationen kontinuierlich angepaßt werden muß.

Vor diesem Hintergrund müssen die Besonderheiten einer Datenmodellierung im Unternehmen analysiert werden. Dies erweist sich auch als erforderlich, da führende Vertreter der Wirtschaftsinformatik die Datenmodellierung als einen hochgradig stabilen Prozeß ansehen[5].

3. Stabilität von Informationskategorien auf unterschiedlichen betrieblichen Ebenen

3.1 Die operative Ebene

Die Aussage, daß die Datenkategorien des betriebswirtschaftlichen Kernbereichs langfristig stabil sind, ist vor allen Dingen dann verständlich, wenn man sich bewußt macht, daß die Bestandteile, etwa einer Adresse, die Basisstruktur einer Rechnung oder die Informationskategorien einer Artikelstammdatei über Jahre bzw. Jahrzehnte unverändert sind. Eine Datenmodellierung, die auf diesen Bereich beschränkt bleibt, kann somit zentral durchgeführt bzw. kontrolliert werden.

Eine zentrale Vorgehensweise stellt sicher, daß in allen Unternehmensteilen die gleichen Datenkategorien Verwendung finden und von daher ein automatischer Austausch von Informationen ohne Beschränkungen möglich ist.

Charakterisiert man Informationsbedarf und Informationsangebot unter Marktaspekten, so läßt sich der betrachtete Fall als angebotsorientierte Informationsbereitstellung kennzeichnen. Dieser Bereich stellt die klassische Aufgabe der zentralen EDV dar und ist als solcher auch weitgehend automatisiert.

Die Informationskategorien der betriebswirtschaftlichen Basisfunktionen erweisen sich aber nur in den speziellen Fällen als stabil, in denen eine Beschränkung auf eine Branche, z.B. bei den Artikelstammdaten, auf ein Land, z.B. bei den Personalstammdaten, auf geringe technologische Abhängigkeit, z.B. bei Maschinenstammdaten etc. vorgenommen wird.

---

[5] Vgl. Scheer (88)

Wenn Unternehmen sich dem globalen Wettbewerb stellen, in anderen Ländern und anderen Kulturen Produktionsstätten und Verkaufsstellen errichten, hinsichtlich ihrer Geschäftsfelder diversifizieren oder auch andere Unternehmen erwerben bzw. mit anderen Unternehmen fusionieren, dann erweisen sich Informationsstrukturen, zumindest wenn der Anspruch auf ihre Zweckmäßigkeit nicht aufgegeben wird, auch des betrieblichen Basisgeschäfts als zeitlich veränderbar. Den Besonderheiten des sozialen Umfeldes, der Produkte und Märkte muß durch geeignete Informationskategorisierungen Rechnung getragen werden.

Trotzdem bleiben gewisse Bestandteile unverändert. So wird sich in der Informationskategorie "Kunde" immer auch die Felder "Kundenname" und "Kundenvorname" finden, in der Kategorie "Adresse" die Felder "Ort" und "Straße" oder in der Kategorie "Rechnung" die Felder "Rechnungsnummer", "Datum", "Kundennummer", "Rechnungsposten".

Eine stärker differenzierende Informationskategorisierung im Sinne eines stabilen Kerns mit fallspezifischen Zusätzen dürfte der Sicht der operativen Ebene, die Komplexität und Dynamik des Umfeldes einbezieht, am ehesten entsprechen.

Die eigentliche Datenmodellierung kann im vorliegenden Fall weder einer zentralen EDV-Abteilung noch irgendwelchen dezentralen Einheiten ausschließlich zugewiesen werden. Vielmehr erscheint ein Aushandelungsprozeß sinnvoll, bei dem die Modellierung des unveränderlichen Kerns zentral erfolgt, die differenzierenden Zusätze dezentral modelliert werden.

3.2 Strategisch-taktische Ebene

Entscheidungen der operativen Ebene sind in hohem Maße wiederkehrend, sie sind standardisierbar und damit ist der Informationsbedarf prinzipiell gut kategorisierbar. In dem Maße, in dem jedoch Entscheidungen des mittleren und höheren Mangements betrachtet werden, etwa eine Bewertung des Erfolgspotentials neuer Produkte, die Positionierung des Produktangebots bezüglich Preis und Qualität, Standortentscheidungen, Entscheidungen über Art, Fähigkeit und Kapazität von Produktionsanlagen, ändern sich die Charakteristika der benötigten Informationen.

So ist bei Entscheidungen der geschilderten Art der Informationsbedarf, hinsichtlich Art, Umfang, Güte und Fristigkeit nicht vorhersehbar und nicht planbar. Entsprechend kann eine Informationsbereitstellung nur auf Anforderung erfolgen. Da der Informationsbedarf ad hoc entsteht und tendenziell einmalig ist, erscheint eine Kategorienbildung nicht zweckmäßig zu sein. Eine Informationsbereitstellung kann hier nur in Form einer Selektion und Bündelung aus breit angelegten "General Purpose Datenbanken" oder allgemeinen Bibliotheken erfolgen.

Wegen der mangelnden Kategorisierbarkeit wurde dieser Bereich, versehen mit dem Etikett "Information Retrieval" bzw. "Dokumentenretrieval", lange Zeit von Forschung und Entwicklung vernachlässigt. Erst in jüngster Zeit genießt er eine wachsende Aufmerksamkeit[6].

3.3 Zusammenfassung

In der Abbildung 1 sind die charakteristischen Eigenschaften der drei Betrachtungsebenen, operative Ebene ohne Einbeziehung von Komplexität und Dynamik, mit Einbeziehung und die strategisch-taktische Ebene, zusammengestellt. Die Stabilität von Informationskategorien variiert dabei von einem hohen Wert bezüglich der operativen Ebene ohne Einbeziehung von Komplexität und Dynamik zu einem sehr geringen Wert auf der strategisch-taktischen Ebene. Entsprechend haben wir im ersten Fall einen hohen Wiederholungsgrad eines gleichartigen Informationsbedarfs während im letzteren Fall der Einmaligkeitscharakter überwiegt und damit die Bildung von Informationskategorien verhindert. Gleiches gilt für die EDV-Unterstützung. Korrespondierend mit der Datenmodellierung kann sie im ersten Fall als prinzipiell gut bis sehr gut bezeichnet werden, während sie bei einem Informationsbedarf auf der strategisch-taktischen Ebene eher geringe Bedeutung hat.

	operative Ebene ohne Komplexität und Dynamik	operative Ebene mit Komplexität und Dynamik	strategisch/ taktische Ebene
Stabilität der Informationskategorien	sehr groß	<———>	nahezu Null
Wiederholungsgrad	sehr groß	<———>	nahezu Null
EDV-Unterstützung	sehr gut	???	ansatzweise

Abb. 1: Informationskategorisierung betrieblicher Ebenen

6 Erst im Jahre 1991 etablierte sich eine entsprechende Arbeitsgruppe innnerhalb der Gesellschaft für Informatik. Bezüglich des damit verwandten Bereichs der Dokumentation siehe Czap (89), S.321ff.

Unklar ist in diesem Schema, wie der Informationsbedarf dazwischenliegender Schichten modelliert werden kann. Speziell am Beispiel der operativen Ebene unter Einbeziehung von Komplexität und Dynamik, bei dem bezüglich des Informationsbedarfs von einem stabilen Kern mit differenzierenden Zusätzen gesprochen wurde, soll dies im folgenden verdeutlicht werden.

4. Bedeutungskonsistente Datenmodellierung

Eine dezentrale Datenmodellierung wurde in der Vergangenheit abgelehnt, da sie zu inkonsistenten Datenstrukturen führt, die einer Informationsweitergabe im Wege stehen.

Diese Sichtweise unterstellt, daß alle Informationskategorien an alle betrieblichen Stellen übertragbar sein müssen. Sie berücksichtigt nicht, daß bestimmte Informationskategorien bezüglich bestimmter Gruppen, Abteilungen, Geschäftseinheiten etc. lokalen Charakter haben. Entsprechend müssen diese Informationskategorien auch nur lokal vereinbart werden.

Der in diesem Beitrag gewählte Terminus einer bedeutungskonsistenten Datenmodellierung trägt diesem Umstand Rechnung. Begriffe wie Auftrag, Buchungssatz etc. können im jeweiligen Kontext unterschiedliche Bedeutungen haben, solange ein gemeinsamer für alle Kommunikationspartner einer Kommunikationsgruppe verbindlicher Kern besteht, der ggf. die Verknüpfung mit den kontextspezifischen Zusatzinformationen der einzelnen Parteien gestattet.

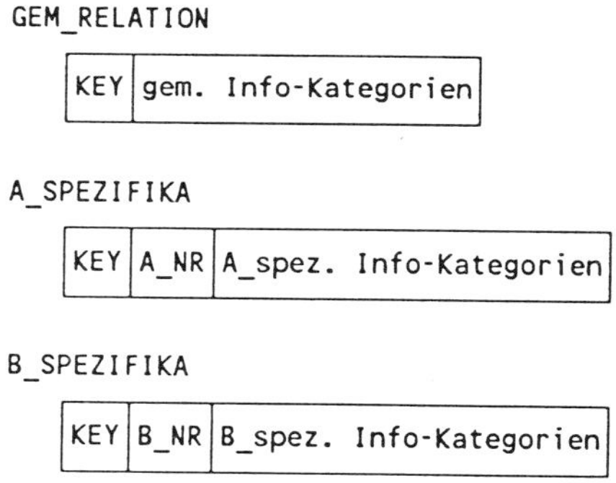

Abb. 2: Basiskategorien einer bedeutungskonsistenten Datenmodellierung

Geht man von zwei Abteilungen A und B mit jeweils spezifischem Informationsbedarf aus, so sind zunächst die drei Informationsschemata der Abbildung 2 zu unterscheiden. GEM_RELATION enthält neben einem identifizierenden Schlüsselfeld KEY die für beide Kommunikationspartner verbindlichen gemeinsamen Informationskategorien. Die für A bzw. B spezifischen Zusätze werden mittels A_SPEZIFIKA bzw. B_SPEZIFIKA erfaßt.

Aufbauend auf diesen Grundschemata werden pro Abteilung die zusammengesetzten Schemata gemäß Abbildung 3 gebildet.

Per Programm wird sichergestellt, daß sämtliche Datenänderungen auf Ebene der zusammengesetzten Schemata A_RELATION_NEU und B_RELATION_NEU zurückgeführt werden auf entsprechende Änderungen der Basisschemata[7]. Die Zuordnung KEY <--> A_NR und KEY <--> B_NR stellt sicher, daß jeder Eintrag mit seiner kontextspezifischen Information jederzeit verknüpft werden kann.

A_RELATION_NEU

A_NR	gem. Info-Kategorien	A_spez. Info-Kategorien

B_RELATION_NEU

B_NR	gem. Info-Kategorien	B_spez. Info-Kategorien

Abb. 3: Zusammengesetzte Schemata einer bedeutungskonsistenten Datenmodellierung

5. Schlußbemerkung

Eine Datenmodellierung des Typs "Stabiler Kern, differenzierende Zusätze" wird durch den derzeitigen Funktionsumfang relationaler Datenbanksysteme und somit der zur Zeit herrschenden Technologie (noch) nicht unterstützt. Dies liegt daran, daß zusammengesetzte Informationsschemata durch Views[8] gebildet werden, die auf mehreren Basisrelationen aufsetzen. Bei Einfüge- oder Änderungsoperationen kann in diesen Fällen durch die Datenbanksoftware nicht entschieden werden, welche Einträge in den Basisrelationen korrespondierend geändert werden müssen. Deswegen sind derartige Operationen insgesamt nicht erlaubt.

Anbieter von Datenbanksoftware offerieren jedoch komfortable Maskengeneratoren mit Triggermechanismen[9], so daß eine entsprechende Modellierung vorgenommen werden kann.

[7] Siehe dazu auch Czap (91), Stabilität und Flexibilität von Informationsstrukturen. Erscheint in: Zur/Spremann [Hrsg.]

[8] Vgl. zum VIEW-Begriff die einschlägige Datenbankliteratur, z.B. Vossen (88) oder Alagic (86).

[9] Ein Trigger ist ein Programm, das bei Aufruf oder Verlassen einer Maske oder bei Veränderung von Maskenfeldern oder auch aufgrund besonderer gesetzter Bedingungen zur Ausführung gebracht wird.

6. Zusammenfassung

Mehr Flexibilität in der Datenmodellierung ist angesichts wachsender Komplexität und Dynamik des betrieblichen Geschehens unverzichtbar, um dem korrespondierend gestiegenen Informationsbedürfnis gerecht werden zu können. Dieser Sachverhalt wird aufgezeigt.

Konzentriert man sich auf den Informationsbedarf der operativen Ebene, so kann dieser, um die nötige Varietät zur Bewältigung der erwähnten Komplexität und Dynamik aufzubringen, in einen stabilen Kern und differenzierende Zusätze zerlegt werden.

Der Begriff einer konsistenten Datenmodellierung ist gleichzusetzen mit einer unternehmensweit verbindlichen Festlegung der Informationskategorien. Diese Forderung ist zu weitgehend. Benötigt wird Konsistenz bezüglich Kommunikationsprozessen, was hier als Bedeutungskonsistenz bezeichnet wird[10]. Bedeutungskonsistenz ist damit abhängig von der Kommunikationsgruppe und ihrem gemeinsamen Informationsbedürfnis. Die konkrete Umsetzung am Beispiel zweier Kommunikationspartner A und B wird aufgezeigt.

7. Literatur

Alagic, S. (86): Relational Database Technology, New York u.a. 1986.

Bamberg G.; Coenenberg A.G. (85): Betriebswirtschaftliche Entscheidungslehre. 4. überarbeitete Auflage, München 1985.

Czap, H. (89): Datenbankunterstützung der betrieblichen Dokumentation. Aufgaben und Entwicklungstendenzen terminologischer Datenbanksysteme. In: Zeitschrift für Betriebswirtschaft (ZfB), 59. Jg. (1989) Heft 4, S. 361 - 376

Czap, H.(90): Kybernetik und Kommunikation zur Bewältigung des sozio-ökonomischen Wandels, in: Czap, H. [Hrsg.]: Unternehmensstrategien im sozio-ökonomischen Wandel, Berlin 1990, S. 11-18

Czap, H. (91): Stabilität und Flexibilität von Informationsstrukturen. Erscheint in: Zur/Spremann [Hrsg.], Controlling für Banken und Versicherungen

Kung, C.H. (90): Object Subclass Hierarchie in SQL: A Simple Approach, in: Communications of the ACM 1990/Vol.33, No.7, p. 117-125.

Lee, J.; Malone, T.W. (90): Partially Shared Views: A Scheme for Communicating among Groups that Use Different Type Hierarchies. In: ACM Transactions on Information Systems, Vol. 8, No.1, 1990, p. 1-26.

Milling, P.: Produktqualität als Wettbewerbsfaktor in einer dynamischen Unternehmenswelt, in: Czap, H. [Hrsg.]: Unternehmensstrategien im sozio-ökonomischen Wandel, Berlin 1990, S. 37-56

Scheer, A.-W. (88): Unternehmensdatenmodell als Grundlage integrierter Informationssysteme, ZfB 58. Jg. (1988) S. 1091 - 1114.

Vossen, G. (88): Datenmodelle, Datenbanksprachen und Datenbank-Management-Systeme. Bonn u.a. unveränderter Nachdruck 1988.

---

10 Bezüglich eines vergleichbaren Kommunikationskonzeptes vgl. Lee/Malone (90), S. 1ff.

Erfassung und Gestaltung komplexer Strukturen unter Einsatz des Programmsystems STRAC

von *Siegfried von Känel*[1]

Problemstellung

Ganzheitliches, auf die Erfassung und Beherrschung von *Komplexität* und *Dynamik* orientiertes Denken und Handeln prägt immer mehr die Tätigkeit von Führungskräften und Mitarbeitern in Wirtschaft, Wissenschaft und Verwaltung. Praktische Aufgaben, die dieses Denken und Handeln erfordern, betreffen zum Beispiel

- die Analyse von Leistungsbeziehungen in verflochtenen Unternehmen,
- die Projektierung und die Realisation von lokalen bzw. von Weitflächennetzen beim Einsatz von Computer- und Kommunikationstechnik oder
- die Gestaltung und Steuerung von Material- und Informationsflüssen in Raum und Zeit als Problem der Logistik.

Die anwendungsorientierte, wissenschaftliche Arbeit auf dem Gebiet der Wirtschaftskybernetik kann, will und muß diese Entwicklung unterstützen.

Im Zeitalter der computergestützten Arbeit erscheint es dabei unabdingbar, die bekannten kybernetischen Grundlagen zur Systemtheorie und zur Strukturmodellierung (s. zum Beispiel Känel/Lauenroth/Müller, 1990) so aufzubereiten, daß sie den Bearbeiter von Aufgaben einer Strukturanalyse anregen, sich dieser Grundlagen auch tatsächlich zu bedienen. Dies erfordert die Entwicklung von Softwarelösungen, die es dem Nutzer erlauben, sowohl die Analyse gegebener als auch den Entwurf neuer Strukturen im Dialog mit dem Computer durchzuführen. Eine derartige Lösung stellt das vom Autor dieses Beitrages entwickelte Programmsystem STRAC (STRucture Analysis and Composition) dar.

---

[1] Prof. Dr. sc. Siegfried von Känel, IWK - Institut für Wirtschaftskybernetik, Management-Training und Unternehmensberatung, Büro Dresden : Schlüterstraße 38, O-8021 Dresden.

Grundlagen

Das Programmsystem STRAC basiert auf den Aussagen und Modelldarstellungen der Systemtheorie, insbesondere zur Input-Output-Analyse in Systemen gekoppelter, aktiver Elemente. Danach sind zwei Elemente E_r und E_s eines Systems S dann miteinander gekoppelt, wenn mindestens ein Output des Elements E_r zu einem Input von E_s wird (Abb. 1).

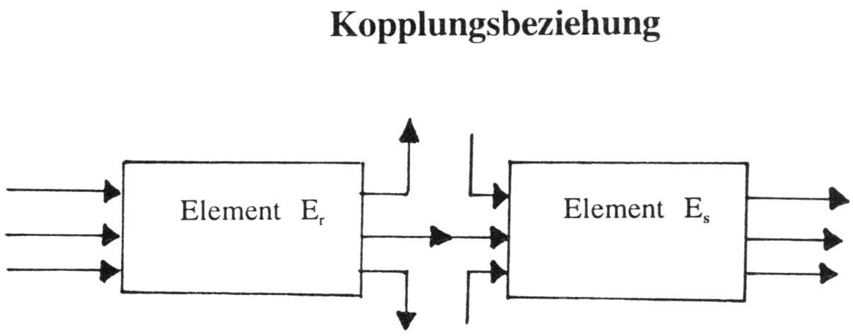

Abb. 1: Kopplungsbeziehung zwischen zwei System-Elementen

Die Kopplung selbst kann durch Flüsse von Stoff, Energie, Information, Geld oder Personal realisiert werden.

Bei der Analyse einer Kopplungsbeziehung C_{rs} können interessieren

- Art, Umfang, Form, Intensität und Periodizität des Flusses,
- Rechts- (und andere) Grundlagen der Kopplungsbeziehung,
- Zuverlässigkeit, Voraussetzungen sowie auch Nebenwirkungen der Beziehung u.a.

Sind im System S insgesamt N Elemente miteinander gekoppelt, so können im Minimum

$$W_{min} = N - 1 \qquad (1)$$

(ein Element E_r ist nur einmal mit einem anderen Element E_s gekoppelt)

oder im Maximum

$$W_{max} = N (N - 1) \qquad (2)$$

(jedes Element ist mit jedem anderen gekoppelt und rückgekoppelt) Verbindungen auftreten.

In der Regel handelt es sich bei den zu untersuchenden Gebilden um offene Systeme. Dies bedeutet, daß bei den Strukturbetrachtungen auch die eingangs- und ausgangsseitigen Beziehungen des Systems zu seiner Umgebung U (Kenn-Nummer "0") mit erfaßt werden müssen.

In der mathematischen Darstellung führt dies zu einer Strukturmatrix $\underline{R}$ der Form (1) :

$$\underline{R} = \left(\begin{array}{c|cccc} 0 & C_{0,1} & C_{0,2} & \cdots & C_{0,N} \\ \hline C_{1,0} & C_{1,1} & C_{1,2} & \cdots & C_{1,N} \\ & & \cdots\cdots & & \\ C_{N,0} & C_{N,1} & C_{N,2} & \cdots & C_{N,N} \end{array}\right) \qquad (3)$$

Anliegen einer Computerstützung bei Aufgaben der Strukturmodellierung wird es offenbar sein, das Erstellen der konkreten Belegung der Strukturmatrix $\underline{R}$ und die Untersetzung der jeweiligen Kopplungsbeziehungen C_{rs} mit Inhalt zu erleichtern. Ist dies einmal vollzogen, können die entsprechenden Angaben abgespeichert und nachfolgend - je nach Situation - wieder aktiviert, korrigiert oder ergänzt werden.

Grundkonzept

Das Programmsystem STRAC besteht aus einer Reihe von Modulen, die vom Nutzer eigenständig aufgerufen werden können. Dazu dient eine Nutzeroberfläche, deren grundsätzlicher Aufbau aus Abb. 2 zu ersehen ist.

Die Operationen "Struktur erfassen" bzw. "Struktur korrigieren" werden durch Angabe der Anzahl N der System-Elemente aktiviert. Für jedes System-Element Er ($3 \leq r \leq 21$) wird der zugehörige Name im "Klartext" erfaßt. Dies erleichtert später das Arbeiten in der Strukturmatrix $\underline{R}$.

Ferner sind - wahlfrei - die interessierenden Komponenten bei den Kopplungsbeziehungen C_{rs} im "Klartext" einzugeben.

a) Erst-Erfassung einer System-Struktur

Nach Eingabe der Anzahl N der System-Elemente, der Namen der einzelnen Elemente sowie der Namen für die Komponenten einer Kopplungsbeziehung C_{rs} erscheint auf dem Screen das Bild einer Strukturmatrix $\underline{R}$ in der maximalen Dimension 7 x 7 (bei N > 7 kann entsprechend "geblättert" werden, s. Abb. 3).

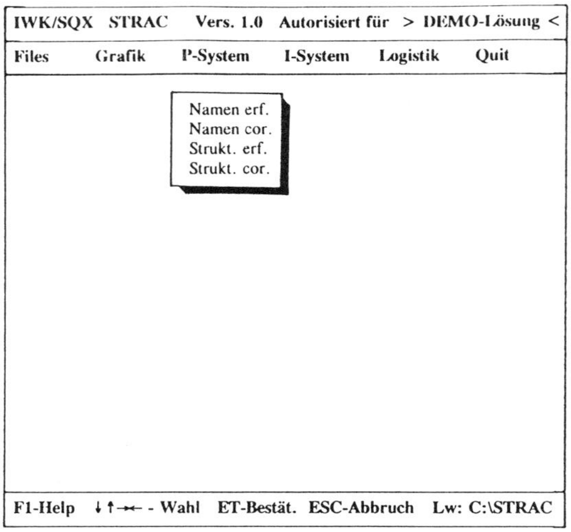

Abb. 2: Nutzeroberfläche im Programmsystem STRAC

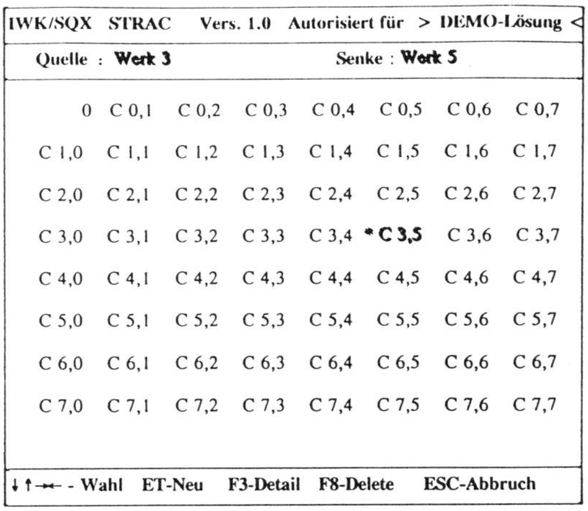

Abb. 3: Erfassungsmaske für Kennzeichnung der Belegungen bei den Kopplungsbeziehungen $C_{r,s}$ (Beispiel: C 3,5)

Mit den Pfeil-Tasten kann das farblich abgehobene "C_{rs}"-Feld beliebig bewegt werden. Mit "Return" wird eine Kopplungsbeziehung bestätigt, mit der F8-Taste kann dies wieder aufgehoben werden.

Die detailierten Angaben zu einer Beziehung C_{rs} können bei Drücken der F3-Taste eingegeben werden (Arbeit mit Window-Technik).

Nach Abschluß der Erfassung ist es möglich, sich die "Grafik" der existierenden System-Struktur anzeigen zu lassen. Auch die Anzeige einer statistischen Auswertung der erfaßten Struktur ist möglich.

Danach können alle Angaben gespeichert werden. In der vorliegenden Version 1.0 werden hierfür vier Dateien genutzt :

- Datei *.Nxx : Namen der System-Elemente,
- Datei *.Rxx : Belegung der Struktur-Matrix,
- Datei *.Fxx : Belegung der Felder einer Kopplungsbeziehung C_{rs} und
- Datei *.Cxx : Inhalt der Belegung der C_{rs}.

(Das Zeichen "*" steht für einen frei wählbaren Datei-Namen, die Zeichen "xx" in der Datei-Erweiterung stehen für die Anzahl der System-Elemente).

b) Arbeit mit einer bereits erfaßten Struktur-Matrix

Für den Aufruf der zu bearbeitenden Datei wird dem Nutzer das Datei-Verzeichnis angeboten (er kennt den Datei-Namen und ersieht aus der Erweiterung die Anzahl der System-Elemente).

Nach Erscheinen der Belegungs-Matrix für $\underline{R}$ kann in üblicher Weise vorgegangen werden: Wahl einer Kopplungsbeziehung, Bestätigen oder Aufheben der Beziehung, Anzeige/Korrektur des Inhalts der betreffenden Beziehung, Anzeige der "Grafik" und/oder der Statistik, Abspeichern der Angaben, Abbruch oder Wiederholung der Prozeduren.

Anwendungsgebiete

Wie aus der in Abb. 2 angegebenen Nutzeroberfläche zu ersehen ist, soll das Projekt STRAC in drei Hauptgebieten von Strukturuntersuchungen genutzt werden :

a) Untersuchung der Struktur von Produktions-Systemen (*P-System*)

   Erfassung der Leistungsverflechtungen zwischen Struktureinheiten eines Unternehmens bzw. zwischen verschiedenen Branchen der Wirtschaft.

b) Untersuchung der Struktur von Leitungs- bzw. von Informationssystemen (*I-System*)

Erfassung der Informationsbeziehungen zwischen Struktureinheiten des Leitungssystems einer Unternehmung.

c) Untersuchung der Raum/Zeit-Struktur in komplexen Materialflüssen (*Logistik*)

Hier geht es um eine Kombination der Aufgaben a) und b) unter den spezifischen Gesichtspunkten der Logistik.

Das System STRAC eignet sich insbesondere für die Schulung des Systemdenkens hinsichtlich der Erfassung und Untersuchung von Systemstrukturen. Der Rahmen für praktische Anwendungen ergibt sich aus der zur Zeit gültigen Begrenzung auf N = 21 System-Elemente ("blättern" in maximal 3 Bildern mit 7x7 - Darstellungen).

Technische Angaben

Das System STRAC ist in Turbo Pascal (Version 6.0) programmiert. Es wird ein PC (mindestens mit AT-Niveau und Farb-Screen) benötigt.

Literatur

Känel, S. von; Lauenroth, H.-G.; Müller, J.A.: Kybernetik, Berlin 1990.

Problemlösen durch kybernetisches Projektmanagement

von *Manfred Bundschuh*[1]

1. Kausal-logische und kybernetische Planungsstrategie

Spätestens seit den Büchern von Marilyn Ferguson[2] und Fridtjof Capra[3] ist einer breiteren Öffentlichkeit bekannt, daß unsere menschliche Spezies derzeit mit einem an den Grundfesten der Gesellschaft rüttelnden Paradigmenwechsel konfrontiert ist[4].

Ein probates Mittel zur Bewältigung solcher Wandlungen - zumindest in Organisationen - war bisher das Projektmanagement. Wollen wir es auf komplexe Systeme anwenden, um die Wandlungen in den Griff zu bekommen, so bedarf das Projektmanagement auch eines Wandels[5]. Bisher wurde das Projektmanagement mit einer kausal-logischen Planungsstrategie eingesetzt, die bei der Anwendung in Systemen zu Mißständen führt und deshalb der Ergänzung durch eine kybernetische Strategie bedarf. Dies kommt auch dem Paradigma der Selbstorganisation entgegen[6], da das Ziel des Regelungsaspekts - ein möglichst homöostatisches Systemverhalten zu erzeugen - die Selbstorganisation eines Projekts unterstützt[7].

Die Entwicklung des im folgenden dargestellten kybernetischen Modells erfolgte im Rahmen einer Diplomarbeit an der Fachhochschule Köln[8]. Der praktische Einsatz innerhalb des Projekts, das der Diplomarbeit zugrunde lag, wurde durch die Projektleitung auf seiten der auftraggebenden Firma unter-

---

[1] Dipl. Math. Manfred Bundschuh, Sander Höhe 5, 5060 Bergisch Gladbach 2

[2] Ferguson, M.: Die sanfte Verschwörung, München 1982

[3] Capra, F.: Wendezeit, Bern, München, Wien 1982

[4] siehe auch Haberl, I.: New Age und New Age-Management, Diplomarbeit, Betriebswirtschaftliche Fakultät der Ludwig-Maximilian-Universität zu München, 5.8.1987

[5] siehe Balck, H.: Neuorientierung im Projektmanagement, Projekt Management Austria, Heft 5, Juni 1988, S. 34-36

[6] Maturana, H.R.,F.J. Varela: Der Baum der Erkenntnis, Bern, München, Wien, 1987

[7] siehe auch Bundschuh, M.: Neuzeit des Lernens, Kölner Zeitschrift für Wirtschaft und Pädagogik, Heft 3, November 1987, S. 21-48

[8] van der Biezen, P.: Ausbildungsbedarfsanalyse sowie Entwicklung und Einführung eines Kommunikationssystems für ein Software-Schulungsunternehmen, Diplomarbeit, Fachhochschule Köln, Fachbereich Wirtschaft, 28.11.1986

stützt. Ausgehend von Kausallogik und Kybernetik wird im folgenden der Regelungsaspekt für die Ausgestaltung der einzelnen Phasen eines Projekts herangezogen. Auch andere Autoren haben angedeutet, daß Rückkopplungsphasen den gesamten Entscheidungsprozeß überlagern, aber in der gesamten Fachliteratur konnte bisher keine Detaillierung des Gedankens gefunden werden. Da ich die Regelungskreise für das Projektmanagement nur als Teil eines komplexeren Systems von Regelkreisen zum Problemlösen sehe (hierzu gehört auch der Regelkreis zur Motivation und Akzeptanz[9]) habe ich darauf verzichtet, eine Rückkopplung von der letzten zu vorhergehenden Phasen in das System einzubauen.

Die kausalistische Denkweise fand schon im letzten Jahrhundert ihre Kritiker. So formulierte z.B. Ernst Mach, "Ursachen und Wirkungen gebe es nur in unserer abstrakten Vorstellung"[10]. Baege setzte den Gedanken seines Lehrers Mach fort: "Wo wir eine Ursache angeben, drücken wir nur ein Verknüpfungsverhältnis, einen Tatbestand aus, denn in Wirklichkeit existiert kein Vorgang für sich allein, sondern er steht in mannigfacher Verbindung zu anderen Vorgängen. Wir denken uns nur bei unserer wissenschaftlichen Betrachtung aus praktischen Gründen die Vorgänge als getrennt"[11].

Die Aussagen Mach's und Baege's weisen auf die Notwendigkeit kybernetischen Denkens hin. Kybernetisches Denken darf aber nicht zu einer Aufgabe des kausal-logischen Denkens führen. Vor allem vor dem Hintergrund einer zeitlich gerichteten Evolution der biologischen Welt hat auch das linear-kausale Denken seine Berechtigung[12]. Die Kybernetik der lebenden Welt schließt nicht aus, daß sich ein Kreisprozeß auch als Ganzes bewegt und sich in Form einer Helix nach jeder Umdrehung in einer höheren Ebene fortsetzen kann. Vester bezeichnet diesen Ansatz als "gerichtete Kybernetik, bei der eine echte Verquickung von linearer Kausallogik (Linie) mit der nicht-linearen Logik der kybernetischen Vernetzung (Kreisbewegung) geschieht[13]. Beide Denkansätze zusammen bilden im Sinne des I GING den Tao, den Weg. Einzeln betrachtet sind sie nicht mehr und nicht weniger als Yin und Yang.

Die sich entwickelnde neue Einheit gibt einerseits dem Kreisprozeß eine Richtung und verwandelt andererseits den Verlauf der geraden Linie in eine "atmende" Kreisbewegung und stabilisiert sie so[14].

---

[9]Bundschuh, M.: Interdependenz zwischen Motivation und Akzeptanz, in: Czap,H. (Hrsg.): Unternehmensstrategien im sozio-ökonomischen Wandel, Berlin 1989, S. 119-140

[10]Vgl. Vester, F., Neuland des Denkens - Vom technokratischen zum kybernetischen Zeitalter, Stuttgart 1980, S. 52

[11]Vgl. Vester, S. 52

[12]Vgl. Vester, S. 51

[13]Vgl. Vester, S. 51

[14]Vgl. Vester, S. 52

Die kausal-logische Planungsstrategie

Ziel:	Das Ziel liegt in der Beseitigung eines bereits in der Vergangenheit auftretenen Problems.
Motiv:	Die Ursache des Handelns liegt damit in bereits geschehenen Dingen.
Voraussetzungen:	Durch die Orientierung am Problem sind die Voraussetzungen des erwünschten Ziels nicht bekannt.
Maßnahmen:	Die zu ergreifenden Maßnahmen zur Zielerreichung sind ebenfalls an das bereits aufgetretene Problem gebunden, also an der Vergangenheit orientiert und damit wenig flexibel.
Folge:	Utopische Zielvorstellungen, falsch eingeschlagene Richtungen sowie nicht berücksichtigte veränderte Verhältnisse oder versäumte Vorarbeiten führen zu Zielabweichungen.

Aus der Verknüpfung (Synthese) der beiden Denkrichtungen ergibt sich die im folgenden dargestellte kybernetische Planungsstrategie[15]:

Die kybernetische Planungsstrategie

Ziel:	Das Ziel ist es, Problemen vorzubeugen.
Motiv:	Die Ursache des Handelns liegt damit nicht in der Vergangenheit, sondern in der Zukunft.
Voraussetzungen:	Die Voraussetzungen zur Zielerreichung werden rückwärtsgehend vom Ziel aus schrittweise ermittelt, bis man zur gegenwärtigen Situation gelangt. Die erarbeiteten Teilziele werden auf logisch-kausalem Wege ermittelt.
Maßnahmen:	Das heutige Handeln wird zur Wirkung einer Ursache, die in der Zukunft liegt. Bei der Verfolgung der ermittelten Teilziele in umgekehrter Reihenfolge ist die Landung im Ziel vorprogrammiert.
Folgen:	Auf diese Weise entstehen Zielsysteme, bei denen die Zielvorstellungen in mögliche, nicht in unmögliche Richtungen gelenkt werden. Statt unzusammenhängender Einzelziele, führen Zielsysteme mit hoher Wahrscheinlichkeit zum gewünschten Ziel. Dabei lassen sich oft Alternativwege ermitteln.

[15] Vgl. Vester, S. 90

2. Kybernetische Aspekte

Aus kybernetischer Sicht sind bei der Anwendung (beim Projektmanagement) drei Aspekte von Bedeutung:

1. der Systemaspekt
2. der Regelungsaspekt
3. der Informationsaspekt.

ad 1) Der Kybernetiker betrachtet einen Gegenstand unter dem Aspekt, ein dynamisches System zu sein. Dabei interessiert ihn weniger das statische, sondern das in Funktion befindliche System. Die Wechselbeziehungen zwischen den Systemelementen innerhalb des Systems und die Wechselbeziehung zur Systemumgebung stehen ebenfalls im Vordergrund der Untersuchungen. Auch die Betrachtung der Verhaltensweisen, zu denen ein dynamisches System zumindest im Prinzip fähig ist, gehört zum Forschungsbereich der Kybernetik. Die Betrachtungsweise ist dabei ihrem Wesen nach abstrakt.

ad 2) Ein System unterwirft die Einwirkungen der Umwelt einem Prozeß der Verarbeitung. Erst danach erfolgt eine entsprechende Reaktion. Die Bewegung des Systems ist beständig und zweckgerichtet gegenüber äußeren Einflüssen, die das System davon abzubringen trachten, ein bestimmtes Ziel zu erreichen. Ein derartiges Verhalten nennt der Kybernetiker geregelt. Die Regelung ist eine spezielle Form der Steuerung, nämlich die Selbststeuerung des Systems. Sie läßt sich an einem rückgekoppelten Regelkreis demonstrieren.

ad 3) Zwischen den Elementen eines Systems und zur Systemumgebung gibt es eine besondere Gruppe von Beziehungen, die als Kommunikationsbeziehungen bezeichnet werden können. Soll ein System im Sinne einer Regelung beeinflußbar sein, so muß zwischen dem derzeitigen Zustand des Systems und dem Ziel der Regelung eine sinnvolle Beziehung bestehen. Obwohl es bei Kommunikationsbeziehungen zu einer Umformung sowohl energetischer als auch materieller Natur kommt, muß in qualitativer wie in quantitativer Hinsicht irgend etwas erhalten bleiben, das die Regelung verursacht. Es handelt sich dabei um Prozesse der Erzeugung, Übertragung und Verarbeitung von Informationen. Kybernetische Systeme können also auch stets betrachtet werden als Systeme, die Informationen aufnehmen, verarbeiten oder speichern und solche verarbeiteten oder zeitweilig gespeicherten Informationen in Wirkungen auf die Umwelt umsetzen.

3. Ein kybernetisches Entwicklungsmodell

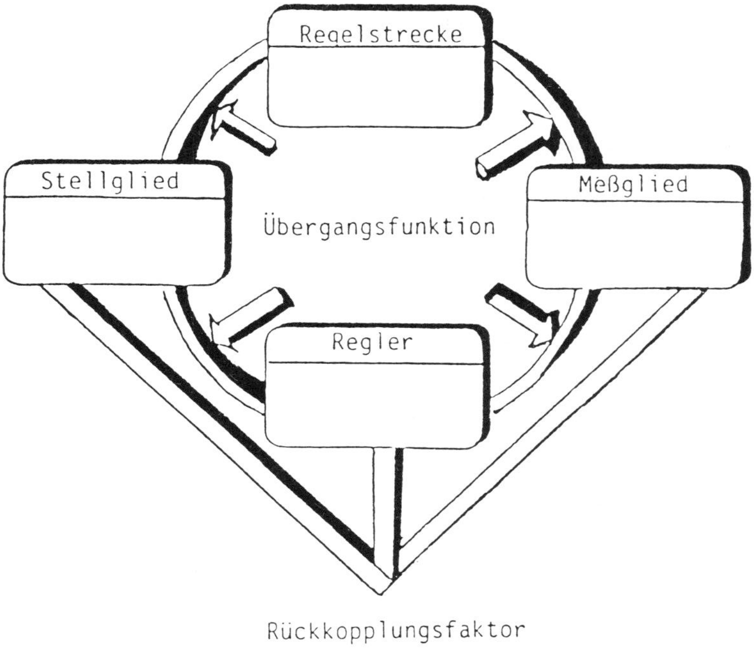

Abb. 1: Regelkreis, bestehend aus Übergangsfunktionen und Rückkopplungsfaktor

Die Berücksichtigung dieses Systemdenkens durch gesamthafte Betrachtungsweise des Projekts - neben dem Projektdenken durch kausal-logische Planungsstrategie und durch interdisziplinäre Zusammenarbeit - führten zu einem kybernetischen Entwicklungsmodell für ein kybernetisches Projektmanagement.

3.1 Aufbau des Entwicklungsmodells

Nun wird man es nur in den einfachsten Fällen mit Systemen zu tun haben, die durch nur einen Rückkoppelungsfaktor und nur eine Übergangsfunktion beschrieben werden können. Angewendet auf ein Entwicklungsvorhaben ließe sich dann ein Regelkreis allenfalls auf eine Entwicklungsphase bzw. Teile dieser Phase anwenden. Zur vollständigen Systementwicklung sind aber mehrere Entwicklungsphasen notwendig, die alle für sich der Regelung fähig sind. Die Entwicklungsphasen des systemtechnischen Planungssystems können also als Teilsysteme angesehen werden, die einer sie betreffenden Regelung zugänglich sind. Durch den phasenweisen Ablauf der Systementwicklung als Problemlösungsstrategie kommt es zu einer Verkopplung der einzelnen, phasenbezogenen Regelkreise[16], zu einem Modell höherer Stufe, dem Entwicklungsmodell (s. Abb. 2).

Ganz allgemein erfüllen die Regelkreise des systemtechnischen Planungssystems dann folgende Aufgaben:

- Die *Regelstrecke* ist der je Phase zu regelnde Prozeß und soll nach der Regelung ein optimales Phasenergebnis darstellen.
- Das *Meßglied* untersucht die Regelstrecke auf durch Störungen hervorgerufene Abweichungen vom Optimalzustand. Die Ermittlung des Meßwertes geschieht dabei i.d.R. durch eine Istaufnahme der aktuellen Situation, d.h. des aktuellen Entwicklungsstandes zu Beginn einer jeden Phase.
- Der *Regler* empfängt in jeder Phase vom Meßglied den Meßwert und vergleicht diesen mit dem von der Führungsgröße vorgegebenen Ziel. Das Ziel wird mit fortschreitender Entwicklung von Phase zu Phase immer detaillierter definiert. In Abhängigkeit vom Ziel wählt der Regler Methoden und Maßnahmen aus, die zu einer Zustandstransformation der Regelstrecke führen sollen. Die Methoden und Maßnahmen werden als Anweisung zur Durchführung an das Stellglied weitergegeben. In den Planungsphasen des Entwicklungsmodells handelt es sich dabei i.d.R. um Entwurfs- und Analyseanweisungen, in den Realisationsphasen um "hardware-orientierte" Konstruktionsanweisungen.
- Das *Stellglied* führt die vom Regler übermittelten Anweisungen durch und gibt das Ergebnis als Stellwert an die Regelstrecke weiter. Damit ist der Regelkreis geschlossen.
- Der *Rückkopplungsprozeß* wiederholt sich so lange, bis ein aus Sicht des jeweiligen Phasenziels (Sollwert) optimales Ergebnis vorliegt. Erst wenn die Regelstrecke dem Sollwert entspricht (Soll = Ist), ist eine Phasenentscheidung zugunsten der Nachfolgephase sinnvoll.

[16] Vgl. Anschütz, H.: Kybernetik - kurz und bündig, Würzburg, 1970, S. 82. Anschütz verwendet in diesem Zusammenhang den Begriff des "vermaschten Systems".

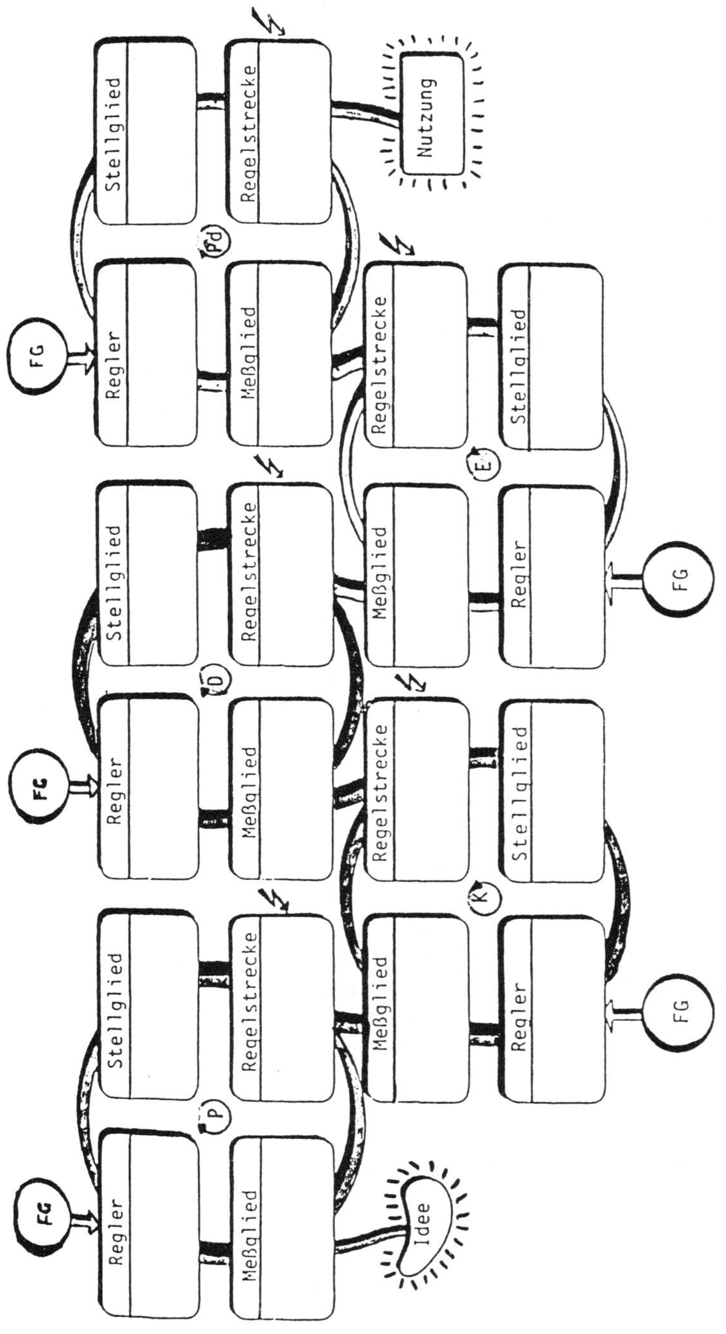

Legende: P = Problemphase
K = Konzeptionsphase
D = Definitionsphase
E = Entwicklungsphase
Pd = Produktionsphase

FG = Führungsgröße
= Störung
= Drehrichtung des Regelkreises
Meßglied Regelstrecke = Phasenentscheidung

Abb. 2: Entwicklungsmodell

4. Problemlösungsverhalten im Entwicklungsprozeß

4.1 Derzeitige Situation

Jede Phase des dargestellten Entwicklungsmodells ist gekennzeichnet von

- einem Projektzustand A zu Beginn einer jeden Phase, wobei dieser das innerhalb der jeweiligen Phase zu lösende Problem darstellt (Meßglied),
- Projektzustand B am Ende einer jeden Phase, der, wenn er dem gewünschten Phasenergebnis (Sollwert) entspricht, zum Projektzustand A der Folgephase wird (Regelstrecke nach der Regelung),
- Maßnahmen (Verfahren), die von A zu B führen sollen (Stellglied).

Diese drei Charakteristika definieren nach Dörner[17] ein Problem.

Phasenzustände werden im Rahmen des Problemlösungsprozesses geplant. Diese Planung erstreckt sich meist auch auf die zu ergreifenden Maßnahmen, die von A zu B führen sollen. In der praktischen Umsetzung zeigt sich aber häufig ein unstrukturiertes, unsystematisches Problemlösungsverhalten, das durch die folgende Vorgehensweise geprägt ist und vermuten läßt, daß es an geeigneten Techniken zur Maßnahmendurchführung fehlt[18].

4.2 Regelkreis des Problemlösungsverhaltens

Ziel sollte im Sinne eines unter den gegebenen Umständen optimalen Projektablaufes sein, nicht nur die einzelnen Phasen des Entwicklungsmodells mit entsprechenden Arbeitsinhalten zu versehen, sondern auch das Problemlösungsverhalten (Methoden, Techniken), also die Aktivitäten der Projektmitglieder in Abhängigkeit von den Arbeitsinhalten zu planen und durchzuführen. Auf diese Weise entsteht ein Entwicklungssystem, das sowohl hinsichtlich des Projektaufbaus als auch hinsichtlich des Projektablaufes sowie während des Ablaufes zu ergreifenden Tätigkeiten, einer vollkommenen Ordnung unterliegt. Dieses Ziel läßt sich durch einen allen Phasen übergeordneten und damit allen Phasen immanenten "Regelkreis des Problemlösungsverhaltens" erreichen, dessen Elemente sich wie folgt beschreiben lassen:

---

[17] Dörner, D.: Problemlösen als Informationsverarbeitung, Stuttgart, Berlin, Köln, Mainz, 1976, S. 10

[18] Vgl. Bundschuh, M.: Kategorisierung, in T.Witte (Hrsg.), Systemforschung, S. 153

- Regelstrecke: Problemlösungsverhalten.
- Meßglied: Unstrukturierte Vorgehensweise im Problemlösungsprozeß (Problemsuche).
- Regler: Ziel ist die Durchführung des Problemlösungsprozesses im Rahmen eines vollkommen geordneten Systems. Voraussetzung zur Zielereichung ist eine Kategorisierung von Problemen.
- Stellglied: Maßnahmenkatalog in Abhängigkeit von der vorliegenden Problemkategorie.

4.3 Kategorisierung von Problemen

Ganz allgemein kann man die Umstände, die den Übergang von einem Projektzustand A (Meßglied) zu einem Projektzustand B (Sollwert) verhindern, als "Barrieren" bezeichnen[19].

Je nachdem, ob das zu erreichende Phasenziel bzw. die Mittel zu dessen Erreichung bekannt sind oder nicht, unterscheidet man Interpolations-, Synthese- und dialektische Barrieren[20]:

- Interpolationsbarriere: Ich weiß, was ich will und kenne die Mittel, um den angestrebten Endzustand zu erreichen.
- Synthesebarriere: Ich weiß, was ich will, kenne die Mittel aber nicht.
- Dialektische Barriere: Ich weiß gar nicht, was ich eigentlich genau will.

Diese Barrieren können jeweils sowohl bei der Problemdefinition (Anfangszustand) als auch bei der Zielsetzung (Endzustand) und nach der Mittelsuche (Operatorsuche) vorliegen, wobei je nach Erkenntnisstand (Projektfortschritt) zunächst ein dialektisches, dann ein synthetisches und zuletzt ein Interpolationsproblem vorliegt. Anfangszustand, Endzustand und Operatorsuche können als Problemkategorien aufgefaßt werden, innerhalb derer die o.g. Barrieren zu überwinden sind. Welche Barriere im einzelnen vorliegt, ist abhängig davon, ob jeweils Problemstellung, Zielsetzung und Operatorwahl bereits geklärt (geschlossen) oder noch nicht definiert (offen) sind[21].

---

[19] Dörner, S. 10
[20] Dörner, S. 11ff
[21] Vgl. Bundschuh, M.: Kategorisierung, S. 155

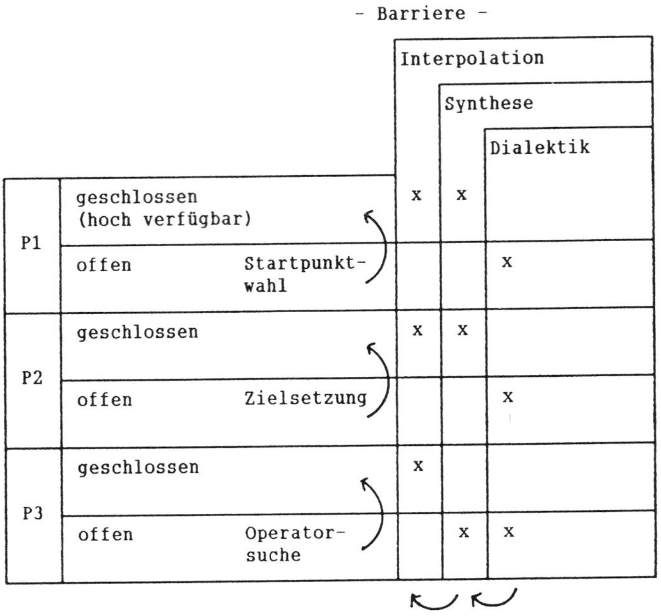

Abb. 3: Problemkategorien

Daß der in Abb. 3 gezeigte Zusammenhang in ein Regelkreismodell - wie in dieser Arbeit für das Projektmanagement entwickelt - umgewandelt werden kann, ist offensichtlich.

4.4 Maßnahmenkatalog

In Abhängigkeit von den jeweils vorliegenden Problemkategorien lassen sich nunmehr mit Hilfe eines morphologischen Kastens[22] die einsetzbaren Methoden sowie die zur Durchführung dieser Methoden notwendigen Techniken zusammenstellen. Aus diesem Kasten kann dann die unter den gegebenen Umständen optimale Strategie ausgewählt werden[23].

[22] Vgl. Bröcher, H.: Zur Anwendbarkeit des Morphologischen Kastens, Diplomarbeit, Universität/Gesamthochschule Paderborn, Fachbereich Wirtschaftswissenschaften, 1986/87

[23] Vgl. Bundschuh, M.: Kategorisierung, S. 155 ff. Der dort abgedruckte Maßnahmenkatalog wurde zu einem morphologischen Kasten umstrukturiert und erhebt keinen Anspruch auf Vollständigkeit. Es sind durchaus auch Maßnahmen anwendbar, die hier nicht enthalten sind.

Barrieretypen	Methoden (Heurismen)				
Überwindung der Interpolationsbarriere	Entscheidungstabellentechnik	Strukturierte Analyse	Netzplantechnik		
Überwindung der Synthesebarriere	Projektmanagement	Operations-research	Simulation/Modelle	Kepner-Tregoe	
Überwindung der dialektischen Barriere	Wie-Plan	Situationsanalyse	Szenariotechnik	Fehlersuche	Versuch und Irrtum

Techniken						
			Kombination von beidem angewendet auf			
Überwindung der Interpolationsbarriere	Vorwärtsstrategie	Rückwärtsstrategie	Situations-/Zielanalyse	Operatorsuche	Operatoranwendung	Erfolgsanalyse bei Mißerfolg
			Voraussetzungen und Nebenwirkungen prüfen	Anwendbarkeit prüfen	Anwendbarkeit prüfen	neue Operatorsuche, Wechsel von Absicht, Ziel, Start, Heurismen
Überwindung der Synthesebarriere	Entdeckungsheurismen		Umstrukturierungsheurismen	Denken in Analogien und Modellen	Plötzlicher Einfall und Inspiration	Inkubationszeit

	Konstruktionsprozeß	Prüfprozeß			
		inhaltsbezogen		formal	
		immanent	transzendent	immanent	transzendent
Überwindung der dialektischen Barrieren	Setzung eines Zielzustandes, Entfernung inkonsistenter und Hinzufügen konsistenter Teile, Komplexions- und Abstraktheitshierarchie, Analogieschlüsse, Konkretisierung, Abstraktion	Richtigkeit, Integration		Widerspruch, sparsam	

Abb. 4: Barrieretypen, Methoden

5. Anwendung des kybernetischen Entwicklungsmodells

Die Anwendung dieses kybernetischen Entwicklungsmodells für ein kybernetisches Projektmanagement bei der Entwicklung eines Kommunikationssystems führte zu der folgenden Konkretisierung.

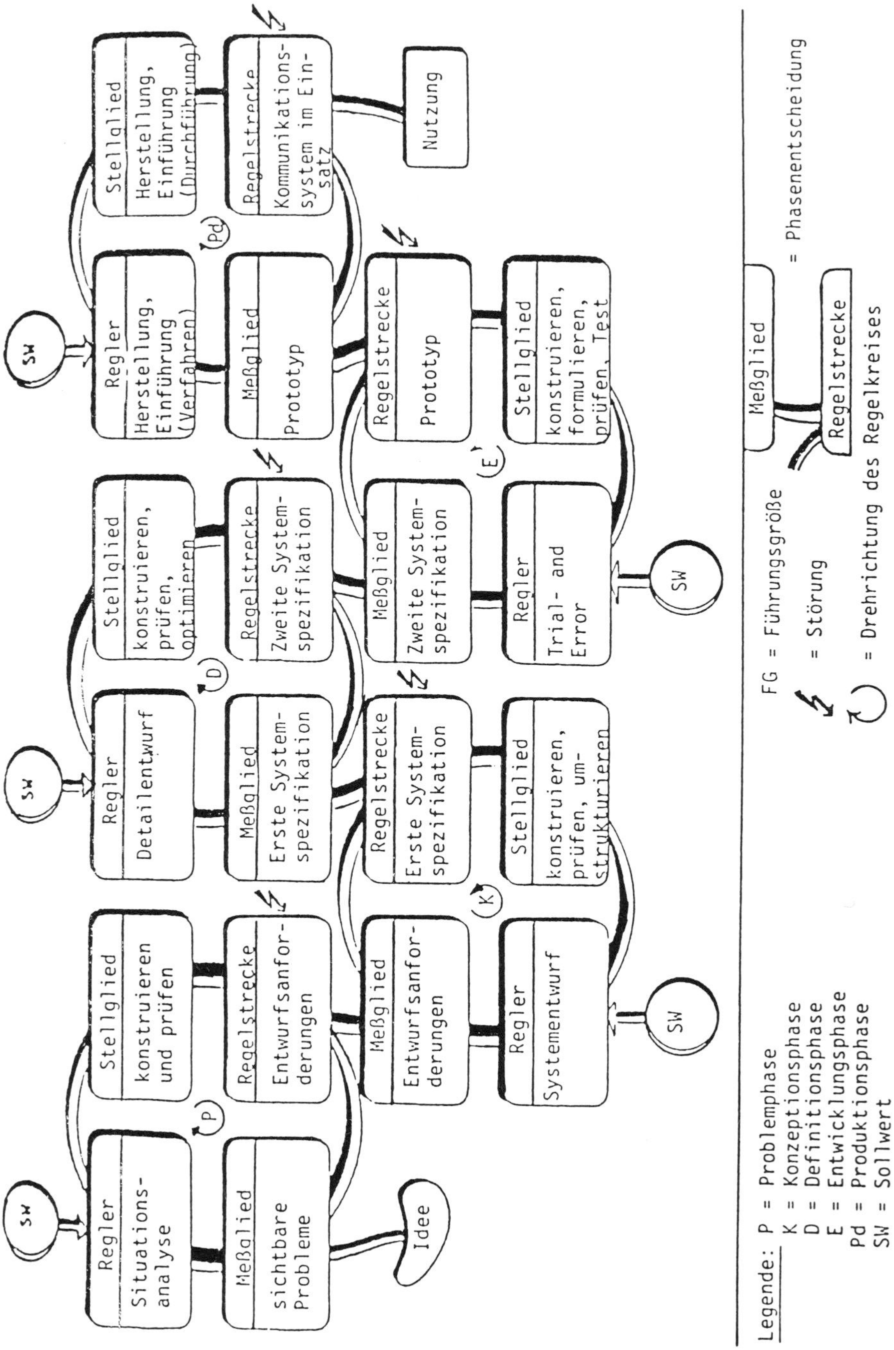

Abb. 5: Konkretisierung eines Kommunikationssystems

Jedem Projektleiter werden die Teile dieses Systems bekannt vorkommen, da ja die bisherige kausal-logische Planungsstrategie ein integraler Bestandteil dieses kybernetischen Entwicklungsmodells ist. Die Vorteile der Integration der kybernetischen Strategie mit ihrem System-, Regelungs- und Informationsaspekt springen hier geradezu ins Auge.

6. Literatur

Anschütz, H.: Kybernetik - kurz und bündig, Würzburg 1970.

Balck, H.: Neuorientierung im Projektmanagement, Projekt Management Austria, Heft 5, Juni 1988, S. 34.

Bröcker, H.: Zur Anwendung des Morphologischen Kastens, Diplomarbeit, Universität/ Gesamthochschule Paderborn, Fachbereich Wirtschaftswissenschaften, 1986/87.

Bundschuh, M.: Die Kategorisierung von Problemen und Problemlösemethoden, in Witte, T. (Hrsg.): Systemforschung und Kybernetik in Wirtschaft und Gesellschaft, Berlin 1986, S. 151-158.

Bundschuh, M.: Neuzeit des Lernens, Kölner Zeitschrift für Wirtschaft und Pädagogik, Heft 3, November 1987, S. 21-48.

Bundschuh, M.: Interdependenz zwischen Motivation und Akzeptanz, in: Czap, H. (Hrsg.): Unternehmensstrategie im sozio-ökonomischen Wandel, Berlin 1989, S.119-140.

Capra, F.: Wendezeit, Scherz Verlag, Berlin, München, Wien 1982.

Dörner, D.: Problemlösen als Informationsverarbeitung, Verlag W. Kohlhammer, Stuttgart, Berlin Köln, Mainz, 1976.

Ferguson, M.: Die sanfte Verschwörung, Knaur Taschenbuch 4123, München 1982.

Haberl, I.: New Age und New Age-Management, Diplomarbeit, Betriebswirtschaftliche Fakultät der Ludwig-Maximilians-Universität zu München, 5.8.1987.

Kepner, C.H., Tregoe, B.B.: Managemententscheidungen vorbereiten und richtig treffen, verlag moderne industrie, München 1971.

Maturana, H.R., Varela, F.J.: Der Baum der Erkenntnis, Scherz Verlag, Berlin, München, Wien, 1987.

van der Biezen, P.: Ausbildungsbedarfsanalyse sowie Entwicklung und Einführung eines Kommunikationssystems für ein Software-Schulungsunternehmen unter besonderer Berücksichtigung kybernetischer Strategien: Diplomarbeit, Fachhochschule Köln, Fachbereich Wirtschaft, 28.11.1986.

Vester, F.: Neuland des Denkens - Vom technokratischen zum kybernetischen Zeitalter, Stuttgart 1980.

Ein systemdynamisches Modell zur Abschätzung der Wirtschaftsentwicklung der fünf neuen Länder auf dem Übergang zur Marktwirtschaft

von *Peter Fleissner*[1]

1. Überblick

Zur wissenschaftlichen Begleitung des Übergangs der deutschen Ostregion in die Marktwirtschaft wurde in einer internationalen Forschungskooperation zwischen Deutschland und Österreich ein systemdynamisches Modell entwickelt.[2] Es stellt ein Hilfsmittel dar, unter besonderer Berücksichtigung des hypothetischen regionalen öffentlichen Haushalts (Steueraufkommen, Staatsausgaben, Defizit) den Finanzierungsaufwand für die neuen Länder und die Auswirkungen auf Produktion und Nachfrage, Arbeitsplätze, Arbeitslosigkeit und Wanderungsbewegungen abzuschätzen.

Das Ein-Produkt-Ungleichge-wichtsmodell bildet die wichtigsten makroökonomischen Zusammenhänge zwischen den Haupt-Aggregaten der Volkswirtschaftlichen Gesamtrechnung nach dem SNA-System und - relativ hoch aggregiert - die Bevölkerungsentwicklung ab. Es besteht aus folgenden Teilmodellen: Der Produktionsfunktion, dem Arbeitsmarkt, der Endnachfrage, dem Staatssektor, der Demographie sowie aus einigen ausgewählten Variablen des Geld- und Kreditsektors.

Das Modell beschreibt zwei qualitativ unterschiedliche ökonomische Regime und bildet den Übergang des einen in das andere ab. Der erste Abschnitt beginnt mit Jänner 1989 und endet vor dem Tag der Währungsunion. Der zweite Abschnitt reicht bis Anfang 1995.

---

[1] Univ.-Prof. Dipl.-Ing. Dr. techn. Peter Fleissner, Technische Universität Wien, Institut für Gestaltungs- und Wirkungsforschung, Abteilung für Sozialkybernetik, Möllwaldplatz 5, A-1040 Wien

[2] Das Projektteam auf deutscher Seite besteht aus Hans Behr, Edith Biebler, Hannelore Böhme, Dietmar Dathe, Gurdrun Krüger, Udo Ludwig, Peter Nick und Walter Oelschlägel.

Das Simulationsmodell umfaßt etwa 150 Statements und ist sowohl unter MS-DOS (Professional Dynamo Plus) als auch am Macintosh (Stella) verfügbar.[3]

Das folgende Kapitel beschreibt einige charakteristische Züge des Modells, im dritten Kapitel werden am Beispiel der Variation der Stillegungsrate des alten Kapitalstocks und der Variation der Brutto-Investitionen einige Übergangsszenarios der Wirtschaft der fünf neuen Länder dargestellt und diskutiert.

Das Modell kann als interaktives Hilfsmittel für die Gestaltung der Wirtschafts- und Sozialpolitik dienen, deren Aufgabe es wäre, einen ökonomisch und sozial tragbaren Entwicklungspfad zwischen den einander widersprechenden Zielen, einer verbesserten Konkurrenzfähigkeit und einer niedrigen Arbeitslosenrate, zu finden.

2. Ausgewählte Modellstrukturen

Aus der Vielzahl möglicher Details des Modells werden aus Platzgründen nur einige wenige charakteristische und für das Verhalten des Modells zentrale Zusammenhänge ausgewählt und beschrieben. Systemdynamische Modelle sind üblicherweise als Ungleichgewichtsmodelle konzipiert, was eine getrennte Modellierung des Angebots und der Nachfrage bedeutet. Die im Modell zur Anwendung kommenden Nachfragefunktionen enthalten keine Besonderheiten, die Produktionsfunktion jedoch folgt einer eigenständigen Konzeption und wird daher genauer beschrieben. Danach werden einige für das Funktionieren des Modells und sein "Eigenleben" charakteristische Rückkopplungsstrukturen dargestellt.

2.1 Produktionsfunktion

In den üblichen Produktionsfunktionen der mathematischen Ökonomie wird der für das reale Funktionieren von Volkswirtschaften sehr wichtige technische Fortschritt eher stiefmütterlich behandelt.[4] Entweder wird er als neutral angesehen und mittels einer Exponentialfunktion beschrieben oder er wird einem der Produktionsfaktoren zugerechnet. Die in den Textbüchern verwendeten Produktionsfunktionen vom Cobb-Douglas-oder CES-Typ sind daher für die Abbildung von Übergangsprozessen in den fünf neuen Ländern, wo sicherlich mit

---

[3] Bezüglich Dynamo siehe George P. Richardson und Alexander L. Pugh III, Introduction to System Dynamics Modeling with Dynamo, MIT Press, Cambridge, Mass., London 1981; bezüglich Stella siehe Barry Richmond, Steve Peterson, Peter Vescuso, An Academic User's Guide to STELLA,Lyme1987.

[4] Siehe etwa R. G. D. Allen, Macro-Economic Theory: A Mathematical Treatment, Macmillan, London 1968.

einer Veränderung der technischen Basis zu rechnen ist, denkbar schlecht geeignet. Es wurde daher ein anderer Weg der Konstruktion einer Produktionsfunktion beschritten, der folgenden Anforderungen genügen soll:

a) Technisch-organisatorischer Wandel soll nicht vom Himmel fallen, sondern explizit über die Brutto-Investitionen in das Produktionssystem eingeführt werden können.

b) Eine direkte Substitution der Produktionsfaktoren soll unmöglich sein. Substitution ist ausschließlich auf dem indirekten Wege von Investition und Abschreibung, bzw. Aufnahme und Abbau von Arbeitskräften möglich.

c) Es sollen im Modell Parameter enthalten sein, die den technischen Wandel nicht nur auf der Ebene von Durchschnittsgrößen (durchschnittlicher Arbeits- bzw. Kapitalkoeffizient), sondern auch auf der Ebene der marginalen Größen beschreibbar macht (marginaler Arbeits- bzw. Kapitalkoeffizient).

d) Das Modell soll auch unausgelastete Kapazitäten zulassen, was weder im Konzept der Cobb-Douglas-Funktion noch der CES-Funktion vorgesehen ist.

Prinzipiell stehen bei der Formulierung einer Produktionsfunktion mit zwei Produktionsfaktoren zwei Wege offen. Der erste berücksichtigt beide Faktoren gleichzeitig (wie etwa die Cobb-Douglas und die CES-Funktion), der andere geht von einem Produktionsfaktor aus, der mit der entsprechenden Produktivitätskennzahl multipliziert wird, in die wiederum der andere Produktionsfaktor als Erklärungsgröße eingeht, also Arbeitsstunden mal Stundenproduktivität oder Kapital mal Kapitalproduktivität. Beide Faktoren der Multiplikation werden als in der Zeit variabel angenommen.

Aus den oben angeführten Gründen wählten wir den zweiten Weg, mit einigen einschneidenden Modifikationen, die den technischen Fortschritt besser zu berücksichtigen erlauben. Wir gehen zunächst vom Kapital als explizitem Produktionsfaktor aus (siehe Abb. 1, für die Symbolik siehe Anhang). Die Grundüberlegung ist folgende: Der Kapitalbestand wird mittels der Brutto-Investitionen erhöht und mittels der Abschreibungen verringert. Die Brutto-Investitionen, multipliziert mit der marginalen Kapitalproduktivität, bzw. was das gleiche ergibt, dividiert durch den marginalen Kapitalkoeffizienten, entsprechen bei Vollauslastung dem Brutto-Zuwachs an Output, die Abschreibungen multipliziert mit der entsprechenden Kapitalproduktivität geben den Kapazitätsabbau wieder. Man kann auf dieser Grundlage eine Bestandsgröße "Potential Output" formulieren, die durch Zu- und Abfluß an Kapazität verändert wird.

Da sowohl der durchschnittliche Kapitalkoeffizient als auch die durchschnittliche Arbeitsintensität modellendogen bestimmt werden und in die jeweiligen Abgänge multiplikativ eingehen, wird der "Potential Output" und die Zahl der nachgefragten Arbeitskräfte ausschließlich von drei Variablen festgelegt: Vom Verlauf und der Höhe der Brutto-Investitionen und den marginalen Größen Arbeitsintensität und Kapitalkoeffizient.

Die hier definierte Produktionsfunktion stellt das einfachste aller möglichen Vintage-Modelle dar: Sie unterscheidet zwischen neuen Investitionen zu marginalen Koeffizienten und alten Investitionen zu durchschnittlichen Koeffizienten. Dadurch wird ein hohes Ausmaß an Flexibilität bei gleichzeitiger notwendiger Konsistenz und Stringenz der Ergebnisse erzielt.

Die Variable "Potential Output" wird durch Multiplikation mit dem Auslastungsgrad zum BIP (siehe auch Abschnitt 2.2.3).

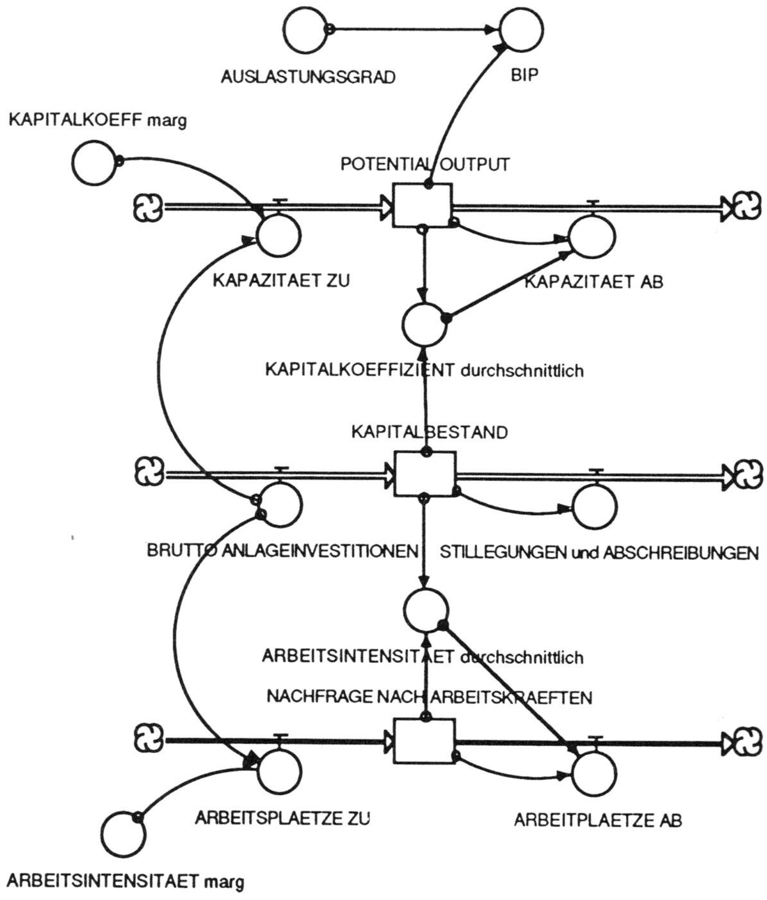

Abb. 1: Produktionsfunktion (Stella-Diagramm)

2.2 Zentrale Rückkopplungsschleifen

Bei der Interpretation der nachstehend beschriebenen Rückkopplungsschleifen ist eine wichtige Voraussetzung zu beachten. Alle angeführten kausalen Zusammenhänge sind *ceteris paribus* zu verstehen. In den Abbildungen beschränken wir uns immer auf einen Ausschnitt der gesamten im Modell vorkommenden Zusammenhänge. Die unten geschilderten Folgen einer bestimmten Ursache müssen also dann nicht eintreten, wenn andere, nicht dargestellte Mechanismen im Modell vorhanden sind, die den beschriebenen entgegenwirken. Diese entgegenstehenden Wirkungen bilden gleichzeitig die Voraussetzung für das Modell, auf verschiedene Rahmenbedingungen mit ziemlich komplexen Reaktionen antworten zu können. Ohne ein analytisches Zerschneiden des Modells in wichtige Feedback-Loops werden diese Reaktionen aber nur schwer verstanden.

2.2.1 Talfahrt (positive Rückkopplung)

Die für die Talfahrt der ex-DDR-Wirtschaft zentrale Rückkopplungsschleife geht wesentlich auf die Stillegungen von fixem Kapital zurück, die wegen mangelnder Konkurrenzfähigkeit notwendig werden (Abb. 2). Diese Stillegungen führen zu einem Abbau von Arbeitsplätzen, der nur kosmetisch durch die arbeitsmarktpolitische Maßnahme der Kurzarbeit verringert wird (bei der es sich aber zu einem überwiegenden Teil um Nullarbeit handelt). Letztlich reduzieren die Durchschnittseinkommen, die durch das massenhafte Auftreten von Arbeitslosigkeit nach unten gedrückt werden, den privaten Verbrauch. Die bei niedriger Endnachfrage höheren und zum Teil unverkäuflichen Lagerbestände erzwingen durch die hohen fixen Kosten weitere Stillegungen.

In den neueren Varianten des Modells machen wir die Zahl der Kurzarbeiter, die wesentlich vom politischen Willen der Entscheidungsträger abhängt, von der Geschwindigkeit der Stillegungen des Kapitalstocks abhängig, mit der Überlegung, daß Kurzarbeit insbesondere bei sehr hohen (demographischen, siehe Fußnote 7) Arbeitslosenzahlen eingeräumt werden wird, einerseits, um die offizielle Arbeitslosenrate niedrig zu halten, andererseits, um soziale Unruhe möglichst zu minimieren. Frühere Varianten betrachteten die Kurzarbeit als indirekt proportional zum Auslastungsgrad der Beschäftigten, wie es eher der Realität reifer kapitalistischer Wirtschaften entspricht.

Wann wird diese positive Rückkopplungsschleife in ihrer Wirkung zu einem Ende kommen? Der Zusammenbruch wird solange weitergehen, bis sich die Endnachfrage unabhängig von den Stillegungen stabilisieren kann, also bis etwa entweder durch Preisverfall ein höherer Reallohn auftritt, oder die Konkurrenzfähigkeit der verbliebenen Betriebe die Exporte erhöht, oder sich die niedrige Kaufkraft vornehmlich mit billigeren Binnenprodukten zufrieden gibt und auf Importwaren verzichtet.

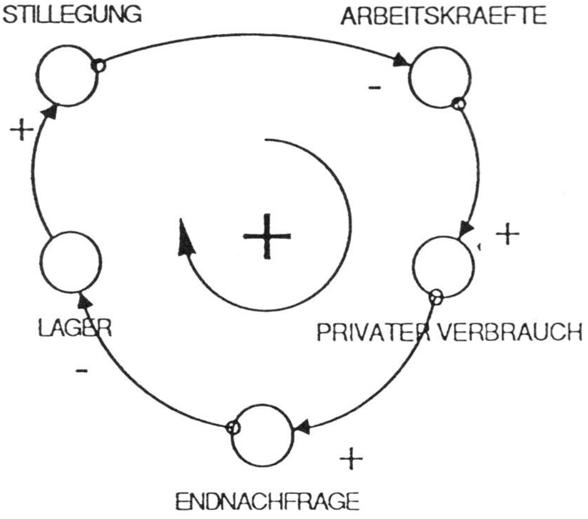

Abb. 2: Talfahrt

2.2.2 Aufschwung

Springt durch einen Akzeleratoreffekt, der sich bei den Investitionen aufgrund einer wachsenden Nachfrage nach Konsumgütern einstellt, die Konjunktur an, wird sich die Zahl der Arbeitsplätze erhöhen (Abb. 3). Bei der Festlegung der Größenordnung des Akzelerators, der an die Veränderung des privaten Verbrauchs gekoppelt wurde, herrschen allerdings erhebliche Unsicherheiten, die sich in der Bestimmung des modellendogenen Zeitpunkts für den Beginn des Aufschwungs fortpflanzen. Wir haben in den hier behandelten Simulationen einen Wert von 20 Prozent des Konsumzuwachses vorgegeben. Mit diesem Wert stellt sich der Aufschwung etwa um die Mitte des Jahres 1993 ein.

Allerdings wird die Erhöhung der Arbeitsplatzzahl nicht im Ausmaß der *durchschnittlichen* Arbeitsintensität pro Mrd DM Investitionen erfolgen, sondern nur in der Größenordnung der (kleineren) *marginalen* Arbeitsintensität. Bei Industrieinvestitionen ist zusätzlich mit einer Verzögerung des Kapazitätseffektes und damit des Arbeitsplatzeffektes zu rechnen. Bei Infrastrukturinvestitionen (Straßenbau, Wohnbau, Telekommunikations- und Transportinfrastruktur) liegen die Verhältnisse anders. Hier gibt es einen kurzfristig wirksamen Arbeitsplatzeffekt, der aber nach Abschluß der Investition teilweise wieder zunichte gemacht wird. Dieser nachträgliche Arbeitsplatzabbau ist in unserem Modell allerdings vernachlässigt worden.

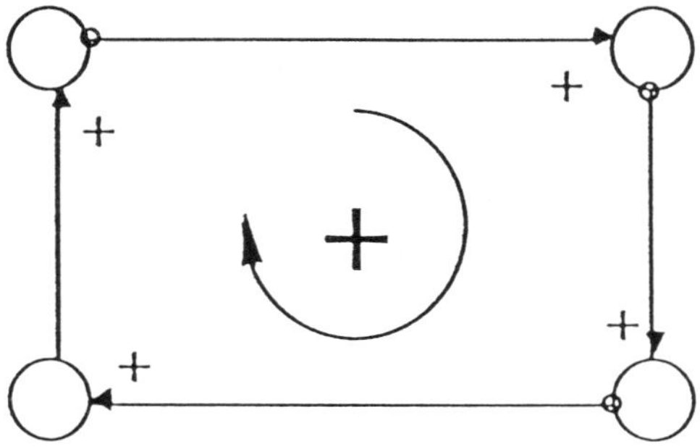

Abb. 3: Aufschwung

Wann läßt sich ein Ende der Aufschwungstendenz erwarten? Die Kraft der positiven Rückkopplung über die Binnennachfrage könnte auf verschiedene Weise gebrochen werden, wenn etwa durch technischen Fortschritt die Zahl der neugeschaffenen Arbeitsplätze relativ verkleinert wird, wenn die Reallöhne durch Inflation oder durch eine für die Erwerbstätigen nachteilige Lohnpolitik geschmälert werden, oder wenn der Akzelerator nicht mehr greift, etwa bei einer weltweiten Rezession, einem Börsenkrach oder bei hohen Kreditzinsen. Klarerweise wird auch die Außenhandelsposition eine Rolle spielen. Wie in allen hier angeführten Beispielen für Rückkopplungen werden Variablen, die nicht direkt innerhalb der Schleife liegen, also auch die Effekte des Außenhandels, in den Graphiken vernachlässigt.

2.2.3 Stabilisierung des Auslastungsgrades

In der zweiten Hälfte der 70er Jahre und der ersten Hälfte der 80er Jahre konnte unter den Bedingungen einer längerfristigen Nachfrageschwäche in vielen reifen kapitalistischen Ländern, insbesondere in den USA und in der Bundesrepublik Deutschland, eine neue Reaktionsweise des Managements vor allem der großen Unternehmungen festgestellt werden. Die überschüssigen Kapazitäten wurden nicht mehr - wie in früheren Phasen der schwachen Konjunktur - außer Betrieb gestellt, sondern nur vorübergehend stillgelegt, was sich auf der Arbeitsmarktseite in Kurzarbeit niederschlug. Dieses Verhalten ermöglicht es den Betrieben, im Falle einer wieder anspringenden Konjunktur durch eine Erhöhung des Auslastungsgrades sofort wieder am Markt präsent zu sein.

Obwohl die Situation in den fünf neuen Ländern zunächst keiner reifen Marktwirtschaft entspricht, wurde der hier dargestellte Zusammenhang dennoch in die frühen Varianten des Modells eingebaut, da anzunehmen ist, daß bei einem mismatch des Angebots und der Nachfrage die Rücknahme der Auslastung eine arbeitsmarktpolitisch günstigere Variante als die irreversible Stillegung von Betrieben darstellt. Kurzarbeit wäre dann der sichtbare Ausdruck von Unterauslastung der Produktionskapazitäten. Die Suche nach einem konkreten Mechanismus führte uns auf einen Adaptionsprozeß, der von der Differenz zwischen erwünschter und tatsächlicher Lagerquote gesteuert wird (Abb. 4).[5]

Herrscht relative Überproduktion im Vergleich zur volkswirtschaftlichen Endnachfrage vor, wird sich der Lagerbestand und damit die Lagerquote, die als Quotient aus Lagerbestand zu Endnachfrage definiert ist, erhöhen. Im Zuge des Übergangs zur Marktwirtschaft reduziert sich die gewünschte Lagerquote jedoch im Vergleich zu den alten Verhältnissen radikal.[6] Die Unternehmen reagieren mit der Herabsetzung der Auslastung (und mit der Anmeldung von Kurzarbeit). Damit kann ceteris paribus die Lagerquote verringert werden.

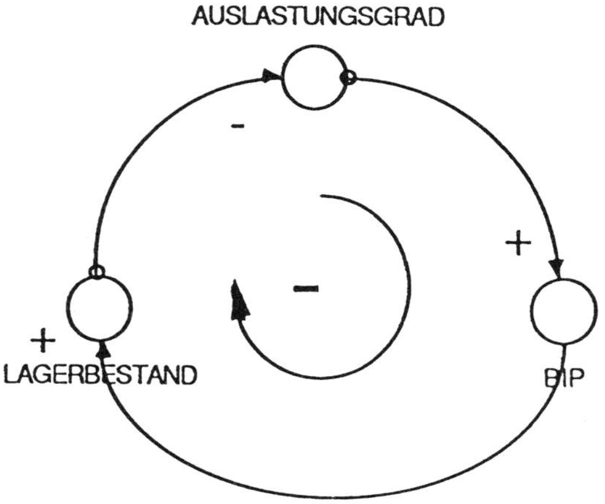

Abb. 4: Stabilisierung des Auslastungsgrades

[5] Siehe dazu auch Bruckmann, G. und P. Fleissner (Hg), Am Steuerrad der Wirtschaft, Ein ökonomisch-kybernetisches Modell für Österreich, Wien New York 1989.

[6] Wir haben für die DDR 1988 eine Lagerquote von 0.57 gemessen, für die neuen Verhältnisse eine von 0.3angenommen.

2.2.4 Emigration (negative Rückkopplung)

Diese negative Rückkopplungsschleife (Abb. 5) ist unter der Voraussetzung wirksam, daß eine hohe demographische Arbeitslosigkeit[7] nach einer Zeitverzögerung von etwa einem Jahr EmigrantInnen im Gesamtausmaß von 22 Prozent der Arbeitslosen induziert. Die EmigrantInnen rekrutieren sich nach Altersgruppen unterschiedlich: Nach unseren Annahmen emigrieren Männer und Frauen im erwerbsfähigen Alter im Ausmaß von 20 Prozent der Arbeitslosen, von den Kindern jedoch nur ein Zehntel der Anzahl der Personen im arbeitsfähigen Alter. Für RentnerInnen wurde keine Emigration durch Arbeitslosigkeit angenommen.

Die Emigration reduziert die Bevölkerungszahl, insbesondere das Arbeitskräfteangebot, und senkt daher die Arbeitslosigkeit, allerdings bloß auf demographischem Wege. Damit ist der Regelungskreis geschlossen. Er kann allerdings nur insoweit als Stabilisator erfolgreich sein, wie die Arbeitslosigkeit durch die Demographie bestimmt wird. Tatsächlich ist die Arbeitslosigkeit aber auch vom Arbeitsplätzeangebot her beeinflußt Eine Reduktion der Arbeitsplätze durch Betriebsstillegungen erhöht also trotz der Existenz dieses Stabilisators kurzfristig die Arbeitslosigkeit. Erst mittelfristig wird sein reduzierender Einfluß wirksam, einerseits wegen der eingebauten Verzögerung von einem Jahr, andererseits wegen der Emigration, die sich pro Jahr in ihrer Quantität auf rund ein Fünftel der Arbeitslosen beschränkt.

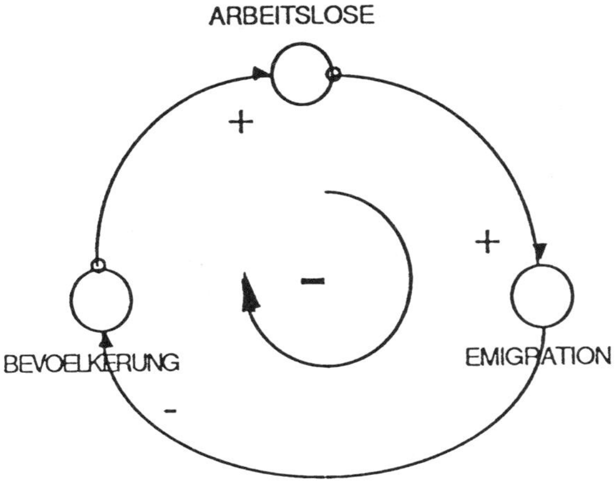

Abb. 5: Emigration

[7] Darunter verstehen wir die Differenz zwischen dem Arbeitskräfteangebot und der Anzahl der nachgefragten Arbeitsplätze. Das Arbeitskräfteangebot errechnen wir aus der Zahl der Personen im arbeitsfähigen Alter mal der Erwerbsquote aus der DDR minus der Zahl der Pendler. Die demographischen Arbeitslosen setzen sich aus KurzarbeiterInnen, registrierten Arbeitslosen, sowie aus Personen im Vorruhestand, in Umschulungs- oder ABM-Maßnahmen zusammen.

3. Einige Modellergebnisse

Die bisher bekannten Daten über Arbeitslosigkeit und Kurzarbeit wurden zur *Eichung* des Modells herangezogen. Darunter verstehen wir die Veränderung der Parameter so, daß das Modell die Wirklichkeit möglichst korrekt nachspielt. Tragischerweise (nur für die Modellkonstrukteure zum Glück) lagen unsere ersten Schätzungen nicht allzuweit von den dramatischen Daten der Wirklichkeit entfernt.[8] Anhand von Abbildung 6 läßt sich die Qualität der Anpassung des Modells an die Daten der Vergangenheit für die Entwicklung der *Arbeitslosen* und für die *Kurzarbeit* ablesen. Die strichlierten Linien entsprechen den tatsächlichen Werten. Die durchgezogenen Kurven zeigen den aufgrund der Modellannahmen simulierten Verlauf von 1989 bis zum Beginn des Jahres 1995.

Der Eichprozeß ergibt für den bisherigen Verlauf (bis Februar 1991) der Vernichtung von fixem Kapital durch Stillegung eine relativ langsame *Stillegungsgeschwindigkeit* der alten unprofitablen Industrien mit etwa 16 Prozent pro Jahr (gemessen am fixen Kapitalbestand) über die im Westen übliche Aussonderungsrate von 3.3 Prozent hinaus (die einer Lebensdauer des fixen Kapitals, also Ausrüstungen und Bauten, von 30 Jahren entspricht). Diese Stillegungsgeschwindigkeit wurde im Modell für die weitere Rechnung bis zur Mitte des Jahres 1992 mit einer Exponentialfunktion gewichtet, die mit 10 Prozent jährlich abklingt. Stillegungsgeschwindigkeit und -dauer sind von zentraler Bedeutung für die Modellergebnisse. Sind die Betriebe in Ostdeutschland nach den angenommenen Stillegungen noch immer nicht konkurrenzfähig und müssen weitere Betriebe schließen, wird die Arbeitslosigkeit höher sein als errechnet. Insbesondere betrifft dies die Periode des Spätsommers 1991, wo viele Subventionsmaßnahmen für die Betriebe und Zeitverträge der öffentlich Bediensteten auslaufen.

Nach Abschluß der Stillegungsperiode werden im Modell Arbeitsplätze nur noch durch direkte Substitution in kleinerem Umfang vernichtet, indem wie bisher im Westen alte Anlagen durch neue und produktivere ersetzt werden. Die Beschäftigung geht zwar weiter zurück, allerdings viel langsamer (Abb. 7). Das Brutto-Inlandsprodukt der alten DDR geht zunächst durch die Abwanderung von Arbeitskräften leicht zurück, steigt dann wegen des Rückganges von Importen und erfährt um die Jahresmitte 1990 eine Umwertung in DM, schrumpft durch steigende Importe aus den alten Ländern, später durch Stillegungen an Kapazitäten, die den Kapitalbestand verkleinern, und durch reduzierte Kaufkraft wegen gestiegener Arbeitslosigkeit und Kurzarbeit. Erst mit dem Ende der Stillegungen zeigen sich die ersten und langsamen Zeichen einer wirtschaftlichen Erholung.

---

[8] Siehe dazu Peter Fleissner et al, Wirtschaftliche und soziale Zukünfte Ostdeutschlands: Struktur und Ergebnisse des Simulationsmodells TRANSIT-DDR, in: Kurswechsel 4/1990, S. 21-37.; Peter Fleissner, Udo Ludwig (Hrsg.), Ostdeutsche Wirtschaft im Umbruch, Vieweg, Wiesbaden, 1992.

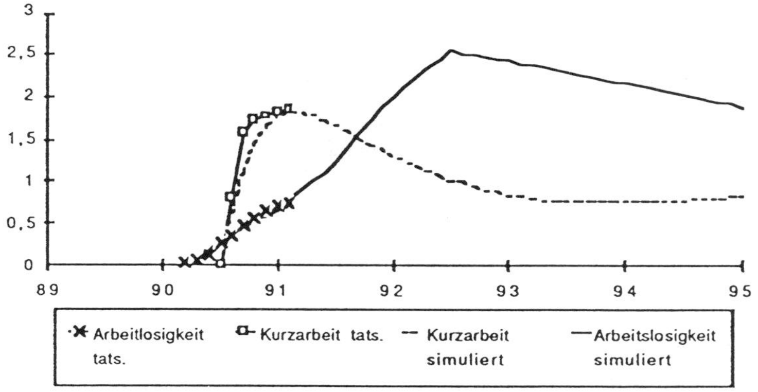

Abb. 6: Arbeitslosigkeit und Kurzarbeit (Millionen Personen) in den fünf neuen Ländern, Simulation und Wirklichkeit

Auf den ersten Blick scheint der Rückgang der Beschäftigung in Abbildung 7 (Ltats) und die gleichzeitige Abnahme der Arbeitslosigkeit in Abbildung 6 (Alos) einen Widerspruch anzudeuten. Er läßt sich jedoch mit der Abwanderung aus den neuen Bundesländern erklären, die einen erheblichen Umfang annehmen wird. Dadurch geht das Arbeitskräftepotential schneller zurück als die Beschäftigung, was sich in einer schrumpfenden Arbeitslosigkeit niederschlagen muß.

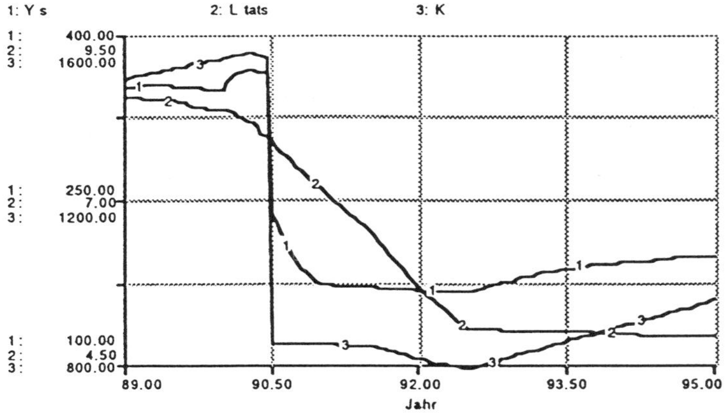

Abb. 7: Brutto-Inlandsprodukt Ys (in Mrd. M bzw. DM), tatsächlich Beschäftigte Ltats (in Mio. Personen) und Kapitalbestand K (in Mrd. M bzw. DM) in den fünf neuen Ländern, simuliert ab 1989

Die angenommene, relativ niedrige Stillegungsrate impliziert eine langsame Zunahme der Arbeitsproduktivität (AP) der neuen Länder verglichen mit der Altrepublik (Abbildung 8). Die kurzfristige Zunahme der DDR-Arbeitsproduktivität vor der Wirtschaftsunion ist auf die Abwanderung von Arbeitskräften und einen vorübergehenden Importrückgang im ersten Quartal 1990 zurückzuführen. Nach dem Umwertungssprung anfangs Juli 1990 nimmt die Arbeitsproduktivität in den neuen Ländern nach einem kurzfristigen Rückgang durch den Verlust der Exportmöglichkeiten etwa parallel zur Arbeitsproduktivität der BRD zu, ohne sie jedoch einzuholen.

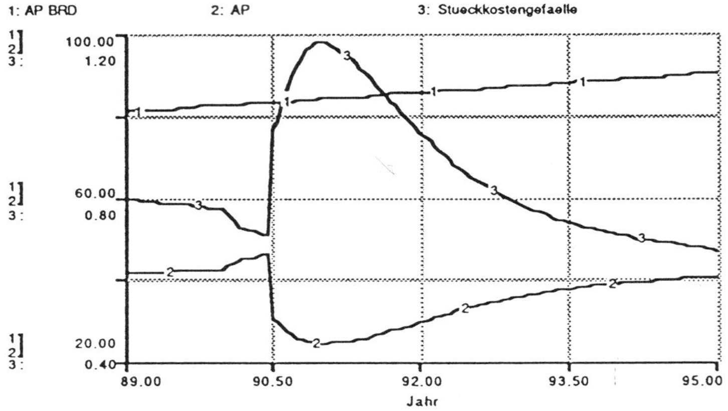

Abb. 8: Arbeitsproduktivitäten in der alten Bundesrepublik (AP BRD), in den fünf neuen Ländern (AP) und Stückkostengefälle (ex-DDR/alt-BRD) ab 1989 (in 1000 M bzw. DM)

Hier zeigt sich das *Hauptdilemma* des Übergangs der ex-DDR zum Kapitalismus zwischen zwei wirtschafts- und sozialpolitischen Antipoden: der Skylla *hoher Arbeitslosigkeit* und der Charybdis niedriger Arbeitsproduktivität bzw. *hoher Stückkosten*. Bleibt unter den Rahmenbedingungen des obigen Szenarios die Zahl der als arbeitslos gemeldeten Personen relativ klein, ist die Arbeitsproduktivität ebenfalls niedrig und damit das Stückkostengefälle[9] 1991 noch ziemlich hoch. Die Konkurrenzfähigkeit der ex-DDR-Waren, die noch dazu nicht immer das Qualitätsniveau der Alt-BRD erreichen, wird durch die erhöhten Stückkosten (verglichen mit der Altbundesrepublik) reduziert. Die Stillegungen unrentabler Betriebe führen jedoch relativ rasch zu einem Angleichen der Lohnstückkosten auf BRD-Niveau, allerdings unter der Voraussetzung mittelfristig

[9] Das Stückkostengefälle soll die Lohnkosten pro Umsatzeinheit für ex-DDR-Waren im Vergleich mit der alten Bundesrepublik zum Ausdruck bringen. Es dient als Indikator der Konkurrenzfähigkeit.

nur langsam wachsender Löhne in den neuen Ländern. Würde andererseits eine Crash-Politik betrieben werden, indem die Stillegungen rascher erfolgen und die Arbeitsproduktivität bei niedrigen Löhnen schneller wächst, könnte die Arbeitslosenquote Werte erreichen, die seit Kriegsende in keinem kapitalistischen Land Europas mehr aufgetreten sind.

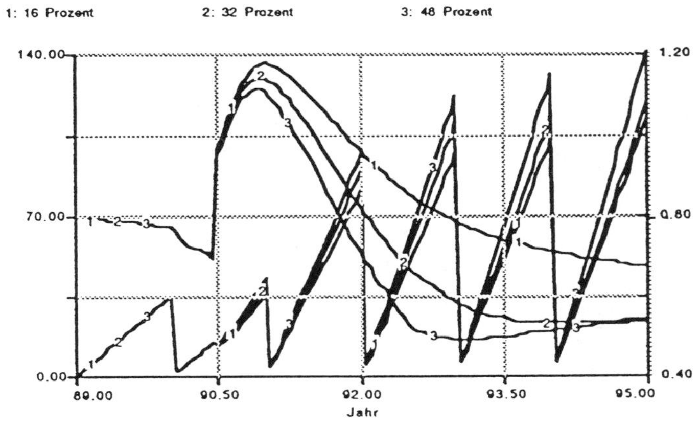

Abb. 9: Das fiktive jährliche Defizit des Staatshaushalts (Sägezahn, linke Skala in Mrd. DM) der neuen Länder und das Stückkostengefälle (rechte Skala) in Abhängigkeit von der Stillegungsrate (in Mrd. M bzw. DM)

Die Simulation des Defizits eines fiktiven öffentlichen Haushalts Ostdeutschlands weist auf höhere finanzielle Belastungen im Falle rascher Stillegung hin (siehe die sägezahnähnliche Struktur in Abbildung 9. Das Haushaltsdefizit kann am jeweiligen Jahresende als Spitzenwert des Zahns in Mrd. DM abgelesen werden), obwohl sich andererseits die Stückkosten im Vergleich zu den alten Ländern günstiger entwickeln (siehe die hakenförmige Kurventriade).

4. Schlußbemerkung

In der griechischen Sage, wo Skylla ein sechsköpfiges Ungeheuer verkörperte und Charybdis einen die Schiffe verschlingenden Strudel, war es mit einigem Geschick immerhin möglich, beiden Gefahren auszuweichen und glücklich durchzusteuern. In Ostdeutschland gibt es unter den herrschenden Bedingungen diese Möglichkeit nicht: Dort wird noch jahrelang gleichzeitig hohe Arbeitslosigkeit, zu niedrige Arbeitsproduktivität und ein hoher Finanzierungsbedarf aus den Staatskassen herrschen. So paradox es auch klingen mag: In dieser schwierigen Situation auf dem Weg in den Kapitalismus verspricht eine Neuauflage der Wirtschaftsplanung, durch die Entfaltung von Beschäftigungsprogrammen und Investitionslenkung wesentlich bessere Resultate als eine laissez-faire Strategie, die sich alleine auf die heilende Wunderkraft des Marktes verläßt.

5. Anhang: Die Stella-Symbolik

Neben den Bestands-, Hilfs- und Flußgrößen, die analoge Bedeutung wie in Forresters Dynamo besitzen, erlaubt Stella die Verwendung einer einzigen Art von kausaler Verknüpfung, den Kausalpfeil:

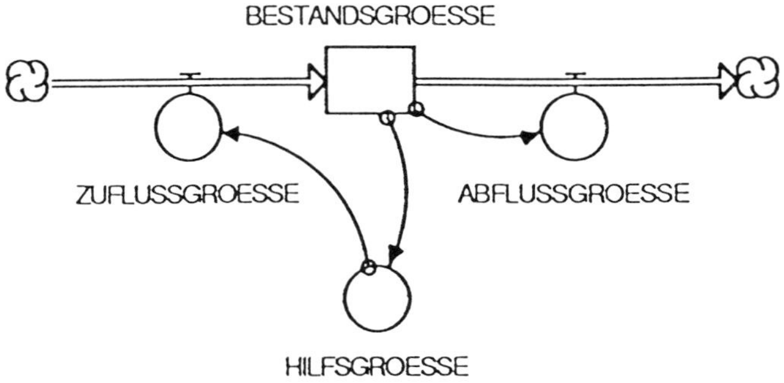

3. Praxis der Komplexitätsbewältigung

Hilfsmittel zur Komplexitätsbewältigung im Tagesbetrieb von Container-Umschlaganlagen

von *Hartmut Schäfer* und *Klaus Henning*[1]

1. Einleitung

Die Offenheit von Unternehmen gegenüber ihrer Umwelt, die Dynamik der Entwicklungen, die Anforderungen an Produkte und Leistungen, die Spezialisierung von Unternehmen sowie deren interne und externe Vernetzungen führen zu einer Steigerung der Komplexität innerhalb von Unternehmen (Rieckmann/Weissengruber, 1989). Als Folge sehen sich die Menschen in Unternehmen häufig vor komplexe Aufgaben gestellt: Situationen müssen selbst bei Informationsmangel schnell und richtig erfaßt, komplizierte Sachverhalte analysiert, Ziele erkannt, Handlungsalternativen diskutiert und schließlich Entscheidungen schnell getroffen werden.

Die Bewältigung dieser Komplexität durch die Mitarbeiter ist nicht nur vom Maß der Komplexität sondern vielmehr von deren individuellen Wahrnehmungen und den Fähigkeiten zum Umgang mit Komplexität selbst abhängig. Hilfsmittel, die die Bewältigung der Komplexität unterstützen, sollen folglich hier ansetzen. Ihr Einsatz kann sich jedoch zum Bumerang entwickeln und möglicherweise die Komplexität eher steigern denn reduzieren. Basierend auf dieser Erkenntnis und praktischen Erfahrungen werden deshalb im folgenden Anforderungen an Gestaltung und Einsatz von Hilfsmitteln formuliert. Beispielhaft wird sodann die Komplexität beim täglichen Betrieb einer Container-Umschlaganlage untersucht und Hilfsmittel zu deren Bewältigung beschrieben. Anhand eines dieser Hilfsmittel, einer Dispositionstafel, wird überprüft, inwiefern die genannten Anforderungen erfüllt werden. Der letzte Abschnitt behandelt schließlich die betriebliche Einführung von Hilfsmitteln zur Komplexitätsbewältigung.

[1]Dipl.-Ing. Hartmut Schäfer und Prof. Dr.-Ing. Klaus Henning, Fachgebiet kybernetische Verfahren und Didaktik der Ingenieurwissenschaften (KDI), RWTH Aachen, Rolandstr. 7-9, 5100 Aachen

2. Komplexität

Komplizierte Systeme enthalten im Gegensatz zu einfachen Systemen viele verschiedene Elemente, die wiederum durch viele verschiedene Beziehungen miteinander verbunden sind. Sind Elemente und Beziehungen abhängig von der Zeit, so wird das komplizierte zum komplexen System (Ulrich/Probst, 1988). Das Verhalten eines solchen Systems ist nicht reproduzierbar, nicht prognostizierbar und nicht berechenbar (Marks, 1991). Dies gilt in besonderem Maße für soziotechnische Systeme, denn die Informations-, Entscheidungs- und Handlungsprozesse der in solchen Systemen arbeitenden Menschen sind nicht durch feste und präzise Regeln zu beschreiben (Henning/Kutscha, 1991). Offene Systeme gelten ebenso als komplex, da ihre Interaktionen mit der Umwelt dynamisch sind. Zudem erhöhen erwünschte und erzwungene Rückkopplungen ihrerseits die Komplexität (Marks, 1991).

Es ist offensichtlich, daß die gezielte Bewältigung der Komplexität soziotechnischer Systeme deren Wahrnehmung voraussetzt. Neben den individuellen Fähigkeiten, mit Komplexität umzugehen, spielt also die Fähigkeit zur Wahrnehmung der Komplexität eine entscheidende Rolle. Dabei verläuft der Grad der Wahrnehmung nicht notwendigerweise proportional zum Grad der Bewältigung. Beispielsweise kann erst die Wahrnehmung einer kritischen Komplexität zu einer zufriedenstellenden Bewältigung führen, andererseits aber auch die Wahrnehmung der tatsächlichen Komplexität verwirren und die Bewältigung hemmen. Beispielsweise ist sowohl unter Informationsmangel als auch unter einer Flut von Informationen die Handlungsfähigkeit beeinträchtigt. Das Maß der Bewältigung - sofern man überhaupt in diesem Zusammenhang von einem Maß sprechen kann - ist selbstverständlich zusätzlich abhängig von dem tatsächlichen Maß an Komplexität und von den individuellen Verhaltensweisen, Kenntnissen und Fähigkeiten der Mitarbeiter/innen.

Komplexität als solches kann also nicht als objektive Beschreibungsgröße eines Systems herangezogen werden (siehe auch Strina/Hartmann, 1992). Dennoch scheint eine Charakterisierung von Systemen durch deren Komplexität für die weiteren Betrachtungen hilfreich. Nach Malik läßt sich die Komplexität von Systemen mittels der Varietät beschreiben und quantifizieren. "Die Varietät ist die Anzahl der unterscheidbaren Zustände eines Systems, bzw. die Anzahl der unterscheidbaren Elemente einer Menge" (Malik, 1986). Im Falle eines dynamischen Systems ist neben der aktuellen Varietät, d.h. den tatsächlichen Zuständen des Systems, besonders dessen potentielle Varietät zu betrachten, die die möglichen Zustände kennzeichnet. Zur Wahrnehmung dieser potentiellen Varietät sind Hilfsmittel anwendbar, die aufzeigen, welche weiteren möglichen Zustände vom System angenommen werden können, und damit die wahrgenommene potentielle Varietät weiter erhöhen. Ebenso sind Hilfen denkbar, die der Bewältigung der Komplexität dienen. Anforderungen an Gestaltung und Einsatz solcher Hilfsmittel sollen im folgenden beschrieben werden.

3. Anforderungen an Hilfsmittel

Wie aber ist ein komplexes System unter Kontrolle zu bringen? Nach Malik ist dazu ein mindestens ebenso komplexes System erforderlich," da die verfügbare Lenkungsvarietät relativ zu den beabsichtigten Zielen mindestens so groß sein muß, wie die Varietät des zu lenkenden Systems" (Malik, 1986). Die Komplexität zu beherrschen bedeutet also, die Regulation des Systems zu erreichen. Für möglicherweise einzusetzende Hilfsmittel bedeutet dies jedoch nicht, daß die Komplexität der Hilfsmittel der des zu bearbeitenden Systems mindestens ebenbürtig sein muß. Vielmehr zielen Hilfsmittel darauf ab, die Menschen bei der Bewältigung der Komplexität zu unterstützen und so die Regulation des Systems zu erreichen. Unter Hilfsmittel sind dabei nicht allein technische Komponenten sondern ebenso Strategien und Techniken, Qualifikationen und organisatorische Maßnahmen zu verstehen.

Wie zuvor festgestellt, können die Hilfsmittel einerseits der *Wahrnehmung* der Komplexität dienen, andererseits der *Bewältigung* der wahrgenommenen Komplexität selbst. Malik beschreibt für die Beherrschung von Komplexität zwei Wege: *Komplexitätsbeherrschung durch Ordnung* und *Komplexitätsbeherrschung durch Problemlösen* (Malik, 1986).

Eine weitere Möglichkeit, Komplexität zu bewältigen, liegt in der *Reduktion der Komplexität* (Laux/Liermann, 1987). Dies wird im Falle hoher Komplexität erforderlich, wenn die menschlichen Fähigkeiten, Information aufzunehmen, zu speichern und zu verarbeiten, nicht ausreichen und als Folge suboptimale Lösungen entwickelt werden. Bei der Reduktion von Komplexität ist jedoch die korrekte Wahrnehmung des Systems zu gewährleisten. Strina/ Hartmann sprechen in diesem Zusammenhang von der Suche nach einem gemäßigten Komplexitätsgrad, der sowohl für den Einzelnen als auch für die Organisation (z.B. Arbeitsgruppe, Abteilung, Firma) ausreichend ist (Strina/ Hartmann, 1992). Diese *Komplexitätsdimensionierung* kann gleichwohl eine Reduktion wie eine Steigerung der Komplexität durch differenziertere Wahrnehmung bedeuten.

Erfolgreich einzusetzende Hilfsmittels sollten also zumindest einem der genannten Prinzipien folgen. Um die Wahrnehmung der Komplexität zu verbessern, muß das Hilfsmittel unbedingt die *Verbesserung der Transparenz* der Systemzusammenhänge erwirken. Eine geeignete Darstellung des betrachteten Systems beispielsweise hilft, Zusammenhänge und Verhalten besser zu erkennen.

Bevor die Entwicklung eines entsprechenden Hilfsmittel beginnen kann, müssen im Kreis der Beteiligten die subjektiv unterschiedlichen Wahrnehmungen von Komplexität abgeglichen und diese verifiziert werden. Dies gilt um so mehr, je mehr technische Hilfsmittel zur Unterstützung eingesetzt werden sollen. Dazu empfiehlt sich die *partizipative Gestaltung* der Hilfsmittel. Erst der von Entwickler und Anwender gemeinsam durchgeführte Gestaltungsprozeß erlaubt ein auf die Bedürfnisse der Anwender abgestimmtes Hilfsmittel nebst einer Steigerung der Akzeptanz. Vorschläge für die Zusammenarbeit von Anwendern und Entwicklern liefert z.B. eine Empfehlung zur "Sozialverträglichen Gestaltung von Automatisierungsvorhaben" (VDI, 1989).

Darüber hinaus lassen sich weitere Anforderungen an Hilfsmittel formulieren, die deren Anwendung erheblich erleichtern können:

Die *Angemessenheit* des Hilfsmittels hinsichtlich Kenntnisstand und Qualifikation der Anwender ist insofern von Bedeutung, als daß dessen Nutzung die Komplexität der Aufgabenstellung nicht weiter erhöht. Insbesondere bei der Entwicklung technischer Hilfsmittel ist darauf zu achten, daß das Hilfsmittel bestmöglich an Aufgabenstellung und personelle Randbedingungen anzupassen ist. Dazu eignet sich z.B. das Duale Entwurfsverfahren (Henning/Kutscha/Bohnhoff, 1990; Ochterbeck, 1989).

Die *Selbsterklärungsfähigkeit* des Hilfsmittels soll dessen Einsatz auch durch ungeübte oder ständig wechselnde Anwender (z.B. bei Schichtwechsel oder Job-rotation) erleichtern. In diesem Zusammenhang sei darauf verwiesen, daß ein in der Sprache der Mitarbeiter/innen gehaltenes Hilfsmittel wesentlich zu dessen effizienten Nutzung beiträgt (Bell, 1991).

Der *Mehrbenutzerfähigkeit*, d.h. der Möglichkeit der (auch simultanen) Benutzung des Hilfsmittels durch mehrere Mitarbeiter/innen mit unterschiedlichen Fähigkeiten, ist durch eine entsprechende Gestaltung Rechnung zu tragen. Sie gilt insbesondere für technische Hilfsmittel. Der reibungslose Übergang bei Nutzungswechsel und die gemeinsame Nutzung des Hilfsmittels soll somit erreicht werden.

Mittels *Erfahrungsrückführung* soll das Hilfsmittel den Anwendern Rückmeldungen zur Reflexion und Diskussion komplexer Abläufe geben. Neben dem Erfahrungszuwachs kann gleichzeitig ein Beitrag zur Motivationssteigerung geliefert werden (Hacker, 1986; Harendt, 1992). Dies ist die Basis für die Weiterentwicklung der individuellen Fähigkeiten zum Umgang mit Komplexität, und somit für das Überleben in dynamischen Systemen.

Die *Ausbaufähigkeit*, d.h. die Möglichkeit der Anpassung und Weiterentwicklung des Hilfsmittels, ist anzustreben. Dank der Erfahrungsrückführung ist eine Anpassung der Hilfsmittel an die Bedürfnisse ihrer Anwender und an neue Aufgabenstellungen zu erwarten. Nach Möglichkeit soll diese Anpassung durch die Mitarbeiter selbst oder aber in enger Absprache mit ihnen durchgeführt werden.

Ein wichtiger Aspekt bei der Gestaltung der Hilfsmittel sollte nicht außer Acht gelassen werden: Die Zielgruppe, also die Anwender der Hilfsmittel, erfahren die Komplexität ihres Systems in der Regel anders, als die Gestalter der Systeme bzw. der Hilfsmittel. Die Annahme, Komplexität und deren Bewältigung sei bereits bei der Gestaltung von Systemen zu erfassen und zu steuern, gilt als Element einer konstruktivistisch-technomorphen Herangehensweise. Bedingt durch die Dynamik und Offenheit kann dieser Ansatz allerdings komplexen Systemen nicht gerecht werden. Der systemische Ansatz hingegen liefert bei der Komplexitätsbewältigung weniger ideale Lösungen, ist aber in komplexen Systemen praktisch einsetzbar (Malik, 1986). Aus diesem Grunde sollen zur Bewältigung von Komplexität vorrangig evolutionäre Strategien betrachtet werden.

4. Komplexität beim Betrieb von Container-Umschlaganlagen

Im folgenden soll beispielhaft eine Container-Umschlaganlage betrachtet werden. Dabei handelt es sich um einen Umschlagbahnhof des sog. Kombinierten Verkehrs. Bei dieser Verkehrsart werden neben Containern auch Wechselbrücken von Lastkraftwagen (LKW), Sattelauflieger und komplette LKW[2] einen Großteil ihres Weges auf der Schiene mittels dafür vorgesehener Waggons (Tragwagen) transportiert. In Umschlagbahnhöfen erfolgt die Be- und Entladung der zusammengestellten Züge durch leistungsstarke Portalkräne oder mobiles Umschlaggerät. Als Schnittstelle zwischen den Material- und den zugehörigen Informationsflüssen der Verkehre auf der Schiene und der Straße bilden Umschlagbahnhöfe das Nadelöhr dieser Transportkette (Ochterbeck, 1989). Hier treffen Anforderungen und Charakteristika der beiden Verkehre, die sich seit Jahren unabhängig voneinander entwickeln, aufeinander.

Gegenstand der weiteren Betrachtung ist ein Umschlagbahnhof mittlerer Größe, der nach neuesten Erkenntnissen gestaltet ist (Abb. 1). Der Umschlagbereich besteht aus vier 700 m langen Gleisen, einer LKW-Ladespur, einer Fahrspur und einer Zwischenlagerspur. Die Umschlagskapazität liegt bei ca. 400 Ladeeinheiten pro Tag. Der Umschlag erfolgt durch zwei Portalkräne. LKW befahren die Anlage im Einbahnstraßenverkehr. Bevor sie in den Gleisbereich einfahren, passieren sie einen Autoschalter. Dort befinden sich Mitarbeiter/innen, die die unverzügliche Behandlung der LKW sicherstellen und Aufgaben der Planung und Disposition durchführen. Im Umschlagbereich selbst operieren Kranführer und Platzmeister. Im Ausfahrtbereich finden sich ebenso Mitarbeiter/innen zur Abfertigung ausfahrender LKW. Das Personal, das gleichermaßen an den jeweiligen Umschlägen beteiligt ist, ist folglich in der Anlage verteilt.

Der Tagesablauf im Umschlagbahnhof beginnt morgens vor Öffnung der Autoschalter mit der Einfahrt beladener Züge in den Umschlagbereich. Daten der Ladeeinheiten und Tragwagen müssen zur weiteren Behandlung aufgenommen werden. Vormittags erreichen hauptsächlich LKW das Terminal, die schienenseitig angekommene Ladeeinheiten abholen. Jedoch können auch bereits Ladeeinheiten angeliefert werden.

Gegen Mittag sind in der Regel die meisten der morgens eingetroffenen Ladeeinheiten abgeholt. Die Tragwagen müssen nun vom Rangierpersonal zu

[2] Container, Wechselbrücken und Sattelauflieger werden mit dem gemeinsamen Begriff Ladeeinheiten bezeichnet.

neuen Zügen zusammengestellt werden. Nachmittags treffen hauptsächlich LKW ein, die Ladeeinheiten für den Weitertransport auf der Schiene anliefern. Diese Ladeeinheiten müssen vom Kunden angemeldet sein. Nur einige LKW holen nachmittags Ladeeinheiten ab. Häufig steht nicht ausreichend Platz zur Verfügung, so daß ein Zwischenlager zu nutzen ist. Nach dem Ladeschluß werden die Züge für den Versand vorbereitet und fahren über Nacht ihrem Zielbahnhof entgegen.

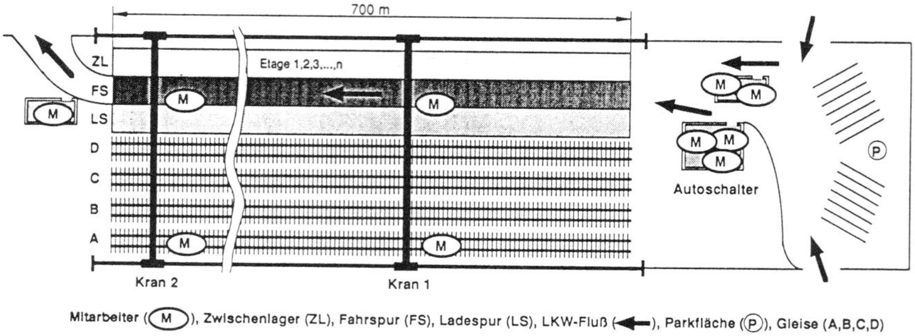

Abb. 1: Prinzipskizze eines modernen Umschlagbahnhofs mittlerer Größe

Die Mitarbeiter/innen des Umschlagbahnhofs haben - jeder an seiner Arbeitsstelle - dafür zu sorgen, daß die Umschläge korrekt und betriebssicher, wirtschaftlich, schnell und kundenorientiert durchgeführt werden. Dabei sind Zielkonflikte nicht zu vermeiden. Je nach den vorherrschenden betrieblichen Randbedingungen sind unterschiedliche Oberziele nötig. Bedingt durch die in der Anlage verteilten Arbeitsplätze ist es zusätzlich erforderlich, Ziele untereinander abzustimmen und dafür zu sorgen, daß die an der Bearbeitung eines Auftrags beteiligten Mitarbeiter/innen keine konträren Ziele verfolgen.

Die Betriebsführung ist in dieser Situation durch folgende Planungsaufgaben gekennzeichnet:

1. *Kranung*: Reihenfolge der Kranungen in Abhängigkeit von Betriebszustand und Auftragssituation zur Reduktion der Kranfahrwege, der Umschlagsdauer oder der LKW-Wartezeiten.

2. *Ausgangszugdisposition*: Zusammenstellung der Ausgangszüge für die verschiedenen Zielrichtungen aus dem Bestand an verschiedenen Tragwagen unter Berücksichtigung der bis zu diesem Zeitpunkt angemeldeten Aufträge und

der Erfahrung über Auftragsänderungen und verspätete Anmeldungen sowie unter Kenntnis der Vorschriften für die Zugbildung.

3. *Zugbelegungsdisposition*: Belegung der im Gleis bereitgestellten Tragwagen mit den tatsächlich eintreffenden Ladeeinheiten in Abhängigkeit des Betriebszustandes, der Kranstandorte, der Platzverhältnisse in der Ladespur sowie zahlreicher Tragwagen- und Ladeeinheitenspezifischer Aspekte (Beladeschemata des Wagens, Gewicht, Bauart, Länge, Höhe, Ziel, Dringlichkeit der Ladeeinheit, bei Gefahrgut: bedingte Zusammenverladung mit anderen Ladeeinheiten, Sicherheitsabstände etc.).

4. *Zwischenlagerbelegung*: Räumliche Nutzung des Zwischenlagers für zu früh angelieferte bzw. zu spät abgeholte Ladeeinheiten in Abhängigkeit der o.g. ladeeinheitenspezifischen Aspekte, der Randbedingungen im Zwischenlager, der Kranfahrwege und Umschlagdauer etc.

5. *Tägliche Ablauforganisation*: Abfolge der täglich zu verrichtenden Aufgaben inkl. der vor- und nachbereitenden Tätigkeiten unter Berücksichtigung der Auftragssituation, des Kundenverhaltens, des zur Verfügung stehenden Personals und der einsetzbaren Geräte sowie besonderer Vorkommnisse.

6. *Personaleinsatz*: Zuordnung der zu verrichtenden Aufgaben zu vorhandenem Personal in Abhängigkeit von Qualifikationen, personellen Randbedingungen und der täglichen Ablauforganisation.

Die Entwicklung von Strategien für die aufgeführten Planungen erweisen sich aus vielerlei Gründen als problematisch. Die zahlreichen zu berücksichtigenden Elemente und Beziehungen sind in diesem soziotechnischen System in starkem Maße abhängig von der Zeit. Als offenes System unterliegt der Bahnhof unterschiedlichen unerwünschten Einflüssen. Allein Fahrplanabweichungen, Schwankungen im zur Verfügung stehenden Tragwagenbestand und die durch Kundenverhalten und Verkehrsbedingungen geprägten Änderungen der LKW-Ankunftszeiten führen täglich zu neuen Konstellationen und Turbulenzen. Hinzu kommen unvollständige und ungenaue Daten der täglich zum Umschlag angemeldeten Ladeeinheiten, so daß diese häufig kurzfristig erfaßt und bestehende Planungen abgeändert werden müssen. Da zahlreiche Prozesse nebenläufig sind, bedeutet dies einen Eingriff in eine hochvernetzte Situation. Das Verhalten des Systems "Umschlagbahnhof" ist folglich weder prognostizierbar noch berechenbar, und somit nach den eingangs getroffenen Vereinbarungen als "komplex" zu bezeichnen.

Es wundert nicht, wenn der Betrieb bestehender Anlagen aus den o.g. Gründen teilweise suboptimal abläuft und an ihn gestellte Anforderungen nicht erreicht sowie Richtlinien schwerlich eingehalten werden. Häufig haben die Mitarbeiter/innen - insbesondere wenn sie, bedingt durch ihren Arbeitsplatz, nur einen Teil der ablaufenden Prozesse wahrnehmen - keine Gelegenheit, die tatsächliche Komplexität rasch und ausreichend zu erkennen, so daß Maßnahmen zu deren Bewältigung nicht getroffen werden können. Ebenso ist zu beobachten, daß Mitarbeiter/innen die Komplexität zwar erkennen, jedoch wegen mangelnder oder nicht erkannter Handlungsspielräume zur Bewältigung der Komplexität nicht ausreichend beitragen. In diesem Fall wird häufig eine, von der Dynamik des Betriebs unabhängige, starre Arbeitsweise beobachtet. Beide genannten Fälle äußern sich u.a. in nicht ideal ausgelasteten Zügen, in langen LKW-Wartezeiten, in hohem Rangieraufwand, in Mehrfachkranungen zum Umschlag einer Ladeeinheit und in großen Belastungsspitzen für die Mitarbeiter. Der in jüngster Zeit zu verzeichnende steigende Einsatz von Rechnern schafft darüberhinaus zusätzliche Randbedingungen und führt zur Inflexibilität, wenn vorgegebene Abläufe einzuhalten sind. Die Einführung der Rechner steigert zu alledem die Komplexität, so daß mit Akzeptanzproblemen zu rechnen ist.

Häufig können jedoch dank der überschaubaren Größe einer Vielzahl bestehender Umschlagbahnhöfe und der über Jahre gewonnenen Erfahrungen der Mitarbeiter/innen befriedigende Leistungen erzielt werden, teilweise aber unter großer physischer und psychischer Belastung der Mitarbeiter/innen. Aus Gründen des derzeitigen Wachstums im Kombinierten Verkehr und des hieraus resultierenden Baus neuer größerer Anlagen wird allerdings die oben aufgezeigte Komplexität in Zukunft nicht mehr auf herkömmliche Weise bewältigt werden können. Geeignete Hilfsmittel zur Bewältigung werden erforderlich.

5. Terminal-Betriebsführungssysteme

Die Betriebsführung eines Umschlagbahnhofs (Terminal) gilt als Schlüssel zur Steigerung dessen Attraktivität und Leistungsfähigkeit und somit der Akzeptanz des Kombinierten Verkehrs. Durch frühzeitige Informationsbereitstellung, schnelle Verarbeitung und Weitergabe aller erforderlichen Daten an alle relevanten internen und externen Stellen, durch Flexibilisierung der Arbeitsorganisation, strategische Nutzung von Betriebsmitteln und durch geringe Anfälligkeit gegenüber Störungen soll ein kundengerechter Service und eine wirtschaftliche Betriebsabwicklung gewährleistet werden. Das zu diesem Zweck vom KDI entwickelte Terminal-Betriebsführungssystem will Informations- und Materialflüsse optimieren und die Handlungsfähigkeit der Mitarbeiter des Bahnhofs erhöhen.

Das Betriebsführungssystem besteht aus einer Reihe von Elementen, die ein Gesamtpaket bilden und nicht einzeln zur Anwendung kommen. Die wesentlichen Elemente sind nachfolgend vorgestellt. Einige dienen der Wahrnehmung und Bewältigung der oben beschriebenen Komplexität. Ein Element, die Dispositionstafel, wird im nächsten Abschnitt eingehend behandelt.

- *Rasterung des Umschlaggeländes*: Gleise-, Fahr-, Lade- und Zwischenlagerspur sind mit weißer Farbe deutlich in Sektoren unterteilt. Ladeeinheiten, LKW und Tragwagen lassen sich so im Umschlagbereich eindeutig lokalisieren und identifizieren.

- *Standverfahren*: Das Standverfahren ist ein Rangierverfahren, daß darauf abzielt, eingegangene und ausgehende Züge möglichst lange im Zugriffsbereich der Umschlaggeräte zu halten (Ochterbeck, 1989). Muß die Zugzusammensetzung etwa wegen des Ausrangierens von Schadwagen geändert werden, so geschieht dies in einer einmaligen Umstellphase. Durch konsequente Nutzung eines Zwischenlagers können ein- und ausgehende Sendungen deutlich getrennt werden.
- *LKW-Bedienung am Autoschalter*: Im Einfahrtbereich gelegene Autoschalter ermöglichen die frühzeitige und schnelle Erfassung von Auftragsdaten sowie die rechtzeitige Information der LKW-Fahrer.
- *Ladescheine*: LKW-Fahrer erhalten Ladescheine, die Ihnen Erläuterungen zum Auftrag und vor allem die Lade- bzw. Entladepositionen im Bahnhof benennen. Dem Bahnhofspersonal im Umschlagbereich stehen diese Ladescheine somit auch zur Verfügung.
- *Transparente Ablauforganisation*: Die Ablauforganisation zielt auf eine schnelle interne Informationsbereitstellung- und verarbeitung sowie auf einen transparenten Betriebsablauf. Dazu strebt sie insbesondere die Integration ehemals getrennter Aufgabenbereiche zu ganzheitlichen Tätigkeitsabfolgen an. Die Hierarchie der zugehörigen Aufbauorganisation ist flach ausgeprägt.
- *Dezentrale operative Planung*: Alle Mitarbeiter/innen im Umschlagbahnhof verfügen an ihren jeweiligen Arbeitsplätzen über eine große Menge an Wissen und Erfahrung. Eine Zentralisierung dieses Wissens zur zentralen Planung ist technisch kaum möglich. Stattdessen erleichtert die Verlagerung von Planungs- und Entscheidungsaufgaben zu den einzelnen Arbeitsplätzen die Planungsaufgaben. Die dezentrale operative Planung verknüpft Planung und Ausführung in einer Person eng miteinander.
- *Strategische Planung*: Zur Unterstützung der im vorangegangenen Abschnitt genannten Planungsaufgaben bietet das Betriebsführungssystem zahlreiche Strategien an. Diese werden den Mitarbeitern vorgeschlagen und müssen evtl. noch angepaßt und weiterentwickelt werden. Auch dafür stehen Hilfen zur Verfügung.
- *Rechnerunterstützung*: Der Grad der Rechnerunterstützung ist an die spezifischen Bedürfnisse von Anlage, Kunden und Mitarbeitern angepaßt. Es stehen Datenschnittstellen zu angeschlossenen externen Systemen zur Verfügung. Im Rahmen der Betriebsführung beinhaltet die Rechnerunterstützung ein Basispaket, das die Kommunikation und Datenhaltung unterstützt, und verschiedene

Zusatzfunktionen, die vornehmlich in größeren Bahnhöfen, in denen größere Datenmengen und komplexere Aufgaben zu bewältigen sind, zur Anwendung kommen. Dazu zählt u.a. die Übertragung von Daten zwischen Kränen und Autoschaltern.

- *Dispositionstafel*: Der komplette Umschlagbereich wird maßstäblich auf einer Tafel abgebildet. Ladeeinheiten und Tragwagen werden durch unterschiedliche maßstäbliche Symbolelemente dargestellt, die beweglich auf der Tafel positioniert werden können (Ochterbeck, 1989). Neben der Darstellung der Ist-Zustände im Bahnhof ist zusätzlich die Visualisierung der Planungs- und Dispositionsprozesse möglich. Die Tafel bietet einen großen Gestaltungsspielraum und ist einfach zu bedienen und zu erweitern.
- *Mitarbeiter-Zirkel*: Der Mitarbeiter-Zirkel dient dem regelmäßigen Treffen aller Bahnhofsmitarbeiter zur Diskussion mittelfristiger betrieblicher Belange. Er fördert zugleich die Kommunikation der Mitarbeiter/innen untereinander und deren Partizipation an der Weiterentwicklung des Betriebsführungssystems.

Durch Einbeziehung betroffener Mitarbeiter/innen mittels interaktiver Echtzeitsimulation wurde bereits in der frühen Entwicklungsphase eine Bewertung der Arbeitsabläufe und -inhalte bei gleichzeitigem Test der technischen Komponenten ermöglicht und so wertvolle Hilfe zur Weiterentwicklung des Systems eingeholt (Henning/Bohnhoff/Ochterbeck, 1990). Die interaktive Echtzeitsimulation eignet sich darüber hinaus zur Entwicklung von Prozessabläufen und Strategien im Rahmen der Schulungsmaßnahmen.

Schließlich vermittelt ein auf Kenntnisse, Qualifikationen und Bedürfnisse der Mitarbeiter/innen abgestimmtes Schulungsprogramm neben den erforderlichen fachlichen Kenntnissen überfachliche Qualifikationen, die für den Erfolg des Betriebsführungssystems von außerordentlicher Bedeutung sind. Dazu zählen Einblick in die Systemzusammenhänge, Gruppenarbeit, operative Planung und gemeinsame Problemlöseprozesse an Beispielen aus der täglichen Praxis.

6. Dispositionshilfsmittel unter der Lupe

Von den zuvor genannten Elementen des Terminal-Betriebsführungssystems zur Verbesserung der Wahrnehmung bzw. der Bewältigung von Komplexität soll im folgenden die diesbezügliche Rolle der Dispositionstafel, einem wesentlichen Element des Betriebsführungssystems, erläutert werden.

Die Tafel ist im Abfertigungsschalter des Bahnhofs angebracht und kann somit zur Behandlung der LKW und ebenso für Planungs- und Dispositionsaufgaben benutzt werden. Wie in Abschnitt 4 erläutert, wird in die Ausgangzug- und Zugbelegungsdisposition unterschieden. Für die in Abb. 1 gennante Gleiskonfiguration kann die Aufgabe bspw. darin bestehen, 80 Tragwagen, die sich aus ca. 20 verschiedenen Tragwagentypen zusammensetzen, entsprechend der zum Versand angemeldeten Ladeeinheiten und der betrieblichen Erfahrungen zu Ausgangszügen zusammenzustellen, um darauf sodann den angemeldeten Ladeeinheiten und nach und nach den tatsächlich angelieferten Ladeeinheiten in Abhängigkeit von vielerlei Kriterien Positionen auf Tragwagen und somit im Gleisbereich zuzuweisen. Bei den Ladeeinheiten unterscheidet man in etwa ein Dutzend Typen, die je nach Beladevorschriften einzeln, zu zweit, zu dritt oder zu viert auf einen Wagen verladen werden können. Die sich ergebende potentielle Varianz ist beträchtlich. Durch Ordnungs- und Auswahlkriterien ist es erforderlich, die Komplexität auf ein überschaubares Maß zu reduzieren, ohne die verbleibende Handlungsfreiheit zu stark zu beschneiden, also die aktuelle Varianz zu stark zu reduzieren. Letzteres wäre bspw. gegeben durch eine Belegung der Tragwagen nach dem Prinzip der nächstmöglichen Verladung. Bei Nutzung der Tafel können jedoch neben solchen räumlichen *Ordnungskriterien* weitere Kriterien in die Disposition aufgenommen werden. Je nach Reihenfolge der Hinzunahme von weiteren scharfen bzw. weichen Kriterien kann ein an die Benutzer angepaßter *Komplexitätsgrad* erreicht werden. *Problemlösen* wird durch die einfache Veränderbarkeit, durch einfache Gestaltung und Größe sowie durch freie Handlungsspielräume bei der Vorgehensweise unterstützt.

Die Tafel selbst wurde auf Basis eigener Untersuchungen durch das KDI unter *Partizipation* betroffener Mitarbeiter/innen entwickelt. Diese wurden während der Planung nach ihren Erfahrungen und Vorgehensweisen befragt, ein Prototyp der Tafel wurde in einem kleinen Umschlagbahnhof getestet (BMFT/DUSS/KDI, 1990). Seit Anfang 1991 steht den Mitarbeitern dieser Anlage die überarbeitete Tafel zur Verfügung. Sie wird bestens akzeptiert und in den Tagesablauf integriert. Für den nun in Betrieb gehenden Umschlagbahnhof mittlerer Größe konnte eine Reihe von Erfahrungen gewonnen werden, die im Prototyp für diesen Bahnhof umgesetzt werden.

Durch ihre Größe, ihren einfachen Aufbau und ihre Übersichlichkeit sowie durch die Verwendung von deutlichen Formen und Farben für die Symbole ermöglicht die Tafel die *transparente* Darstellung von Zuständen. Durch die Nachführung der Elemente an der Tafel erfährt der Benutzer die aktuelle Situation auf anschauliche Art und Weise. Als Abbild einer Ist- bzw. Soll-Situation des Bahnhofs erhöht die Tafel die Komplexität der in dieser Situation zu lösenden Aufgaben nur unwesentlich, bspw. durch die erforderliche Kenntnis der Symbole. Die Tafel ist insofern auch ein *angemessenes* Hilfsmittel für mit der Disposition befaßten Mitarbeiter/innen. Wie die bisherigen Erfahrungen zeigen, ist die Tafel *selbsterklärend* und bedarf praktisch keines Kommentars. Sie verfügt über ausreichend Raum zur freien Gestaltung. Die meisten Elemente und Felder sind einfach veränderbar, ebenso Beschriftungen. Die Mitarbeiter/innen können somit ihre Tafel den Bedürfnissen und Weiterentwicklungen der Betriebsführung anpassen und *ausbauen*. Der Schulungsaufwand ist gering und gleicht eher einer Beratung über mögliche Strategien bei Disposition und LKW-Behandlung. Selbsterklärungsfähigkeit und Angemessenheit regen die spielerische Auseinandersetzung mit diesen Strategien an. Dies wird zusätzlich unterstützt durch die, wegen Größe und Einfachheit der Tafel mögliche *Mehrbenutzerfähigkeit*. Als Dokument der Veränderung und Entwicklung der Situationen des Bahnhofs dient die Tafel den Anwendern gleichzeitig als Mittel zur *Erfahrungsrückführung*.

Die Dispositionstafel eignet sich offensichtlich gut zur Bewältigung von Komplexität im Umschlagbahnhof. Wenig zufriedenstellend ist bei beengten Raumverhältnissen die Größe des Hilfsmittels sowie die Übertragung von Daten z.B. zwischen Tafel und Ladeschein oder Tafel und externen Datenanschlüssen. Rechnergestützte Hilfsmittel haben sich für die genannten Aufgaben bisher nur bedingt einsetzen lassen. Neue Techniken der Gestaltung interaktiver Schnittstellen lassen hier jedoch in nächster Zeit Verbesserungen erwarten.

7. Betriebliche Einführung von Hilfsmitteln zur Komplexitätsbewältigung

Es steht außer Frage, daß der sinnvolle Einsatz von Hilfsmitteln schon bei deren Einführung scheitern kann. Der Grund dafür liegt in der mit der Einführung verbundenen Steigerung der Komplexität über einen für die Aufgabenbearbeitung kritischen Wert. Häufig ist der Umgang mit dem Hilfsmittel noch unbekannt, alte Verhaltensweisen müssen aber gleichzeitig abgelegt werden. Erst mit der Zeit läßt sich die neu entstandene Komplexität richtig einschätzen, und es können sich Verhalten herausbilden, die eine Bewältigung der Komplexität erlauben. Verbesserungen lassen sich mit einer sorgfältig vorbereiteten Einführungsmaßnahme, wie sie am Beispiel des oben beschriebenen Terminal-Betriebsführungssystems im folgenden dargestellt werden soll, erzielen. Diese Maßnahmen werden zur Zeit in einem Umschlagbahnhof umgesetzt, der erstmalig mit einem Terminal-Betriebsführungssystem ausgestattet sein wird.

Das Betriebsführungssystem wird über einen längeren Zeitraum in den Betrieb eingeführt. Dabei werden keine drastischen Komplexitätssprünge stattfinden und den Mitarbeitern ausreichend Gelegenheit zur Auseinandersetzung mit der jeweiligen Neuerung gegeben. Einführungen und Schulungen erfolgen aus diesem Grunde in Stufen und werden erst dann fortgesetzt, wenn eine ausreichende Bewältigung der Aufgaben gesichert ist. Für den Einführungsbetrieb des Betriebsführungssystems bedeutet dies konkret:

- Eine manuelle Variante der Betriebsführung wird vor der Rechnerunterstützung eingeführt, um zunächst die Arbeit mit der neuen Ablauforganisation zu vermitteln. Die manuelle Variante ist bereits kompatibel zur zukünftigen rechnergestützten, so daß Abläufe und Aufgabeninhalte sich bei Einführung der Rechnerunterstützung nur geringfügig ändern.

- Zur Auffrischung der Schulung werden Nachschulungen angesetzt.
- Überfachliche Qualifikationen wie z.B. Problemlöseverhalten sind Bestandteil der Schulungen.
- Die Entwicklung von Strategien zur Reduzierung der Komplexität werden innerhalb der Schulungen vorbereitet, deren Weiterentwicklung den Mitarbeitern überlassen. Die Schulungen zielen auf die Einrichtung eines Mitarbeiter-Zirkels.
- Simulationen und Planspiele sind feste Schulungsbestandteile. Sie dienen dazu, mit geringem Aufwand und ohne das Risiko des tatsächlichen Betriebs Handlungspielräume zu entdecken und Verhaltensweisen auszuprobieren (Henning/Bohnhoff/Schäfer, 1991).

Eine solche integrative Einführungsmaßnahme sorgt dafür, daß die Funktionsfähigkeit der gesamten Anlage zu keiner Zeit durch die Einführung des Betriebsführungssystems behindert wird. Bedingt durch die flexible Konzeption der Schulungsblöcke ist eine Anpassung der Komplexität an die Anforderungen der Mitarbeiter möglich. Auf diese Weise lassen sich Hilfsmittel effektiv in die betrieblichen Prozesse integrieren.

8. Literatur

Bell, P.: Coping with complexity in the design and use of DSS, Vortrag, Aachen 1991.

BMFT, DUSS & KDI: Modellvorhaben für den modularen Ausbau eines Umschlagbahnhofs für den kombinierten Verkehr, BMFT-Forschungsvorhaben TV 84735 der Deutschen Umschlaggesellschaft Schiene-Straße (DUSS) mbH, Frankfurt; Terminal-Betriebsführungssystem, Komponentenerprobung Rheine, Aachen 1990.

Hacker, W.: Arbeitspsychologie, Bern 1986.

Harendt, B.: Qualitätsprobleme in der Konsumgüterindustrie und deren Lösung mit Hilfe kybernetischer Methoden, in diesem Band, 1992.

Henning, K. ; Bohnhoff, A.: Aufgabenteilung zwischen Terminal-Leitstelle und Terminal-Betrieb in Umschlagbahnhöfen des Kombinierten Verkehrs, in: 2. Kolloquium Leitwarten , Köln 1990.

Henning, K., Bohnhoff, A. , Ochterbeck, B.: Interaktive Echtzeitlaborsimulation (HIS) unter Einbeziehung Betroffener am Beispiel eines Umschlagbahnhofs des Kombinierten Verkehrs, in: Czap, H. (Hrsg.): Unternehmen im sozio-ökonomischen Wandel, Berlin 1990.

Henning, K. ; Bohnhoff, A. ; Schäfer,H.: Human Integrated Simulation - A tool for design and management of complex man-machine-systems, Vortrag, Aachen 1991.

Henning, K. ; Kutscha, S.: Informatik im Maschinenbau, Vorlesungsmanuskript, Aachen 1991.

Henning, K. ; Kutscha, S. ; Bohnhoff, A.: Application of the Dual Design Approach to a small Inland Container Terminal, Vortrag, Rotterdam 1990.

Laux, H. ; Liermann, F.: Grundlagen der Organisation, Berlin 1987.

Malik, F.: Strategie des Managements komplexer Systeme, Bern 1986.

Marks, S.: Gemeinsame Gestaltung von Technik und Organisation in soziotechnischen kybernetischen Sytemen, Dissertation an der RWTH Aachen 1991.

Ochterbeck, B.: Dualer Entwurf eines Terminal-Betriebsführungssystems für Umschlagbahnhöfe, Düsseldorf 1989.

Rieckmann, H. ; Weissengruber, P.: Managing the unmanageable, Klagenfurt 1989.

Strina, G. ; Hartmann, E.A.: Komplexitätsdimensionierung bei der Gestaltung soziotechnischer Syteme, in diesem Band, 1992.

Ulrich, H. ; Probst, G.J.B.: Anleitung zum ganzheitlichen Denken und Handeln, Bern 1988.

VDI (Verein Deutscher Ingenieure): Sozialverträgliche Gestaltung von Automatisierungsvorhaben, Düsseldorf 1989.

Komplexitätsdimensionierung bei der Gestaltung soziotechnischer Systeme

von *Giuseppe Strina* und *Ernst A. Hartmann*[1]

1. Einleitung

Bei der Betrachtung von Organisationen unter systemtheoretischen Gesichtspunkten fällt auf, daß es sich um zwei miteinander verflochtene Gegenstandsbereiche handelt: zum einen die Organisation als soziales System, zum anderen als Handlungsfeld von Individuen. Die erste Sichtweise, vornehmlich in der soziologischen Systemtheorie vorzufinden (z.B. Luhmann, 1987), definiert soziale Systeme als Aggregate von Handlungen und Entscheidungen. Die Individualperspektive ist hier als Analyseebene nicht vorgesehen. Die Psychologie, insbesondere die Arbeits- und Organisationspsychologie, betrachtet Organisationen als Umwelten der in ihnen tätigen Individuen, die es in deren Interesse zu gestalten gilt (z.B. Hacker, 1986). Die Perspektive des sozialen Systems im o.g. Sinne spielt hierbei keine Rolle.

Wenn wir es nun bei Fragen der praktischen Gestaltung soziotechnischer Systeme mit einer Aufgabe zu tun haben, in der beide Gegenstandsbereiche untrennbar miteinander verbunden sind, ergibt sich die Notwendigkeit, beide Perspektiven fruchtbar aufeinander zu beziehen. Die folgenden Ausführungen mögen als ein Versuch in dieser Richtung verstanden werden.

2. Zwei Wege des Komplexitätsmanagements

In diesem Kapitel sollen zunächst empirisch vorfindbare Strategien skizziert werden, mit denen Organisationen (Unternehmen) versuchen, steigender Umweltkomplexität zu begegnen. Anschließend an die Herausarbeitung damit verbundener Probleme dient das nächste Kapitel der Darstellung von Grundlagen eines nach Ansicht der Autoren erfolgversprechenderen Modells des Komplexitätsmanagements.

[1] Dipl.-Ing. Giuseppe Strina, M.A. und Dipl.-Psych. Ernst A. Hartmann, Hochschuldidaktisches Zentrum (HDZ) der RWTH Aachen, Rolandstraße 7-9, 5100 Aachen.

Ein 'klassischer' Ansatz der Komplexitätsbewältigung in Unternehmen setzt auf weitreichende horizontale und vertikale Arbeitsteilung. Solche 'tayloristischen' Organisationsformen stehen für den Versuch, durch immer weitergehende Arbeitsteilung die Gesamtkomplexität des jeweiligen Gegenstandsbereiches in 'handhabbare Teilkomplexitäten' zu zerlegen. Ein gegenläufiger Trend scheint sich, zumindest in bestimmten Sektoren und unter bestimmten Rahmenbedingungen seit einiger Zeit abzuzeichnen. Kern und Schumann (1985) sprechen in diesem Zusammenhang, wenn auch mit Fragezeichen, gar vom 'Ende der Arbeitsteilung'. Die von den Autoren identifizierten 'neuen Produktionskonzepte' zeichnen sich durch Integration vormals getrennter Aufgabenbereiche innerhalb der Produktion oder auch durch Integration von Wartungs- und Instandhaltungsaufgaben bzw. administrativen Tätigkeiten (Arbedsmiljöfonden, 1989) in die Produktionsarbeit aus.

Um die dargestellten Befunde auf den für uns zentralen Begriff der Komplexität beziehen zu können, bedarf es zunächst einer begrifflichen Klärung. Uns erscheint diesbezüglich die Definition von Willke (1987, S. 16) angemessen: "Komplexität bezeichnet den Grad der Vielschichtigkeit, Vernetzung und Folgelastigkeit eines Entscheidungsfeldes." Aus humanwissenschaftlicher Sicht finden sich komplementäre Auffassungen. Dörner (1989, S. 60) führt hierzu aus: "Der Grad an Komplexität ergibt sich also aus dem Ausmaß, in dem verschiedene Aspekte eines Realitätsausschnittes und ihre Verbindungen beachtet werden müssen, um eine Situation in dem jeweiligen Realitätsausschnitt zu erfassen und Handlungen zu planen.". Von einer vollständigen 'Erfassung' relevanter Aspekte kann nun aber bei komplexen Handlungssituationen nicht mehr gesprochen werden, da, wie Dörner weiterhin ausführt, Dynamik, Intransparenz und mangelndes Wissen über den Realitätsbereich weitere Merkmale solcher Situationen darstellen. Letzteres macht deutlich, daß es 'absolute Komplexität' nicht geben kann, sondern immer nur 'Komplexität bezogen auf ein bestimmtes Individuum'.

Wie verhält es sich nun mit der Komplexität der oben dargestellten Organisationsformen? Wir greifen beispielhaft den o.g. Aspekt der Vielschichtigkeit heraus. Betrachtet man eine tayloristische Organisation 'von oben', so stellt sie sich zunächst als ein vielschichtiges Gebilde in dem Sinne dar, daß eine Vielzahl funktional differenzierter Subsysteme (Bereiche, Abteilungen; horizontale Arbeitsteilung) und eine Vielzahl von Hierarchieebenen (vertikale Arbeitsteilung) vorzufinden sind. Betrachten wir jedoch diese Subsysteme selbst hinsichtlich der in ihnen vorhandenen Vielschichtigkeit an *Aufgaben*, so ist eine relativ geringe Komplexität festzustellen: Im Schreibbüro werden Schreibtätigkeiten, nicht jedoch Sachbearbeitungstätigkeiten ausgeführt, in der Arbeitsvorbereitung werden Arbeitspläne erstellt, nicht jedoch umgesetzt etc.

Anders im Falle 'neuer Produktionskonzepte': Die Vielfalt von Subsystemen nimmt durch Reduzierung vertikaler Arbeitsteilung ab; Integration der Schreibdienste in Fachabteilungen führt in letzter Konsequenz zum Wegfall des zentralen Schreibbüros, die Übernahme von Wartungsaufgaben durch Produktionsarbeiter kann separate Wartungs- und Instandhaltungsabteilungen überflüssig machen usw. In der Regel zielen 'nicht-tayloristische' Organisationsstrategien auch explizit darauf ab, die Zahl der Hierarchieebenen zu verringern und Entscheidungskompetenzen teilweise 'nach unten' zu verlagern. Anders als bei tayloristischen Organisationen stellen sich hier also die einzelnen Subsysteme als äußerst vielschichtige Aufgabenkomplexe dar.

Welche Konsequenzen hat dies für die Überlebensfähigkeit der jeweiligen Organisationen? Hierzu scheint es sinnvoll, sich das jeweilige Verhältnis von Binnenkomplexität und Kontingenz zu vergegenwärtigen. In komplexen Umwelten stellt sich die Anforderung an darin existierende Systeme, auf unterschiedliche und sich ändernde Sachverhalte unterschiedlich und flexibel reagieren zu *können*. Diese Fähigkeit wird mit 'Kontingenz' ('Sich-auch-anders-verhalten-können'; vgl. Willke, 1987, S. 18f.) bezeichnet. Je größer die geforderte Kontingenz, desto größer muß wiederum die Binnenkomplexität des betreffenden Systems sein ('Ashby-Theorem'; vgl. Willke, 1987, S. 21). In dieser Hinsicht unterscheiden sich offensichtlich tayloristische und integrative Organisationskonzepte: Während in integrativen Organisationen für die Subsysteme selbst eine gewisse Kontingenz konstitutiv ist, muß in tayloristischen Organisationen diese Kontingenz weitgehend 'von oben' (durch Managemententscheidungen) erzeugt werden. Ein grundsätzliches Problem tayloristischer Organisationen wird hier deutlich: Es erscheint fragwürdig, ob einige wenige Entscheidungsträger 'an zentraler Stelle' langfristig in der Lage sein können, die Hauptlast der Komplexitätsverarbeitung zu tragen. Noch fragwürdiger erscheint dieser Umstand dadurch, daß in hierarchisch niedrigeren Positionen Personen tätig sind, die i.d.R. aufgrund ihrer Erfahrungen in ihrem jeweiligen Arbeitsbereich durchaus in der Lage wären, situationsadäquate Entscheidungen zu treffen. Die ineffiziente Nutzung menschlicher Ressourcen scheint denn auch ein wesentlicher Schwachpunkt tayloristischer Organisationskonzepte zu sein.

Dies bleibt nicht ohne Konsequenzen für die Organisation: systemtheoretisch betrachtet stellen die Beschäftigten eine relevante Systemumwelt dar, auf deren Eigenschaften hin ein tayloristisch organisiertes System offenbar nicht optimal strukturiert ist. In der Tat beruhen Zweifel an der Rationalität dieses Organisationstypus oftmals auf der Erkenntnis, daß menschliche Fähigkeiten für die Organisation 'brachliegen' (Kern/Schumann, 1985, S. 18ff.). Ein weiteres Problem wachsender Komplexität wird insbesondere bei wirtschaftlichen Organisationen (Unternehmen) deutlich: die Trennung von Hand- und Kopfarbeit führt tendenziell zu einem zahlenmäßigen Übergewicht der Beschäftigten in den indirekten Bereichen (Administration, Planung etc.). Die dadurch entstehenden Kosten können zu einer bedrohlichen Fehlanpassung bezogen auf die relevante Systemumwelt 'Markt' führen (Brödner, 1985, S. 56f.).

Bisher wurde die Argumentation aus der Sichtweise sozialer Systeme (Organisationen, Unternehmen) dargestellt. Im folgenden werden dieselben Sachverhalte aus der Perspektive der Individuen betrachtet. Die durch die weitreichende Arbeitsteilung der tayloristischen Organisation bedingten Tendenzen zu mangelnden intellektuellen Anforderungen, fehlender Erkennbarkeit eines Produktes der eigenen Arbeit und unzureichenden Möglichkeiten der Zielfindung verhindern Prozesse des Lernens und der Persönlichkeitsentwicklung und erhöhen letztlich gesundheitliche Risiken (Hacker, 1986, S. 189ff. u. S. 503ff.). Insbesondere die mangelnde Möglichkeit der Kontingenz steht im Widerspruch zur Forderung nach Tätigkeitsspielräumen im Sinne einer möglichen Wahl zwischen alternativen Wegen der Zielerreichung (Hacker, 1986, S. 106ff.). Auf Seiten des Managements hingegen zeigt sich ein Trend zur Überforderung durch einen 'Komplexitätsstau an der Systemgrenze'.

Die aufgezeigten Nachteile tayloristischer Organisation verweisen zugleich auf positive Konsequenzen eines integrativen Ansatzes. Die Managementfunktionen verlagern sich von Detailentscheidungen über Abläufe innerhalb des Systems hin zur Gestaltung der Beziehungen zwischen Subsystemen sowie zwischen der Organisation und ihrer Umwelt (sog. 'Grenzregulation'; vgl. Ulich et al., 1989). Die Tätigkeitsprofile der Mitarbeiter auf niedriger hierarchischer Ebene werden erweitert. Doch auch dieser Weg kennt seine Grenzen: steigende Umweltkomplexität ist auch von Menschen, wie von allen lebenden Systemen, nur begrenzt verarbeitbar. Durch die Lernfähigkeit des Menschen sind zwar erhebliche Steigerungen dieser Verarbeitungskapazität erreichbar; diese Lernprozesse benötigen jedoch Zeit und adäquate Rahmenbedingungen.

Bereits an dieser Stelle wird deutlich, daß gravierende Ungleichgewichte hinsichtlich der Verteilung der Komplexitätsverarbeitung weder für die Organisation noch für die Individuen akzeptabel sind. In dieser Hinsicht sind gemäßigte, 'dimensionierte' Ausprägungen zu suchen und für den hier interessierenden Gegenstandsbereich soziotechnischer Systeme zu konkretisieren. In diesem Sinne soll im folgenden der Begriff 'Komplexitätsdimensionierung' verstanden werden.

3. Autopoiese als integrierender Ansatz

Für den Versuch, die ausgeführten Perspektiven aufeinander zu beziehen, bietet sich der Rückgriff auf neuere systemtheoretische Ansätze an. Hier deutet sich in jüngster Zeit ein neuerlicher 'Paradigmenwechsel in der Systemtheorie' (Luhmann, 1987, S. 15ff.) an, der im wesentlichen dadurch gekennzeichnet ist, daß neuere Forschungsergebnisse aus den Naturwissenschaften für den Bereich der Human- und Sozialwissenschaften fruchtbar gemacht werden. So charakterisiert Probst denn auch die frühere Systemtheorie, insofern sie primär an adaptiven selbstorganisierenden Prozessen in offenen Systemen interessiert gewesen sei, als 'Theorie *konservativer* Selbstorganisation'. Im Gegensatz dazu sei die neuere Theorie als eine 'Theorie *innovativer* Selbstorganisation' zu bezeichnen, da sie ihr Augenmerk verstärkt auf *Systemimmanent* sich entfaltende Ordnungsprozesse lege (Probst, 1987, S. 18f.). Im folgenden beschränken wir uns auf eine Kurzdarstellung des Autopoiese-Konzeptes, da es uns für einen integrierenden Ansatz der oben angedeuteten Perspektiven besonders geeignet erscheint.

Das Autopoiese-Konzept (autopoiesis, gr.: Selbstwachstum) basiert auf Forschungsarbeiten der beiden Biologen Maturana und Varela. Nach ihrem Erklärungsansatz sei das Charakteristische eines lebenden Systems, daß es aus einem kontinuierlichen Netzwerk von Wechselwirkungen bestehe, das seine Einzelbestandteile dynamisch miteinander verbinde und dabei in einem ständigen Prozeß diese seine eigenen Bestandteile reproduziere und in das Netzwerk integriere (vgl. Maturana/Varela, 1987, S. 51ff.). Als Beispiele derartiger Prozesse führen sie auf der Ebene zellulärer Phänomene das Zellwachstum, auf der Individualebene die Verarbeitung von Sinnesdaten an und prägen hierfür den Begriff der "*autopoietischen Organisation*" (ebd., S. 50f.). Insofern in die angesprochene Zirkularität des Prozesses von außen nicht eingegriffen werden kann, ohne ihn langfristig zu zerstören (Zellwachstum bzw. Persönlichkeit), sprechen sie von einer "*operationalen Geschlossenheit*" (ebd., S. 100). Diese Geschlossenheit sei wiederum Grundvoraussetzung für ein weiteres Phänomen lebender Systeme: die Fähigkeit zur "Selbstreferentialität", d.h. die Fähigkeit, intern Information zu konstruieren und zu definieren (Probst, 1987, S. 80). Das Faktum der Geschlossenheit garantiert die *Autonomie* des Systems. In der Kontinuität dieses Prozesses konstituiert sich - immer wieder von neuem - seine *Identität* (vgl. Probst, 1987, S. 22).

Diese Ausführungen legen eventuell den Verdacht nahe, hier werde an die alte (thermodynamische) Idee vom geschlossenen System angeknüpft. Demgegenüber muß betont werden, daß das Autopoiese-Konzept keineswegs die prinzipielle Offenheit von lebenden Systemen in Bezug auf In- bzw. Output von Materie, Energie und Information verneint. Die insbesondere für soziale Systeme notwendige Voraussetzung, daß Lebewesen miteinander in Interaktion treten, wird hier jedoch neu gedeutet: Jede Interaktion basiert auf individuellen Übersetzungsvorgängen, deren Regeln von außen nicht vollständig einsehbar sind. Durch Bezug auf einen gemeinsamen Kontext (bei Maturana/Varela "*Milieu*" genannt) kann es zwar zu Parallelisierungen in der Verarbeitung kommen, das Ergebnis kann jedoch nie eindeutig vorherbestimmt werden. Für dieses Beziehungsverhältnis lebender Systeme prägen die Autoren den Begriff "*strukturelle Kopplung*" (Maturan/Varela, 1987, S. 85; vgl. hierzu auch Vogel, 1988, S. 26f).

Bezogen auf die oben angesprochenen Gegenstandsbereiche sozialer Organisationen ergeben sich hieraus eine Reihe von einschneidenden Konsequenzen. "Lebende Systeme erscheinen nun entgegen dem systemtheoretischen Grundpostulat der notwendigen Offenheit lebender Systeme in ihrem Kernbereich, in ihrer inneren Steuerungsstruktur als geschlossene Systeme" (Willke, 1987, S. 43). Die hieraus folgende Selbstreferentialität äußert sich auf der Ebene humaner und sozialer Systeme, insofern jedes Verhalten des Systems auf sich selbst zurückwirkt und damit zum Ausgangspunkt für weiteres Verhalten wird (vgl. Probst, 1987, S. 79). Dieser Befund ist gleichfalls Grundvoraussetzung für die spezifische Fähigkeit solcher Systeme, sich selbst thematisieren zu können.

Begreift man mit Luhmann soziale Systeme als aus kommunikativen Erwartungen und Handlungen bestehend und hier insbesondere Organisationen wie etwa Unternehmen als aus einem Geflecht von Entscheidungen bestehend (vgl. Luhmann, 1975, S. 10ff.) - und nicht aus Individuen, denn diese 'gehören' immer nur zu einem analytisch nur schwer faßbaren Teil dazu - , so ist leicht zu erkennen, worin der autopoietische Charakter dieser Systeme liegt: Solange Entscheidungen, die aus früheren Entscheidungen resultieren und neue Entscheidungen bedingen, getroffen werden, solange kann man von bestehenden Organisationen sprechen. Wird die darin zum Tragen kommende operationale Geschlossenheit unterbrochen, ist der Bestand des Systems in Frage gestellt. Wohlgemerkt, dieser Befund rechtfertigt keineswegs eine Organisationsstruktur, in der die Entscheidungsbefugnisse offenbar besonders klar definiert sind (wie etwa die hierarchische Pyramide). Er erzwingt im Gegenteil die stete Thematisierung des Verhältnisses von Struktur und Prozess für das jeweilige System (vgl. Probst, 1987, S. 141ff.). Hier knüpfen etwa Überlegungen an, die das im betrieblichen Alltag vorzufindende Faktum hinterfragen, daß Entscheidungen über fachspezifische Fragen häufig fern vom jeweiligen Fachwissen getroffen werden (so etwa auf der Managementebene statt in der Werkstatt). Probst (1987, S. 138) führt hierzu aus: "Es werden nicht einige wenige als Organisatoren und Manager betrachtet, sondern die Fähigkeiten möglichst vieler Betroffenen gefördert und genutzt". Auf die hiermit angesprochene Forderung nach Entscheidungsverlagerung wird im späteren Kontext noch eingegangen werden.

In den Humanwissenschaften, insbesondere der Psychologie, finden sich entsprechende Ansätze vornehmlich im Bereich der Tätigkeits- und Handlungstheorien (Leontjew, 1979; Hacker, 1986). Diese Arbeiten kennzeichnet eine Abkehr vom behavioristischen Paradigma der 'Außensteuerung des Verhaltens' ('stimulus-response-theories'), ohne dabei neuerliche Reduktionismen wie die 'Computer-Metapher menschlicher Informationsverarbeitung' (z.B. Card/Moran/Newell, 1983) zu verfolgen. Der Aspekt der Selbstorganisation wird aus arbeitspsychologischer Perspektive von Hacker (1986, S. 490ff.) aufgegriffen, der Persönlichkeitsentwicklung als Selbstveränderung des arbeitenden Menschen in der und durch die Arbeit begreift.

Volpert (1987) stellt den Bezug dieser tätigkeitspsychologischen Orientierung zu Konzepten der neueren Systemtheorie her, wobei er insbesondere auf die Autopoiese, die Selbstorganisation und die Koevolution eingeht (eine ähnliche Argumentation findet sich in Hacker/Richter, 1990). Die tätigkeitstheoretische Betonung der Bedeutung innerer Motive und Ziele bei der Genese von Tätigkeiten (Handlungen) und letztlich auch handlungsregulierender psychischer Strukturen befindet sich hierbei in Übereinstimmung mit den auf innen- bzw. selbstgesteuerte Prozesse verweisenden Konzepten der operativen Geschlossenheit und der Selbstorganisation bzw. Selbstreferentialität. Zur Koevolution führt Volpert aus: "Die enge wechselseitige Verschränkung dieser beiden Komponenten – der intentionalen Aktivität des Subjekts und der Forderungen des Kontextes – wird im Begriff der Koevolution als Entwicklung der

Einheit von System und Kontext zum Thema (...). Eine solche Entwicklung ist nur möglich, wenn einerseits veränderte Kontextforderungen durch veränderte eigene Handlungsstrukturen adäquat beantwortet werden können und wenn andererseits der Kontext den Lebewesen einen Raum für eigene zielgerichtete Aktivität und Entwicklung gibt" (Volpert, 1987, S. 150).

Für die im folgenden Kapitel beabsichtigte Erörterung der Konsequenzen dieser Sichtweise hinsichtlich der Gestaltung soziotechnischer Systeme sind folgende Aspekte besonders relevant:

(1) Organisationen und Individuen können als autopoietische Systeme verstanden werden. Daraus folgt, daß ihr wesentliches Anliegen darin besteht, ihre eigene Identität (Persönlichkeit, 'corporate identity') stets neu zu erschaffen. Dieser Prozeß ist im wesentlichen selbstgesteuert und von außen kaum zu beeinflussen (operative Geschlossenheit). (2) Systeme sind angemessen nur als 'Systeme in Umwelten' zu begreifen. Diese 'Umwelten' stellen selbst wiederum Ensembles von Systemen dar. Das 'fokale System' und die relevanten 'Umweltsysteme' befinden sich in einem Prozeß der Koevolution. Die Möglichkeit zur Koevolution stellt zusammen mit der Fähigkeit zur Autopoiese die Grundlage der Überlebensfähigkeit lebender Systeme dar. Im Prozeß der Koevolution werden Komplexitätsgefälle zwischen System und Umwelt ausgeglichen (vgl. Mühlbradt, 1991).

Hieraus ergeben sich bereits allgemeine Folgerungen bezüglich des in Kapitel 2 skizzierten 'Komplexitätsdilemmas':

(1) Der *Prozeß* steht im Vordergrund: Organisationen wie Individuen sind sich selbst entwickelnde Systeme. Daher kann es keine 'ewig gültigen' Anforderungen hinsichtlich minimal oder maximal erwünschter Komplexität geben. Die Frage ist vielmehr, wie die Bewältigung zunehmender Komplexität in einer sowohl für soziale Systeme wie für Individuen verträglichen Weise gestaltet werden kann. In diesem Zusammenhang ist das Konzept der Koevolution von herausragender Bedeutung. (2) System*strukturen* sind v.a. insofern von Bedeutung, wie sie Entwicklungsprozesse hemmend oder fördernd beeinflussen. Die Veränderung dieser Strukturen ist wiederum Gegenstand eines Prozesses der Koevolution der betroffenen Individuen und Organisationen. Soll dieser Prozess von außen, z.B. durch eine Beratungsinstitution, unterstützt werden, ist der autopoietische Charakter der jeweiligen Systeme der wesentliche Ausgangspunkt für die Entwicklung eines Beratungs- bzw. Unterstützungskonzeptes.

4. Designmatrix soziotechnischer Systeme

Bisher wurde der Begriff 'soziotechnisches System' ohne nähere Definition gebraucht; sie sei an dieser Stelle nachgereicht: Unter einem soziotechnischen System wollen wir ein System verstehen, welches aus Transformationen besteht, für die die drei folgenden Bedingungen gelten:

(1) Diese Transformationen stellen Teile des Handlungsgeflechtes eines sozialen Systems dar. (2) Einige dieser Transformationen werden durch menschliche Handlungen realisiert. (3) Einige dieser Transformationen werden als technische Prozesse realisiert.

Hieraus ergeben sich folgende Konsequenzen:

(1) Die "internen" Umwelten soziotechnischer Systeme sind: das soziale System (die Organisation), Individuen und Technik (Abb. 1). (2) Nur zwei dieser Umwelten, soziale Systeme und Individuen, stellen autopoietische Systeme dar, technische Systeme sind hingegen deterministisch. (3) Der Prozeß der Gestaltung soziotechnischer Systeme kann nun verstanden werden als eine Koevolution zwischen sozialen Systemen und Individuen. Während dieses Prozesses gestalten sie sich selbst und (unter anderem) ihre technische Umwelt und geben sich gegenseitig Entwicklungsimpulse (Abb. 2).

Bei der hier vorgeschlagenen Definition wurde versucht, die einleitend erhobene Forderung nach angemessener Berücksichtigung der beiden Gegenstandsbereiche 'soziales System' und 'Individuum' einzulösen. Um diese Überlegungen für die praktische Gestaltungsproblematik fruchtbar zu machen, sollen in einem nächsten Schritt Strategien benannt werden, die die drei Analyseebenen eines Unternehmens (individueller Arbeitsplatz, Gruppe/Abteilung und Gesamtunternehmen) mit den drei Designebenen Arbeitsorganisation, Qualifikation und Technik in einer Designmatrix verknüpfen.

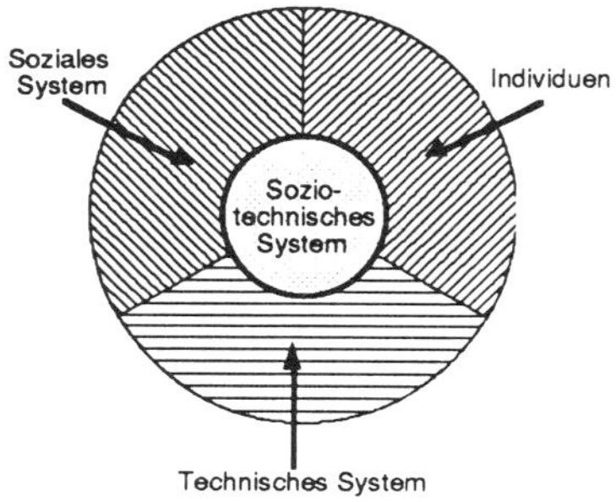

Abb. 1: Soziotechnisches System

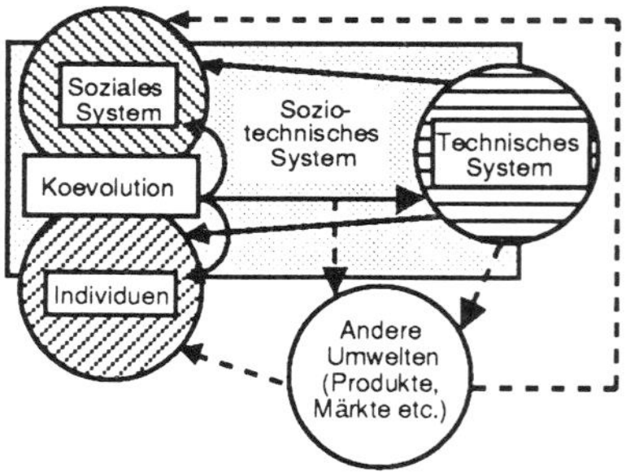

Abb. 2: Koevolutionsprozeß

Dabei stellt aus Sicht des soziotechnischen Systems die Arbeitsorganisation den relevanten Aspekt des sozialen Systems und die Qualifikation den der Individuen dar. Der Grundgedanke einer jeden Strategie ergibt sich aus dem bisher ausgeführten: Die aus dem Konzept der Autopoiese folgende Koevolution von Systemen in Umwelten gilt es aktiv zu verstärken. Dies erfordert eine Dimensionierung von Komplexitätsgefällen zwischen verschiedenen Systemen und ihren Umwelten:

- Zwischen Organisation und Umwelt (z.B. Markt).

- Zwischen funktionalen Subsystemen (Management und Mitarbeiter).
- Zwischen Individuen und ihren Handlungsfeldern.

Der Begriff Komplexitäts*dimensionierung* wurde gewählt, weil übergroße Komplexitätsgefälle gleichsam 'Kluften' erzeugen, die gemeinsame Evolution (*Ko*-evolution) verhindern, zu geringe Gefälle jedoch keine Entwicklungsanreize geben (Ko-*evolution*). Komplexitätsdimensionierung umfaßt somit Strategien der Komplexitätserzeugung wie auch der Komplexitätsreduktion. Im folgenden werden die einzelnen Zellen der Matrix besprochen. Die fortlaufende Numerierung entspricht derjenigen in Abbildung 3.

(1) Als Leitgedanke der Aufgabenorganisation auf der Ebene des Unterneh-

Designvariablen

Analyseebenen	Arbeitsorganisation	Qualifikation	Technik
Unternehmen	1 Grenzregulierung	2 Erweiterung der Fach- und Schlüssel-qualifikationen	3 Vernetzte dezentrale Systeme
Gruppe/Abteilung	4 Differentiell-dynamische Arbeitsorganisation	5 "Kernqualifikation" und "Spezialkenntnisse"	6 Gemeinsame und individualisierte
Individuum	7 Hierarchisch und sequentiell vollständige Tätigkeiten	8 Divergentes und konvergentes Denken	9 Aufgaben-angemessenheit und Adaptierbarkeit

Abb. 3: Designmatrix

mens kann die Grenzregulation verstanden werden. Funktionalen Subsystemen auf hoher Hierarchiestufe (Management) kommt hierbei die zentrale Aufgabe zu, die Beziehungen der Organisation als ganzes zu ihrer Umwelt und zwischen Subsystemen zu gestalten. Detailsteuerung und -kontrolle entfallen, was zur Komplexitätsreduktion beiträgt (Stichwort: Entscheidungsverlagerung). Freiwerdende Ressourcen können zur Steigerung der Komplexität der Umweltwahrnehmung eingesetzt werden (vgl. Deh/Hurrle, 1991).

(2) Die Verfügbarkeit fachlichen Wissens und Könnens in zunehmender Spezialisierung dürfte angesichts zunehmender Umweltkomplexität notwendig sein. Andererseits gehören überfachliche Qualifikationen (z.B. Problemlösefähigkeit) zu den Voraussetzungen einer fortschreitenden Autonomie der Subsysteme, was wiederum die Beschränkung zentraler Instanzen auf Grenzregulierung erst ermöglicht. Der erste Aspekt reduziert das Komplexitätsgefälle zwischen Organisation und Umwelt, der zweite dasjenige zwischen Individuum und komplexer werdendem Handlungsfeld.

(3) Dezentral organisierte technische Systeme ermöglichen Teilautonomie und Selbstgestaltung der Subsysteme bzw. 'internen Umwelten' (Gruppen, Individuen). Definierte Schnittstellen und Vernetzungen beschränken sich auf das Maß, welches der organisationsinterne Aufgabenkontext zwingend erfordert.

(4) Das Prinzip der differentiell-dynamischen Arbeitsorganisation (Ulich, 1978) berücksichtigt inter- und intraindividuelle Unterschiede. Der differentielle Aspekt besagt, daß Individuen zwischen unterschiedlichen Arbeitsstrukturen wählen und ihren eigenen 'Arbeitsstil' realisieren können. Dies führt zu einer Anpaßbarkeit von Umweltbedingungen an interne Komplexitätsverarbeitungsmöglichkeiten und -bedürfnisse. Dynamische Arbeitsorganisation heißt, daß einmal getroffene Wahlen etwa in Richtung auf ein höheres Anforderungsniveau verändert werden können. So werden Entwicklungspotentiale der Individuen berücksichtigt und gefördert. Komplexitätsdimensionierung bedeutet hier, daß Komplexitätszuwächse im Handlungsfeld durch das Individuum selbst gesteuert werden können.

(5) Auf der Ebene der Gruppe bzw. Abteilung stellt sich die Komplexitätsdimensionierung hinsichtlich der Qualifikation als Balance zwischen gemeinsamen Qualifikationen und Spezialkenntnissen der einzelnen Gruppenmitglieder dar. Gemeinsame Qualifikationen dienen als Basis einer Gruppenidentität und ermöglichen es, daß sich einzelne Gruppenmitglieder gegenseitig vertreten. Spezialkenntnisse hingegen unterstützen die Definition individueller Identitäten und differenzieren andererseits die Umweltwahrnehmung der Gruppe als ganze (ein Beispiel aus dem Bereich CAD findet sich in Wulf/Fuchs, 1990).

(6) Die technische Ausstattung einer Arbeitsgruppe kann als Ansammlung von Werkzeugen verstanden werden (virtuelle wie physische Werkzeuge, Hard- und Software). Die Berücksichtigung des autopoietischen Charakters der Gruppenmitglieder und ihr damit verbundenes Streben nach individuellen 'Arbeitsstilen' erfordert die Möglichkeit der Individualisierung von Werkzeugen. Dies ist insbesondere im Falle virtueller Softwarewerkzeuge technisch leicht zu realisieren. Andererseits erfordert die Gruppenidentität die Konstruktion gemeinsamer 'Weltbilder'. Technische Unterstützung hierfür kann z.B. durch für Gruppendiskussionen geeignete Präsentationstechniken (etwa Großbildschirme) oder Zugriff auf gemeinsame Datenbanken bereitgestellt werden.

(7) Das Konzept der hierarchischen und sequentiellen Vollständigkeit (Hacker, 1986, S. 162ff.) besagt folgendes: Hierarchisch vollständig sind Tätigkeiten dann, wenn sie vielfältige Anforderungen (von 'Routine' bis 'schöpferisches Denken') umfassen, sequentiell vollständig sind sie dann, wenn vorbereitende, ausführende, kontrollierende und organisierende Handlungen in der Tätigkeit eines Individuums enthalten sind. Die Forderung nach hierarchischer Vollständigkeit stellt unmittelbar eine Strategie zur Komplexitätsdimensionierung dar. Wichtig ist hier der Bezug zur differentiell-dynamischen Arbeitsorganisation, weil "vollständige Tätigkeiten unter anderem durch Lernprozesse mit der psychischen Automatisierung laufend dazu tendieren, unvollständig zu werden und neuerlich durch Mitgestaltungsleistungen vollständig gemacht werden müssen" (Hacker/Richter, 1990, S. 131).

(8) Auf der Ebene der Qualifikation des Individuums sind zwei generelle Verlaufsformen des Denkens wesentlich: divergentes (Kreativität) und konvergentes Denken (unmittelbar zielgerichtete Methodik). Ersteres erzeugt, letzteres reduziert Komplexität. Beide Prozesse spielen im Problemlöseprozeß wichtige Rollen (Krewer/Sell , in diesem Band).

(9) Aus Sicht des Individuums sind zwei Merkmale von Werkzeugen besonders wichtig: ihre Aufgabenangemessenheit und ihre Adaptierbarkeit. Aufgabenangemessenheit im Sinne der DIN 66 234/8 bedeutet, daß informationstechnische Systeme die Benutzer in ihrer Aufgabenbearbeitung unterstützen und sie nicht durch Eigenheiten ihrer Arbeitsweise unnötig belasten. In diesem Zusammenhang ist die Kompatibilität zwischen mentalen Modellen und rechnerinternen Strukturen bedeutsam (Hartmann/Eberleh, 1991). Adaptierbarkeit ermöglicht die Anpassung von Software an individuelle Bedürfnisse.

5. Partizipation als Leitstrategie zur Re-Integration

Die vorangestellten Designüberlegungen lassen sich zusammenfassen zu der Forderung, den bisher zumeist verfolgten Weg der weiteren funktionalen Differenzierung z.T. wieder rückgängig zu machen und teilautonome Arbeitsstrukturen mit ganzheitlichem Arbeitszuschnitt zu schaffen. Daß dieser 'Umkehrprozess' nicht beliebig ausdehnbar ist, deutet ein dabei sich verschärfendes Problem an: Teilautonomisierung löst zwar bis zu einem gewissen Grad das Flexibilitätsproblem, sie läßt aber in gleichem Maße die Frage danach aufkommen, wie die durch diese Entwicklung entstehenden teilautonomen Subsysteme noch zu einem Gesamtsystem integriert bleiben können, wie also die (besser: eine) Identität des Gesamtsystems gewahrt bleiben kann (vgl. Willke, 1987, S. 149ff.). Sofern dieses Problem Gesellschaftssysteme betrifft, findet sich bei Etzioni hierzu der allgemeine Hinweis, daß im Verlaufe eines einsetzenden Reintegrationsprozesses "eine große Zahl und Vielfalt potenter Mechanismen zwischen den Einheiten sowie zwischen Einheiten und Supraeinheit entwickelt werden, die größtenteils expressiven oder politischen Charakter haben und die differenzierten Einheiten in ein komplexes, aber integriertes Ganzes binden" (Etzioni, 1975, S. 582). Es soll abschließend gezeigt werden, daß Partizipation diese Funktion erfüllt.

Bei der Darstellung sozialer Systeme als autopoietische Systeme wurde darauf hingewiesen, daß das treibende Moment dieses operationalen Prozesses die Aufrechterhaltung einer Identität ist. Bezogen auf Organisationen wird dies durch Handlungen bzw. Entscheidungen hergestellt. Es ist an dieser Stelle jedoch nicht belanglos, daß diese Handlungen und Entscheidungen im konkreten Fall von *Individuen* getragen werden, die selbst wiederum autopoietische Systeme sind. Die sich daraus ergebene Konsequenz ist in der Praxis ein ständiges Miteinander von Identitäten, die je für sich nach intern generierten Zielen streben.

In diesem Zusammenhang ist auch die häufig zu beobachtende Tatsache zu sehen, daß eine offiziell propagierte und die inoffiziell vorherrschende Unternehmenskultur auseinanderfallen: Organisationsidentität stiftende Handlungen können nicht 'von oben' verordnet werden. Die alternative Strategie lautet, Identitätserzeugung als einen Koevolutionsprozess aufzufassen. Hierbei sind drei Aspekte hervorzuheben:

(1) Auch wenn in den bisherigen Ausführungen die Bedeutung von Prozessen hervorgehoben wurde, muß dennoch darauf hingewiesen werden, daß hierfür Strukturen notwendig sind, die diese Prozesse unterstützen. Beispiele für solche Strukturen sind als Beteiligungsgruppen verstandene 'Qualitätszirkel', paritätisch besetzte Projektlenkungsausschüsse u.ä. Dabei ist selbstverständlich darauf zu achten, daß diese Beteiligungsstrukturen mit bestehenden Interessenvertretungsorganen (nach BetrVG) in einem produktiven und kooperativen Arbeitsverhältnis stehen (IG Metall, 1991).

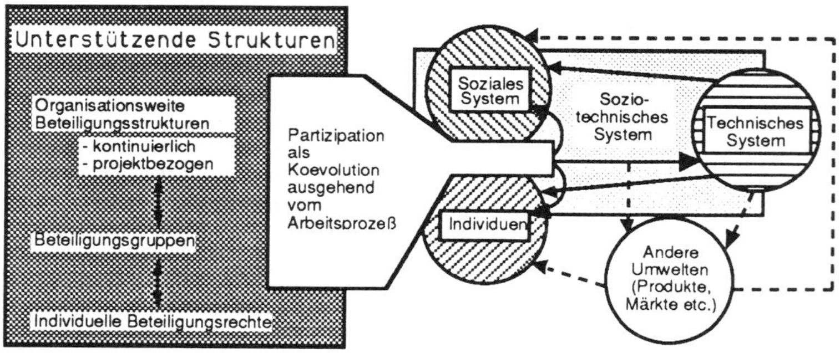

Abb. 4: Partizipation als Koevolution

(2) Ausgangs- und Kristallisationspunkt dieses Partizipationsprozesses ist der Arbeitsprozeß. So nützlich auch etwa für das generelle Betriebsklima kommunikationsfördernde Veranstaltungen außerhalb (oder auch innerhalb) der Arbeitszeit sein mögen, sie können einen allgemeinen Partizipationsprozess allenfalls fördernd unterstützen, aber nie ersetzen. Entscheidend ist, daß arbeitsbezogene Veränderungsprozesse von den Individuen als Akteure erfahrbar werden. Unterstrichen wird die Bedeutung des Arbeitsprozesses aus systemtheoretischer Sicht dadurch, daß Arbeitsprozesse in soziotechnischen Systemen das 'gemeinsame Milieu' sozialer und humaner Systeme darstellen (vgl. Abb. 4). Ein gemeinsames Milieu ist Voraussetzung für 'strukturelle Kopplungen' und somit für ein gegenseitiges Impulse-Geben, also für Koevolution. Als 'strukturverbindende Elemente' können im vorliegenden Fall Arbeitsaufgaben bzw. -handlungen verstanden werden.

(3) Prozesse der Identitätserzeugung können nur von den im System an diesen Prozessen direkt Beteiligten geleistet werden. Von außen kann allerdings zu einer Qualifizierung *zur* Beteiligung beigetragen werden. Ein Qualifizierungskonzept, das den autopoietischen Charakter von Organisationen und

der in ihnen tätigen Individuen berücksichtigt, wird daher vor allem Methoden anzubieten haben, die der Umsetzung selbst gewählter Ziele dienlich sind (z.B. Problemlösetechniken; vgl. Krewer/Sell, in diesem Band).

6. Literatur

Arbedsmiljöfonden (Hrsg.): Man and Technology in Interaction, Arbedsmiljöfondens informationsskrifter ISSN 0283-829X, Göteborg 1989.

Brödner, P.: Fabrik 2000 - Alternative Entwicklungspfade in die Zukunft der Fabrik, Berlin 1985.

Card, S.; Moran, T. A.; Newell, E.: The psychology of human-computer interaction, Hillsdale 1983.

Deh, G.; Hurrle, G.: Vom tayloristischen zum evolutionären Management. In. Wechselwirkung, 13, Juni 1991.

Dörner, D.: Die Logik des Mißlingens, Reinbek 1989.

Etzioni, A.: Die aktive Gesellschaft, Opladen 1975.

Hacker, W.: Arbeitspsychologie, Psychische Regulation von Arbeitstätigkeiten, Bern 1986.

Hacker, W.; Richter, P.: Psychische Regulation von Arbeitstätigkeiten – Ein Konzept in Entwicklung, in: Frei, F.; Udris, I. (Hrsg.): Das Bild der Arbeit, Bern 1990.

Hartmann, E. A.; Eberleh, E.: Inkompatibilitäten zwischen mentalen und rechnerinternen Modellen im rechnerunterstützten Konstruktionsprozeß, in: Ackermann, D.; Ulich, E. (Hrsg.): Software-Ergonomie '91, Benutzerorientierte Software-Entwicklung, Stuttgart 1991.

Industriegewerkschaft Metall (Hrsg.): Tarifreform 2000, Frankfurt/M. 1991.

Kern, H.; Schumann, M.: Das Ende der Arbeitsteilung? Rationalisierung in der industriellen Produktion, München 1985.

Krewer, A.; Sell, R.: Umgang mit Komplexität in der Arbeitswelt durch Beteiligung und Qualifizierung der Mitarbeiter/innen, in diesem Band.

Leontjew, A. N.: Tätigkeit, Bewußtsein, Persönlichkeit, Berlin 1979.

Luhmann, N.: Soziologische Aufklärung, 2. Bd., Opladen 1975

Luhmann, N.: Soziale Systeme - Grundriß einer allgemeinen Theorie, Frankfurt 1987.

Maturana, H. R.; Varela, F. J.: Der Baum der Erkenntnis, Bern 1987.

Mühlbradt, T.: Ein systemischer Ansatz zur Gestaltung rechnergestützter Arbeit, Manuskript, Institut für Arbeitswissenschaft der RWTH Aachen 1991.

Probst, G.J.B.: Selbst-Organisation - Ordnungsprozesse in sozialen Systemen aus ganzheitlicher Sicht, Berlin 1987.

Ulich, E.: Über das Prinzip der differentiellen Arbeitsgestaltung, in: Industrielle Organisation, 47, 1978, S. 566-568.

Ulich, E.; Conrad-Betschart, H.; Baitsch, Ch.: Arbeitsform mit Zukunft: ganzheitlich-flexibel statt arbeitsteilig, Bern 1989.

Vogel, H.-C.: Organisationsentwicklung als Begleitung selbstorganisierter Lernprozesse; in: Zeitschrift für Organisationsentwicklung, 3, 1988, S. 23-38.

Volpert, W.: Konstrastive Analyse des Verhältnisses von Mensch und Rechner als Grundlage des System-Designs, in: Zeitschrift für Arbeitswissenschaft, 41, 1987, S. 147-152.

Willke, H.: Systemtheorie, Stuttgart 1987.

Wulf, V.; Fuchs, P.: Läßt sich CAD-Arbeit menschengerecht gestalten?, in: CIM-Management, 1990, Heft 2, S. 57-63.

Umgang mit Komplexität in der Arbeitswelt durch Beteiligung und Qualifizierung der Mitarbeiter/innen

von *Annemarie Krewer M.A.* und *Dr.-Ing. Robert Sell*[1]

1. Einführung - Zur Notwendigkeit von Beteiligungsqualifizierung

Betriebliche Komplexität erwächst aus dem Zusammenwirken äußerer und innerer Einflußfaktoren, die einer ernormen Entwicklungsdynamik unterliegen. Veränderte Markterfordernisse - beschreibbar mit den Schlagworten Flexibilität, Qualität und Konkurrenz - als äußere Anforderungen an Unternehmenspolitik wirken zusammen mit der dynamischen Entwicklung moderner Produktionstechnologien, mit der diesen Anforderungen scheinbar genügt werden kann. Die technologische Innovation innerhalb der Unternehmen, die sich in immer weiter reichendem Computereinsatz ausdrückt, hat wiederum massive Auswirkungen auf Arbeitsorganisation und Arbeitsinhalte. In der Bewältigung beider Problembereiche - der flexiblen Reaktion auf die veränderten Marktanforderungen wie der Beherrschung der Auswirkungen des zunehmenden Computereinsatzes - wird dem Menschen im Unternehmen wachsende Bedeutung beigemessen.

"Mit seiner Flexibilität, Kreativität und Lernfähigkeit gehört der Mensch in der sich immer schneller wandelnden Welt mit Sicherheit in Zukunft zu den kritischen Erfolgsfaktoren"[2]. Zwei Begründungsansätze münden in den gleichen arbeitsorganisatorischen Lösungen, Unternehmen in dezentrale, möglichst autonome Funktionsbereiche mit partizipativen Elementen aufzugliedern. Als Managementstrategie werden diese Lösungen unter Begriffen wie "Evolutionäres" oder "Systemisches Management" erörtert und beruhen im Prinzip darauf, mehr Verantwortung auf untere Hierarchie-Ebenen zu verlagern, um so Komplexität aus Unternehmenssicht zu reduzieren[3].

---

[1] Annemarie Krewer M.A. und Dr.-Ing. Robert Sell, Hochschuldidaktisches Zentrum (HDZ), der RWTH Aachen, Rolandstraße 7-9, 5100 Aachen.

[2] Karsten, G. (1990): Plädoyer für die Segmentierte Fabrik, S. 9.

[3] Vgl. z.B.: Lutz, Ch. (1990): Unternehmensführung im Zeitalter der Kommunikationskultur; Deh, G./Hurrle, G. (1991): Vom tayloristischen zum evolutionären Management.

Zur Beherrschung der Auswirkungen des Computereinsatzes, die sich mit den Begriffen Automatisierung, Dynamik, Vernetzung und Formalisierung beschreiben lassen, wird eine ganzheitliche Arbeitsorganisation mit permanenter Möglichkeit und Notwendigkeit zur Weiterqualifizierung der Mitarbeiter/innen in dezentralen Strukturen basierend auf dem Prinzip der Partizipation vorgeschlagen[4]. Unternehmerisches Interesse geht somit eine Verbindung ein mit technologiebedingten Anforderungen an Arbeitsorganisation und trifft zudem noch auf das menschliche Interesse nach Selbstverwirklichung in der Arbeit, die in solchermaßen organisierten Arbeitsstrukturen möglich wird - also: "Menschzentrierte CIM-Konzepte" - die Produktionskonzepte der Zukunft?

Trotz der scheinbaren Vorteile für alle Beteiligten stößt die Umsetzung dieser humanzentrierten CIM-Konzepte auf Schwierigkeiten, die sich zu rund 30% als Probleme der Qualifikation, Akzeptanz und Motivation äußern[5]. Dies wird verständlich, wenn wir uns vor Augen führen, daß die Reduktion betrieblicher Komplexität durch Verantwortungs-Delegation auf untere Hierachie-Ebenen für die betroffenen Mitarbeiter/innen eine Steigerung der Komplexität ihrer Arbeitsanforderungen bedeutet[6], die zu bewältigen sie bereit und fähig sein müssen. Damit sind wir bei der Frage der Qualifizierung angelangt, die mehreren Anforderungen gerecht werden muß. Zunächst muß überhaupt eine Bereitschaft vorhanden sein, die Umgestaltung der Arbeitsprozesse mit zu tragen; diese ist um so höher, je mehr die Beteiligten die Möglichkeit haben, ihre Arbeitswelt selbst zu gestalten. Bloße Akzeptanz vorgefertigter Konzepte genügt nicht, sondern die Konzepte müssen "von unten" wachsen und die Bedürfnisse und Fähigkeiten der Mitarbeiter/innen berücksichtigen. Diese können sie jedoch nur selbst formulieren und einbringen. Für diese Beteiligung wiederum müssen sie motiviert sein. Die Lernpsychologie lehrt uns, daß die Motivation für unser Handeln davon abhängig ist, ob uns die Ziele des Handelns bewußt sind und wir diese Ziele als unsere eigenen anerkennen können[7]. Motivation und Beteiligung fließen zusammen im Begriff der Verantwortungsbereitschaft, die im ersten Stadium von Qualifizierungsmaßnahmen geweckt werden muß. Dies bedeutet konkret, Zielfindungsprozesse zu unterstützen und den Mitarbeiter/innen Gestaltungswissen zu vermitteln, mit dem sie Anforderungen an ihr Arbeitsumfeld formulieren können. Darüber hinaus muß die Verantwortungsfähigkeit geschult werden, was gemeinhin unter dem Begriff der Vermittlung von "Schlüssel-qualifikationen" zusammengefaßt wird. Das Konzept "Beteiligungsqualifizierung zur Vermittlung von Problemlösekompetenz" enthält diese beiden Elemente, es unterstützt Zielfindungsprozesse und vermittelt Gestaltungswissen.

---

4 Vgl. Sell, R./Fuchs, P.: Technikgestaltung durch Beteiligungsqualifizierung

5 Vgl. Köhl, E.u.a.(1989): CIM zwischen Anspruch und Wirklichkeit.

6 Vgl. den Beitrag von Hartmann, E.A./Strina, G. in diesem Band.

7 Pädagogischer Arbeitskreis Erwachsenenbildung (1976): Wirkungsvoller Lernen und Arbeiten, S. 15ff.

2. Das Qualifizierungsmodell[8]

Die Grundlage des Qualifizierungsmodells zur Entwicklung von Problemlösefähigkeit als Schlüsselqualifikation bildet in Anlehnung an Dörner die Unterscheidung von analytischen, synthetischen und dialektischen Problemen als Problemtypen[9]. In Abhängigkeit von diesen Problemtypen lassen sich vorherrschende Eigenschaften der Sachverhalte beschreiben, die jeweils verschiedene Überwindungsmethoden, -taktiken und -strategien erfordern (Abb. 1 und 2), an denen sich unsere Qualifizierungsmaßnahmen orientieren. Diese Einteilung von Problemtypen mit entsprechend zugeordneten Eigenschaften der Sachverhalte bietet erste Ansätze, die Komplexität betrieblicher Problemstellungen strukturieren und damit überschaubarer und beherrschbarer machen zu können.

Problemtyp	Ist-Kriterien		Lösungs-operatoren		Soll-Kriterien	
	be-kannt	unbe-kannt	be-kannt	unbe-kannt	be-kannt	unbe-kannt
analytisch	●		●		●	
synthetisch	●			●	●	
dialektisch	●		●			●
	●			●		●
		●	●		●	
		●	●			●
		●		●	●	
		●		●		●

Abb. 1: Problemtypen als Funktion der Ist/Soll - Definition und der Lösungsoperatoren

2.1 Analytisches Problemlösen

Analytische Probleme zeichnen sich durch eine geschlossene Problemdefinition aus, was bedeutet, daß sowohl die Ist-Soll-Kriterien wie die möglichen Lösungsoperatoren bekannt sind. Allerdings sind die einzelnen Variablen un-

[8] Das hier vorgestellte Qualifizierungsmodell wurde im Rahmen des vom Minister für Arbeit, Gesundheit und Soziales des Landes NRW geförderten Programms "Mensch und Technik - Sozialverträgliche Technikgestaltung" entwickelt und in mehreren Umsetzungsprojekten erprobt.

[9] Dörner, D.(1976): Problemlösen als Informationsverarbeitung.

überschaubar so vernetzt, daß eine strukturierte Vorgehensweise, die vor allem die Problemsituation übersichtlicher darstellt, die angemessene Problemlösestrategie ist (Abb. 2).

Eigenschaften von Sachverhalten	Überwindungsmethoden	Überwindungstaktiken	Überwindungsstrategien
Unüberschaubarkeit (Komplexität)	Auszug und Zusammenstellung aller gegebenen und gesuchten Daten Anwendung struktureller und visueller Darstellungsformen	Konkretisierung Abstraktion	Reduktion
Offensichtlichkeit (Plausibilität)	Fragetechnik	Perspektivenwechsel Lösen von Fixierungen	Suchraumerweiterung
Undurchsichtigkeit (Intransparenz)	Anwendung von Intuition und Kreativitätstechniken Umschreibung des Problems, assoziieren	Erkennen funktionaler Gebundenheiten Analogienbildung	
zeitliche Veränderlichkeit (Dynamik)	Annahmen explizieren Auswahl geeigneter Arbeitsmittel und Arbeitsnormen	Entwicklungsabschätzung Beschränkung	Wirkungs- und Nebenwirkungsanalyse
Abhängigkeit der Variablen (Vernetztheit)	Zusammenhänge und Brüche festhalten	Aufhebung oder Verlagerung von Abhängigkeiten	

Abb. 2: Überwindungsstrategien als Funktion der Eigenschaften von Sachverhalten bei analytischen Problemen

2.2 Synthetisches Problemlösen

Plausibilität und Intransparenz sind die vorherrschenden Eigenschaften der Sachverhalte bei synthetischen Problemen. Beim Versuch, synthetische Probleme zu lösen, unterliegen wir deshalb gerne Fehleinstellungen, wie sie z.B. in "das haben wir schon immer so gemacht" oder "ich dachte das sei verboten" -

Einstellungen zum Ausdruck kommen. Für die Lösung solcher Probleme ist es von zentraler Bedeutung, diese Fehleinstellungen zu überwinden (Abb. 3).

Fehleinstellungen	Überwindungsmethoden	Überwindungstaktiken	Überwindungsstrategien
Verbotsirrtum	Visualisierung Fragetechnik Gedankenprotokoll	zusammenhängendes Ganzes in Teile zerlegen Abhängigkeiten aufheben neue ungewohnte Funktionen zuweisen	Verfremden
Plausibilität	Brainstorming forced Relationship	neue Zusammenhänge und Beziehungen herstellen Teile, Elemente zu neuem Ganzen zusammenfügen	
Konformität	Brainwriting (Teamarbeit) Blitzlicht (Teamarbeit)	Versuch und Irrtum das Gegenteil von dem tun, was offen-sichtlich ist Ausschalten des bisherigen Gemeinsamen	spielerisches Experimentieren
Polarisierung	Umschreibung, Umformulierung	der plötzliche Einfall	
funktionale Gebundenheit	Analogienbildung, Assoziation Abschaltung, Nichtbeschäftigung mit dem Problem	Ideensammlung, -vielfalt neugieriges und forschendes Entdecken Umkippen der Gedanken Hypothesenbildung	verzögerte Bewertung

Abb. 3: Überwindungsstrategien von Fehleinstellungen bei synthetischen Problemen

2.3 Dialektisches Problemlösen

Betriebliche Probleme stellen sich in ihrer Komplexität meist als dialektische Probleme dar, was bedeutet, daß die Problemlage völlig offen ist und sich im Lösungsprozeß permanent verändern kann.

Dies offene und dynamische Problemsituation, wie sie z.B. auch die Einführung neuer Produktionstechnologien in Verbindung mit neuen Arbeitsorganisationsmodellen darstellen, impliziert, daß vor allem hier unterschiedliche Wünsche, Anforderungen, Zielvorstellungen der an den Prozessen beteiligten Personen in Lösungskonzepten zusammenzuführen sind, die von allen gleichermaßen getragen werden müssen. Es gilt, mit Hilfe spezifischer Strategien Entscheidungsdilemmata zu überwinden (Abb. 4).

Entscheidungsdilemmata	Überwindungsmethoden	Überwindungstaktiken	Überwindungsstrategien
viele Meinungen und Wege unterschiedliches Zielverständnis jeder will "Recht" bekommen	Visualisieren: - Netzpläne - Farbig markieren - Gruppieren - verbinden, trennen und sortieren Systemgrenzen festlegen	Gemeinsamkeiten und Abweichungen herausarbeiten ähnliche Probleme und verwandte Lösungen suchen Zwänge und Widersprüche erzeugen und aufheben	Widerspruchsbeseitigung
Überlagerung von fachlicher und persönlicher Ebene Festhalten am Bisherigen Randbedingungen (Zwänge, Widersprüche)	Vertragen Untergruppen bilden (personell) Zielgruppen bilden	Alternativen entwickeln Prioritäten festlegen	Zielvereinbarung
Angst vor der Verantwortung Zeitdruck	Rollenspiel, Planspiel gewichtete Wertzahlen (Nutzwerte) Bilanzbögen	Größenordnung abschätzen Grenzwerte festlegen Wahrscheinlichkeit und Tragweite von Risiken bestimmen Ergebnisszenarien, Visionen entwickeln	Antizipation

Abb. 4: Überwindungsstrategien von Entscheidungsdilemmata bei dialektischen Problemen

2.4 Problemlösen im Team

In allen betrieblichen Problemlöseprozessen erhält die Abstimmung im Team immer mehr Bedeutung, können doch gerade die neuen Produktionskonzepte nur dann erfolgreich umgesetzt werden, wenn alle Mitarbeiter/innen mit ihrer Kreativität und Flexibilität, mit ihren Wünschen, Vorstellungen und Bedürfnissen die Arbeitsabläufe gemeinsam planen und gestalten. Insofern rücken kommunikative und soziale Aspekte ins Zentrum betrieblichen Handelns, gemäß der Erkenntnis:

"Ein Menge intelligenter Leute garantieren keine intelligente Lösung; erst ein intelligenter Problemlöse-Prozeß bietet dafür Chancen"[10].

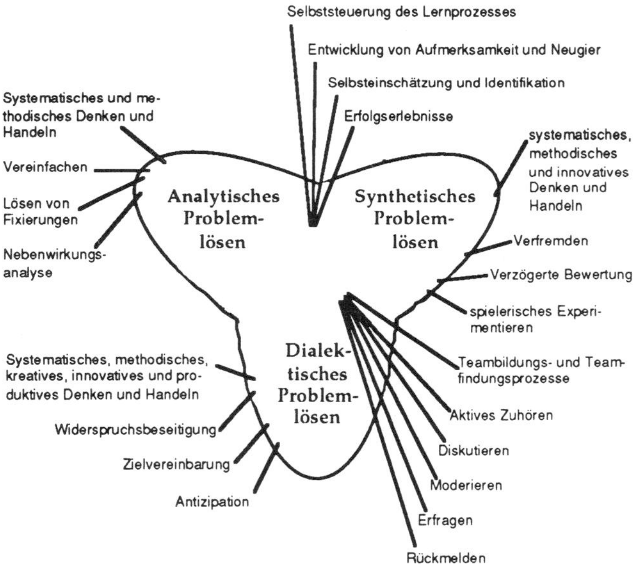

Abb. 5: Das Qualifizierungsmodell

Ein intelligenter Problemlöse-Prozeß zeichnet sich u.E. dadurch aus, daß alle Beteiligten gleiche Chancen haben, sich mit ihrer ganzen Person in diesen Prozeß einzubringen und dies in methodisch strukturierter Weise. Insofern steht auch die Vermittlung kommunikativer und sozialer Kompetenz[11] im Zentrum unseres Qualifizierungsmodells und stellt ein integrales Element sowohl

---

[10] Wiedermann, P. (1991): Ungewißheit besser verstehen, S. 31.

[11] Kommunikative und soziale Kompetenz: d.h. "die Fähigkeit, Arbeitsprozesse kooperativ zu gestalten, kommunikative Regeln zu beachten und Teamarbeit zu moderieren", erfordert kommunikatives und soziales Denken und Handeln.

des analytischen, wie des synthetischen und dialektischen Problemlösens dar. Die Grundbausteine zur Vemittlung dieser Kompetenz sind - neben Teambildungs- und -findungsprozessen - Kommunikationsübungen wie aktives Zuhören, diskutieren, erfragen, Rückmeldung geben sowie die parallele Ausbildung zu Moderatoren und Gesprächsleitern.

Abschließend ist in Abb. 5 das Qualifzierungsmodell übersichtlich dargestellt und zeigt zusammenfassend alle zu vermittelnden Strategien und Lernziele in Abhängigkeit vom jeweiligen Qualifizierungsschwerpunkt.

Wie aus dem Bild deutlich wird, bauen die einzelnen Qualifizierungsschwerpunkte aufeinander auf, d.h., das analytische Problemlösen ist im synthetischen integriert und beide fließen in das dialektische Problemlösen ein. Dennoch müssen die einzelnen Elemente nicht in genau dieser Reihenfolge in der Qualifizierung angesprochen werden, sondern sind flexibel auf jeweils geforderte Bedürfnisse abzustimmen, wie die Komplexität betrieblicher Problemstellungen dies fordert.

3. Die Umsetzung des Qualifizierungsmodells

3.1 Methodisch-didaktische Umsetzung

In der didaktischen Umsetzung des beschriebenen Qualifizierungsmodells haben wir uns zunächst an den übergeordneten Zusammenhängen von Lernen und Motivation sowie Lernen und Handeln orientiert. So bilden die Erwartungen und Zielvorstellungen der Teilnehmer/innen die Grundlage der Maßnahme, wodurch der Bezug zur eigenen beruflichen Praxis hergestellt wird. Desweiteren wählen wir, wo dies möglich ist, Übungsbeispiele aus der beruflichen Praxis der Teilnehmer/innen aus. Anhand dieser Beispiele erarbeiten wir die Heuristik zum analytischen, synthetischen oder dialektischen Problemlösen, gewährleisten damit die Identifikation der Teilnehmer/innen mit den Prozessen und verhelfen - so hoffen wir - zu Erfolgserlebnissen, die zum weiteren Lernen motivieren. Wir streben damit letztlich selbstgesteuerte Lernprozesse an; die Teilnehmer/innen sollen die Problemlöseheuristik als "Rüstzeug" mit in ihre tägliche Berufspraxis nehmen und ggf. als Multiplikatoren verbreiten.

Ein zweites, wesentliches Element der didaktischen Konzeption besteht darin, daß wir Lernen und Handeln verbinden. Die Teilnehmer/innen sind aktiv Handelnde in den Schulungsmaßnahmen, reflektieren ihr Handeln und entwikkeln gemeinsam Handlungsalternativen, die in einer neuen Übungssituation wieder angewendet/ausprobiert werden. So sollen die Schulungsmaßnahmen in verändertem Handeln der Teilnehmer/innen münden.

Wie sieht nun konkret das Schulungskonzept zur Entwicklung von Problemlösefähigkeit aus? Abb. 6 verdeutlicht schematisch die Problemlöse-Heuristik. Sie unterscheidet sich von anderen Problemlöse-Methoden vor allem

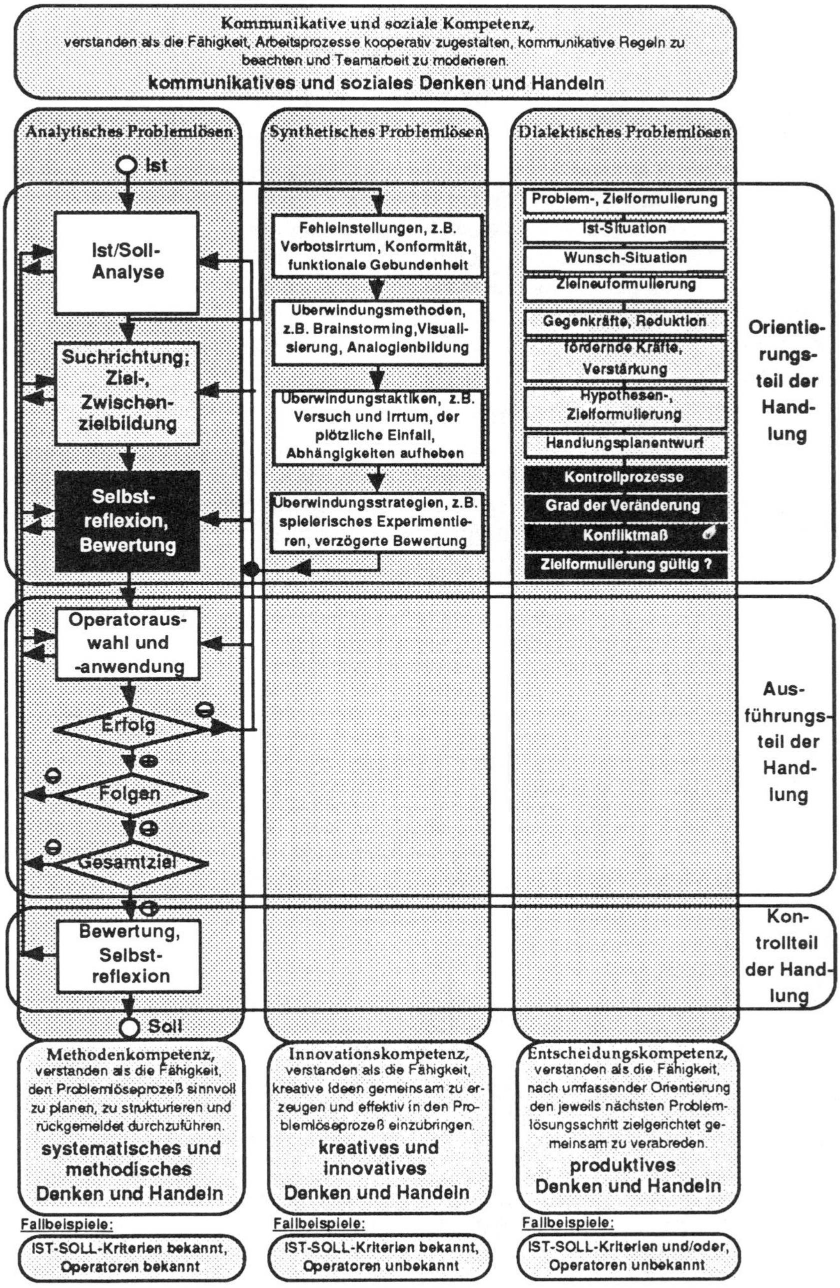

Abb. 6: Entwicklung von Problemlösefähigkeit: Gesamtübersicht

durch die hohe Bedeutung der Selbstreflexions- und Bewertungsphasen im Orientierungsteil der Handlung sowie durch die Unterscheidung von Erfolg- und Folgen-Abschätzung im Ausführungsteil der Handlung. Die Differenzierung in Orientierung-/Ausführungs- und Kontrollteil der Handlung ist dabei eine wichtige Voraussetzung für zielgerichtetes und effektives Arbeiten.

Analog der Kennzeichnung analytischer Probleme geht es im Qualifizierungsschwerpunkt zum analytischen Problemlösen in erster Linie darum, mit Hilfe der strukturierten Vorgehensweise die Problemlage zu ordnen und damit überschaubar und lösbar zu gestalten. Sind hierzu keine Beispiele aus der betrieblichen Praxis der Teilnehmer/innen zu finden, so eignen sich auch Denksportaufgaben. Durch Beobachten des eigenen Problemlöse-Verhaltens beim Lösen dieser Aufgaben sollen die Teilnehmer/innen ihre eigene Heuristik erkennen und weiterentwickeln.

Beim Lösen synthetischer Problemstellungen kommt es vor allem darauf an, durch das Überwinden von Fehleinstellungen zu innovativen Lösungswegen zu kommen. Ein Weg dahin ist das Erkennen von gewohnten Bahnen der Gedanken, um diese dann bewußt auszuklammern. Gedankensprünge, Vermutungen, Hypothesen, Flexibilität, Kreativität und Intuition werden mit den verschiedenen, in Kap. 2.2 vorgestellten Methoden und Taktiken gefördert. Dialektische Probleme zeichnen sich durch eine offene Problemstellung aus; der Lösungsprozeß stellt sich in erster Linie als Zielfindungs- und Entscheidungsprozeß dar. Im Qualifizierungsschwerpunkt zum dialektischen Problemlösen wird im Orientierungsteil der Handlung diesem Umstand Rechnung getragen. Die besondere Bedeutung dieses Qualifizierungselementes liegt darin, daß es sich um einen permanenten Prozeß der Zielüberprüfung und -konkretisierung handelt, in dem vor allem die Wünsche der Teilnehmer/innen wie die Identifikation mit den Prozessen in der Phase der Kontrollprozesse berücksichtigt werden. In unseren Wünschen und Identifikationen kommt zum Ausdruck, ob wir Projekte und Prozesse wirklich mittragen. Insofern eignet sich die Methode zum dialektischen Problemlösen vor allem für Zielabsprachen zu Beginn von Veränderungsprozessen -wie z.B. der Neuorganisation von Produktionsabläufen.

3.2 Praktische Umsetzung

Idealtypisch entsprechen die drei Schulungsblöcke jeweils einem Seminartag, d.h. am ersten Tag steht analytisches Problemlösen im Vordergrund, am zweiten synthetisches und am dritten dialektisches. Allerdings verstehen wir diese Methode nicht als starre Handlungsanleitung. Eine Grundvoraussetzung für die Funktionalität der Methode ist, sie flexibel an die jeweiligen Erfordernisse anzupassen. Ein Unterschied in der Anwendung der Methode rührt aus der Zielsetzung, d.h. ob es vorrangig darum geht, die unterschiedlichen Kompetenzen zu schulen - dieser Zielsetzung wird i.d.R. ein dreitägiges Standard-

Seminar gerecht. Es kann aber auch die Lösung ganz konkreter Probleme den Schwerpunkt einer Maßnahme bilden - dann bewegt sich diese eher im Bereich dialektischen Problemlösens. Innerhalb dieser Bandbreite sind unterschiedliche Schwerpunktsetzungen möglich, die sich u.a. in der zeitlichen Intensität ausdrücken, die den jeweiligen Seminarblöcken gewidmet werden. Bei sehr komplexen Problemstellungen z.B. wird ein hoher zeitlicher Aufwand auf eine umfassende Ist-Soll-Analyse gelegt. Geht es darum, neue Lösungsmöglichkeiten zu finden, liegt der Schwerpunkt im Bereich des synthetischen Problemlösens. Bei der Zielsetzung allgemeiner Vermittlung methodischen und systematischen Denkens und Handelns bleiben die Seminarteile gleich gewichtet.

In verschiedenen Umsetzungsmaßnahmen haben wir die Problemlöse-Heuristik mit unterschiedlichen Zielsetzungen erprobt. Die umfassendste Anwendung schlägt sich im Konzept "Beteiligungsqualifizierung zur Gestaltung von Technik- und Arbeitsprozessen" nieder, das wir in zwei verschiedenen Verbundprojekten anwenden. In diesem Konzept tragen wir den eingangs formulierten Anforderungen an Qualifizierungsmaßnahmen für den Umgang mit Komplexität im Unternehmen Rechnung, indem wir zunächst die beteiligten Interessengruppen in ihren Zielfindungsprozessen unterstützen. Sind auf diesem Wege Anforderungen an neue Produktionskonzepte formuliert, die von allen getragen werden, setzt die Schulungsmaßnahme zur Entwicklung von Problemlöse-Fähigkeit an, um den dauerhaften Erfolg der Maßnahmen zu garantieren. Allein in 1991 haben wir 27 Seminare bzw. Workshops (= 86 Seminartage) mit insgesamt 359 Teilnehmer/innen durchgeführt. Die Bandbreite der Maßnahmen reicht vom Hochschulseminar "Problemlöseverhalten I und

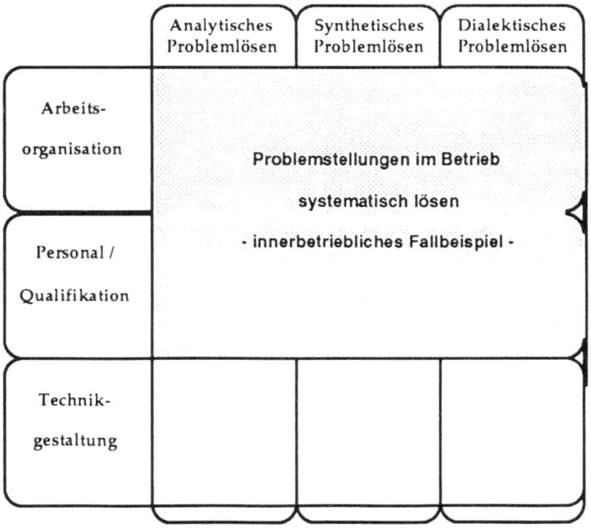

Abb. 7: Wirkungsebenen und Seminarschwerpunkte

II" für Studenten/innen der Ingenieurwissenschaften an der RWTH Aachen über 3-tägige überbetriebliche Schulungsmaßnahmen "Problemstellungen im Betrieb systematisch lösen", verschiedene Vorbereitungs-Workshops zur Unterstützung der Zielfindungsprozesse in großen Verbundvorhaben (jeweils 4 Workshops à 3 Tagen in 3 Projekten) bis hin zu Seminaren mit betriebsinternen Gruppen, bei denen die Schulung zum Problemlöseverhalten verknüpft ist mit der Bearbeitung innerbetrieblicher Probleme.

4. Wirkungen

Bei der Komplexität der unterschiedlichen Problemstellungen und der daraufhin jeweils unterschiedlich verlaufenden Qualifizierung wirken wir mit unseren Maßnahmen auf verschiedenen Ebenen, nämlich auf der Ebene von Arbeitsorganisation, von Personal/Qualifikation oder auch auf der Ebene von Technikgestaltung. Abb. 7 zeigt ein Beispiel möglicher Wirkungsbreite.

Mit einer innerbetrieblichen Teilnehmergruppe haben wir beispielsweise ein Seminar zur Entwicklung von Problemlösefähigkeit durchgeführt, wobei die Übungsbeispiele vor allem zum synthetischen und dialektischen Problemlösen aus dem Arbeitsbereich der Gruppe stammten. Die dabei erarbeiteten Lösungen bewegten sich im Bereich der Arbeitsorganisation und fanden als arbeitsorganisatorische Veränderungen Eingang in den betrieblichen Alltag.

Insgesamt bestätigen alle diese Seminare, daß die Qualität der Ergebnisse entscheidend von der Qualität der Interaktionsprozesse in den jeweiligen Problemlösegruppen abhängt. So bewegen sich die erarbeiteten Lösungen - wie auch im obigen Beispiel - meist auf der Ebene von Arbeitsorganisation und Personal-/Qualifikation. Das wiederum bestätigt den eingangs formulierten Trend, daß die Menschen im Produktionsprozeß immer größere Bedeutung erlangen, dies jedoch nicht allein als Individuen mit ihren fachspezifischen Fähigkeiten und Fertigkeiten, sondern vor allem als Mitglieder von Arbeitsgruppen, die gemeinsam den Arbeitsprozeß gestalten. So stellt sich unser Qualifizierungskonzept als erfolgversprechende Möglichkeit dar, in Anlehnung an die Konzepte von Autopoiese und Koevolution[12] alle Betroffenen an diesem Gestaltungsprozeß effektiv zu beteiligen und somit den Anforderungen wachsender Komplexität in Unternehmen Rechnung zu tragen.

---

12 Vgl. den Beitrag von Hartmann, E.A./Strina, G. in diesem Band.

5. Literatur

Bitzer, A.: Beteiligungsqualifizierung zur Gestaltung von technischen und organisatorischen Innovationen, Düsseldorf 1991.

Deh, G ; Hurrle, G.: Vom tayloritischen zum evolutionären Management. in: Wechselwirkung 13. Jhg., Juni 1990, S. 43ff.

Dörner, D.: Problemlösen als Informationsverarbeitung, Stuttgart, Berlin, Köln, Mainz 1976.

Hartmann, E.A.; Strina, G.: Komplexitätsdimensionierung bei der Gestaltung soziotechnischer Systeme, in diesem Band.

Karste, G.: Plädoyer für die Segmentierte Fabrik, in: Logistik im Unternehmen, März 1990, S. 8ff.

Köhl, E. ; Esser. U. ; Kemmner, A. ; Förster, U.: CIM zwischen Anspruch und Wirklichkeit. Erfahrungen, Trends, Perspektiven, Eschborn und Köln 1989.

Lutz, Ch.: Unternehmensführung im Zeitalter der Kommunikationskultur in: Organisationsentwicklung, 8. Jhg. Heft 3/90, S. 6ff.

Pädagogischer Arbeitskreis Erwachsenenbildung: Wirkungsvoller Lernen und Arbeiten, Heidelberg 1976.

Sell, R.: Angewandtes Problemlösungsverhalten. Denken und Handeln in komplexen Zusammenhängen, Berlin, Heidelberg, New York 1990.

Sell, R. ; Fuchs, P.: Technikgestaltung durch Beteiligungsqualifizierung. Veröffentlichung in Vorbereitung.

Wiedemann, P.: Ungewißheit besser verstehen. Szenariotechnik und Sozialverträglichkeit, in: Technische Rundschau, 83. Jhg., Nr. 27/91, S. 28ff.

Der Einsatz von Gruppen-Entscheidungsunterstützungssystemen für international besetzte Entscheidungsgruppen in Unternehmen

von *Olaf Schönert* und *Thomas Schüßler*[1]

1. Ansatz und Probleme der Gruppe als Träger von Entscheidungen

Die Komplexität der Umsysteme von Unternehmen (z. B. ausgeprägt als Erhöhung der Zahl der Interaktionspartner bzw. -möglichkeiten) nimmt, u. a. bedingt durch wachsende Internationalisierung der Unternehmungen und die Schaffung einheitlicher Wirtschaftsgebiete (z. B. EG), zu. Daraus resultiert eine zunehmende Komplexität der Entscheidungssituationen, gekennzeichnet durch neuartige Handlungsalternativen, Parameterkonstellationen und Zielsysteme. Kybernetische und systemtheoretische Methoden leisten in diesem Zusammenhang einen wesentlichen Beitrag zur Bewältigung der Komplexität.

Nach dem Gesetz der erforderlichen Varietät nach Ashby, sollte eine Anpassung an die veränderte Situation in den Umsystemen, durch eine Erhöhung der Varietät des betrachteten Systems erfolgen. Bezogen auf den Entscheidungsträger, wird man diesem Problem durch vermehrten Einsatz von Entscheidungsgruppen gerecht.

Unter einer Entscheidungsgruppe wird hier eine Reihe von Personen verstanden, die in einer bestimmten Zeitspanne zum Zwecke des Treffens von Entscheidungen in gemeinsamer Verantwortung zusammenarbeiten. Charakteristisch für die Aufgabenerfüllung der Entscheidungsgruppe ist die ein- oder mehrmalige, als Sitzung, Konferenz oder Meeting bezeichnete Zusammenkunft der Gruppenmitglieder, um in direkter persönlicher Interaktion zu einer Problemlösung bzw. Entscheidung zu gelangen.

---

[1] Dipl.-Kfm. Olaf Schönert, Universität Koblenz-Landau, Fachbereich Informatik, Inst. f. Wirtschaftsinformatik, Rheinau 3-4, D-5400 Koblenz; Dipl.-Kfm. Thomas Schüßler, Philipps-Universität Marburg, Fachbereich Wirtschaftswissenschaften, Abtlg. Allgemeine Betriebswirtschaftslehre und Unternehmensforschung sowie Abtlg. Wirtschaftsinformatik, Am Plan 2, D-3550 Marburg.

Diese Gruppen entwickeln jedoch eine Eigendynamik. Phänomene wie die De-Individualisierung und Diffusion der Verantwortung, die Dominanz einzelner Gruppenmitglieder, bestehender Konformitätsdruck und die häufig unzureichende Problemdefinition und Generierung von Alternativen[2] wirken sich folgendermaßen auf den Entscheidungsprozeß innerhalb der Gruppe aus:

- Überhöhte Zeitdauer der Sitzungen.
- Man gelangt zu keinem Ergebnis oder zu einem, gemessen an den Erwartungen, minderwertigen Ergebnis.
- Die Durchsetzung der Entscheidung wird nicht im erwarteten Maße durch die Gruppenmitglieder getragen.

Im vierten Kapitel soll untersucht werden, ob die Entscheidungen international besetzter Entscheidungsgruppen, durch den Einsatz von entscheidungsunterstützenden Systemen verbessert werden können. Dazu wird im dritten Kapitel eine Einführung in die Problematik der internationalen Besetzung, anhand eines systemtheoretischen Ansatzes, erfolgen. Kapitel zwei gibt einen Überblick über bestehende Ansätze von Gruppen-EUS.

2. Gruppen-EUS als Lösungsansatz

Um die genannten Schwierigkeiten von Gruppenentscheidungen zu überwinden wurde eine Vielzahl spezieller Techniken entwickelt. Brainstorming und Nominal Group Technique sind bekannte Beispiele strukturierter Ansätze zur Entscheidungsfindung.

Anfang der achtziger Jahre begann die Wissenschaft den Gedanken der individuellen, computerbasierten Entscheidungsunterstützung durch Entscheidungsunterstützungssysteme (EUS) auf die Gruppe zu übertragen und unterbreitete u. a. Vorschläge zur Integration moderner Computer- und Kommunikationstechnik mit den oben genannten, strukturierten Ansätzen der Entscheidungsfindung[3]. Gruppen-EUS bilden seither - vor allem in den USA - einen Schwerpunkt der Forschung auf dem Gebiet entscheidungsunterstützender Systeme. Sie lassen sich definieren als:

> 'Computer- und Kommunikationstechnik-gestützte Systeme, die Gruppen beim Treffen von Entscheidungen in gemeinsamer Verantwortung unterstützen.'

Dazu enthält die Software von Gruppen-EUS, wie schon die Software individueller EUS, Möglichkeiten zum Zugriff auf und die Benutzung von Daten,

---

[2] Einen Überblick über diese Phänomene geben beispielsweise Hoffman, L. Richard: Group Problem Solving, in: Group Processes, hrsg. von Leonhard Berkowitz, New York, San Francisco u. London 1978, S. 68 ff.; Swap, Walter C.: Destructive Effects of Groups on Individuals, in: Group Decision Making, hrsg. von Walter C. Swap et al., Beverly Hills, London und New Delhi 1984, S. 69 ff.

[3] Vgl. Huber, George P.: Group Decision Support Systems as Aids in the Use of Structured Group Management Techniques, in: DSS-1982 Conference Proceedings, S. 96 ff.

Methoden und Modellen, jedoch mit zusätzlicher Ausrichtung auf gruppentypische Aufgaben wie die Aggregation von Präferenzen oder Aushandlung von Lösungen.

Zur hardwareseitigen Umsetzung dieses Ansatzes sind mehrere Möglichkeiten denkbar, die sich grob danach unterscheiden lassen, ob sie auf der gewohnten Face-to-Face-Situation aufsetzen (zentrale Ansätze) oder diese ersetzen (verteilte Ansätze).

Bei den zentralen Ansätzen läßt sich ein als Einrechner-System zu bezeichnender Ansatz, bei dem einfach ein Computer mit speziellen, auf die Gruppe zugeschnittenen Einrichtungen zur visuellen Darstellung (z. B. Großbildschirm) versehen wird, vom sog. Entscheidungsraum unterscheiden. Charakteristisch für den Entscheidungsraum-Ansatz ist die Ausstattung eines Konferenzraumes mit visuellen Hilfmitteln und einer der Zahl der Gruppenmitglieder entsprechenden Zahl von Rechnerarbeitsplätzen sowie einem oder mehreren Dienstleistungsrechnern, die untereinander mittels eines local area network (LAN) vernetzt sind.

Bei den verteilten Ansätzen läßt sich ebenfalls ein Entscheidungsraum-Ansatz vom sog. Entscheidungsnetzwerk unterscheiden. Beim verteilten Entscheidungsraum sind, anders als beim einfachen Entscheidungsraum, Subgruppen auf mehrere Entscheidungsräume verteilt, die telekommunikativ (Video- und/oder Audio- sowie Datenverbindung) miteinander verbunden sind. Demgegenüber bezeichnet das Entscheidungsnetzwerk einen verteilten Ansatz, bei dem die Gruppenmitglieder von ihrem Büroarbeitsplatz aus via vernetzter Rechner interagieren[4].

Die Verbreitung von Gruppen-EUS in der betrieblichen Praxis ist bislang noch sehr gering[5]. Erste, hauptsächlich im Laborexperiment, teilweise aber auch in der Praxis gewonnene Erfahrungen vor allem mit dem Einsatz von (einfachen) Entscheidungsräumen und Entscheidungsnetzwerken deuten aber darauf hin, daß Gruppen-EUS leistungsfähige Werkzeuge zur Verbesserung von Gruppenentscheidungen sein können[6].

Dabei wird der Nutzen des Einsatzes von Gruppen-EUS generell vor allem in drei Bereichen gesehen[7]:

---

4 Damit entspricht das Entscheidungsnetzwerk weitgehend dem Ansatz der Computerkonferenz. Der Begriff des Entscheidungsnetzwerkes wurde gewählt, um einerseits auch die in Zukunft bestehenden Möglichkeiten multimedialer Verbindungen durch Entwicklungen wie Bildtelefon und multifunktionale Terminals zu erfassen und andererseits auf den Entscheidungsbezug hinzuweisen.

5 Dies liegt nicht zuletzt am Mangel an entsprechender Software und Anbietern von Komplettlösungen. Beispielsweise gibt es erst einen kommerziellen Anbieter für Gruppen-EUS in Deutschland. Vgl. Berg, Stefanie: Marathon-Meeting, in: Computer Live, Juni 1991, S. 75.

6 Vgl. Pinsonneault, Alain und Kenneth L. Kraemer: The Effects of Electronic Meetings on Group Processes and Outcomes: An Assessment of the Empirical Research, in: European Journal of Operational Research, Vol. 46, 1990, S. 143 ff.

7 Vgl. Kraemer, Kenneth L. und John Leslie King: Computer-Based Systems for Cooperative Work and Group Decision Making, in: ACM Computing Surveys, Vol. 20, No. 2, June 1988, S. 130 ff.; siehe auch Krcmar, Helmut A. O.: Computerunterstützung für Gruppen - neue Entwicklungen bei Entscheidungsunterstützungssystemen, in: Information Management , 3/1988, S. 14.

- affektiver Nutzen,
- Protokollnutzen und
- Informationsnutzen.

Der affektive Nutzen soll darin bestehen, daß die Gruppenentscheidungssituation für die Mitglieder durch den Einsatz von Gruppen-EUS interessanter wird bzw. als stimulierender empfunden wird, was in besseren Entscheidungen resultiere. Diese, in empirischen Versuchen durchaus bestätigte Nutzenkategorie, ist unserer Ansicht nach jedoch teilweise auf eine Art 'Hawthorne'-Effekt zurückzuführen[8]. Hinzu kommt, daß in der Literatur, die sich mit dem Verhältnis von Managern zu neuen Informationstechnologien beschäftigt, das Bild eines gegenüber neuen Technologien zwar grundsätzlich aufgeschlossenen, im Hinblick auf die eigene, unmittelbare Anwendung aber eher zurückhaltenden Managers gezeichnet wird[9]. Einen generellen und vor allem positiven affektiven Nutzen des Einsatzes von Gruppen-EUS vermögen wir daher nicht zu sehen und verzichten deswegen im folgenden auch auf die weitere Behandlung dieser Nutzenkategorie.

Mit Protokollnutzen ist gemeint, daß die Verwendung von Gruppen-EUS die Einhaltung bzw. Durchsetzung von Kommunikations- und Verhaltensprotokollen erleichtere. Dabei resultiere die Verwendung von Gruppen-EUS-Technik in einer verbesserten Aufgabenfokussierung der Gruppe, da Funktionen bereitstehen, die bereits einem Ideal-Protokoll entsprechen. Die Möglichkeit, Meinungen und Einschätzungen anonym via Rechner mitzuteilen, fördere ein offeneres Klima. Modellierungsunterstützung könne dazu beitragen, faktische Mißinterpretationen aufzudecken.

Der Informationsnutzen schließlich bezieht sich darauf, daß die Nutzung von Informationsquellen möglich erscheint, die in herkömmlichen Sitzungen den Teilnehmern nicht zugänglich sind.

3. Die Entscheidungssituation international besetzter Entscheidungsgruppen

Die zunehmende Internationalisierung des Wirtschaftslebens und vieler Unternehmen führt zu einer Zunahme von Entscheidungsgruppen mit Mitgliedern unterschiedlicher Nationalität; dies erfolgt teilweise aus rechtlichen und/ oder organisatorischen Gründen, vor allem aber, um subsystem- bzw. länder-

---

8 Ähnliche Vermutungen äußern auch Pinsonneault/Kraemer: The Effects of Electronic Meetings on Group Processes and Outcomes, S. 153.

9 Mit Müller-Böling/Ramme läßt sich dieser Sachverhalt etwas überspitzt durch die Begriffe 'Technikeuphorie' und 'Tastaturphobie' umschreiben. Vgl. Müller-Böling, Detlef und Iris Ramme: Informations- und Kommunikationstechniken für Führungskräfte, München und Wien 1990.

spezifisches Wissen in den unternehmerischen Entscheidungsprozeß zu integrieren.

Zu den grundsätzlich gleichen Problemen wie bei national besetzten Entscheidungsgruppen, treten spezifische, auf der unterschiedlichen kulturellen Prägung der Entscheidungsgruppenmitglieder beruhende Probleme.

Einen systemtheoretischen Ansatz zur systematischen Analyse dieser spezifischen Probleme (aber auch der sich ergebenden Chancen) liefert Dülfer, der die bestehenden Methoden zur Umweltberücksichtigung (im wesentlichen interaktions- und situationstheoretische Ansätze) zu einer genetischen Umweltdifferenzierung weiterentwickelt[10]. Das Ergebnis ist das Schichtenmodell der Umweltdifferenzierung (vgl. Abb. 1). Es zeigt die auf den Manager einwirkenden Umwelteinflüsse bzw. Einflußfaktoren und die zwischen diesen bestehenden, mittel- und unmittelbaren Wechselbeziehungen (Pfeile in Abb. 1).

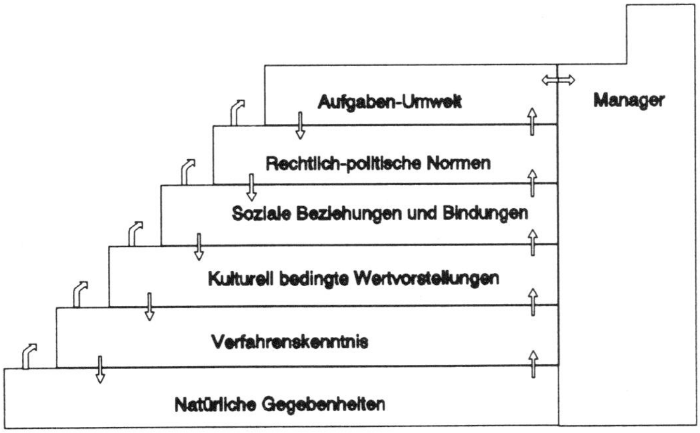

Abb. 1: Das Schichtenmodell der Umweltdifferenzierung nach Dülfer[11]

Sowohl die *Aufgaben-Umwelt* (externe Interaktionspartner der Unternehmung) als auch die unternehmensinternen Interaktionspartner sind von Land zu Land verschieden oder haben eine andere Bedeutung. Als Beispiel sei hier die je nach Land unterschiedliche Rolle der Gewerkschaften für Entscheidungsprozesse in Unternehmen genannt[12].

Eine wesentliche Bedeutung für Abstimmungsprozesse in einer multikulturellen Umgebung hat die unterschiedliche Ausprägung der *rechtlich-*

10 Vgl. Dülfer, Eberhard: Zum Problem der Umweltberücksichtigung im 'Internationalen Management', in: Internationales Management, hrsg. von Ehrenfried Pausenberger, Stuttgart 1981, S. 10 ff.

11 Vgl. Dülfer: Zum Problem der Umweltberücksichtigung im 'Internationalen Management', S. 32.

12 Zur Rolle der Gewerkschaften in den USA siehe Kumar, Brij: Deutsche Unternehmen in den USA,Wiesbaden 1987, S.86 ff.

politischen Normen in den einzelnen Ländern. Besondere Relevanz haben dabei die folgenden Rechtsgebiete: Arbeits- und Sozialrecht, Gesellschaftsrecht, Steuerrecht, Wettbewerbsrecht, rechtliche Regelungen im Währungs- und Kreditwesen sowie das Handelsrecht[13]. Als Beispiele für konkrete Probleme, seien die national unterschiedlichen Bilanzierungs-, Zoll- und Steuervorschriften genannt.

Im Rahmen der *sozialen Beziehungen und Bindungen* kann auf die im Vergleich zu Europäern bzw. Nordamerikanern größere Zurückhaltung in Gesprächen, insbesondere gegenüber älteren Menschen, seitens Personen aus dem ostasiatischen Raum verwiesen werden[14]. Dies kann soweit gehen, daß aus Respekt, beispielsweise vor der älteren Person, die wahre Meinung nicht geäußert wird. Ein solches Verhalten kann zu einem Verlust sachlich notwendiger Informationen im Zuge des Interaktionsprozesses innerhalb der Entscheidungsgruppe führen.

Unterschiedliche, *kulturell bedingte Wertvorstellungen* führen u. a. zu einer verschiedenartigen Einstellung zur Zeit. In einigen Gesellschaften sind Zeitpläne unerwünscht[15]. Desweiteren wird in Ostasien für Verhandlungen viel Zeit benötigt, da es als unhöflich gilt gleich zur Sache zu kommen[16].

In Bezug auf den *Stand der Realitätserkenntnis und Verfahrenstechnik* ist vor allem die Problematik unterschiedlicher Sprachsysteme offensichtlich. Eine Übertragung von Informationen aus einer Sprache in eine andere Sprache führt immer zu einem informationellen Verlust. Dies gilt auch, wenn alle Mitglieder der Entscheidungsgruppe eine gemeinsame Sprache, z. B. Englisch sprechen, wobei dann jene Gruppenmitglieder bevorteilt sind, welche die jeweils gewählte Sprache zur Muttersprache haben. In diesem Zusammenhang ist auch auf unterschiedliche Ausprägungen der sog. 'silent language', d. h. von Mimik und Gestik hinzuweisen. So sieht beispielsweise das in Indien übliche affirmative Kopf-Wiegen dem ablehnenden Kopf-Schütteln der Europäer zum Verwechseln ähnlich[17].

Unterschiedliche *natürliche Gegebenheiten*, z. B. extreme klimatische Bedingungen, beeinflussen das wirtschaftliche Geschehen wesentlich. Für Entscheidungsgruppen haben sie allerdings nur eine untergeordnete Bedeutung, da die Bedingungen für alle Teilnehmer gleich sind. Zu berücksichtigen sind jedoch unterschiedliche Reiseanstrengungen, Akklimatisationsvoraussetzungen und Zeitzonen, die bei einzelnen Gruppenmitgliedern negative Effekte bewirken können.

---

13 Vgl. Dülfer, Eberhard: Internationales Management, München und Wien 1991, S. 339.

14 Vgl. Moran, Robert T. und Philip R. Harris: Managing Cultural Synergy, Houston u. a. 1982, S. 212 u. 228.

15 Vgl. Engel, Peter: Japanische Organisationsprinzipien, Zürich 1981, S. 13 ff.

16 Vgl. Harris, Philip R. und Robert T. Moran: Managing Cultural Differences, Houston u. a. 1979, S. 216.

17 Vgl. Dülfer: Internationales Management, S. 259.

Objektiv vorhandene Entscheidungssituationen werden durch jede dieser einzelnen Schichten gefiltert. Da die einzelnen Schichten je nach Nationalität bzw. kultureller Herkunft unterschiedlich ausgeprägt sind, stellt sich die Entscheidungssituation für die einzelnen (kulturverschiedenen) Entscheidungsgruppenmitglieder nach dem Filterungsprozeß - bei teilweiser Überschneidung - jeweils unterschiedlich dar. Diesen Zusammenhang verdeutlicht die folgende Abbildung, die auf dem Filtermodell des umweltbezogenen Managements nach Dülfer aufbaut[18].

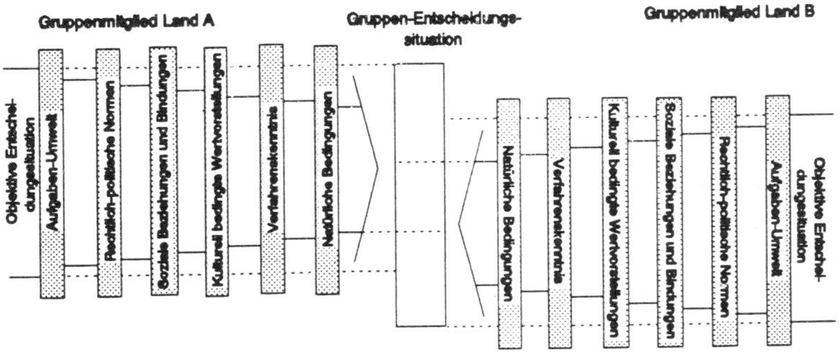

Abb. 2: Die Entscheidungssituation in international besetzten Entscheidungsgruppen

Wie Abbildung 2 zeigt, befinden sich international besetzte Entscheidungsgruppen in einer Entscheidungssituation, die im positiven Sinne durch das Vorhandensein einer breiteren Wissensbasis gekennzeichnet ist. Dem stehen jedoch folgende negative Wirkungen gegenüber:

- Die Wissensbasis ist zwar verbreitert, aber ungleich veteilt.Jedes Mitglied der Gruppe verfügt nur über einen Teil des notwendigen Wissens. Die Entscheidungssituation wird subjektiv unterschiedlich wahrgenommen. Es bestehen also *Informationsdifferenzen*, die ihre Ursache vor allem in jeweils unterschiedlich ausgeprägten Aufgaben-Umwelten, vielfältigen, jeweils unterschiedlichen rechtlich-politischen Normen sowie Verfahrenskenntnissen haben. Für eine 'optimale' Entscheidung ist es jedoch erforderlich, daß die partizipierenden Gruppenmitglieder im Verlaufe des Entscheidungsgeschehens in den Besitz aller für die Entscheidung relevanten Informationen kommen[19].

---

18 Vgl. Dülfer: Zum Problem der Umweltberücksichtigung im 'Internationalen Management', S. 34 ff. Ursprünglich bezieht sich das Filtermodell auf einen Manager aus Land A in einer Entscheidungssituation in Land B. Hier wurde insofern eine Verallgemeinerung vorgenommen, als das Filtermodell nun auf eine Situation angewendet wird, bei der ein Manager mit länderspezifischem kulturellem Hintergrund in einer internationalen Entscheidungssituation steht.

19 Vgl. Kahle, Egbert: Betriebliche Entscheidungen, 2., erw. Aufl., München u. Wien 1990, S. 161; Türk, Klaus: Gruppenentscheidungen, in: Partizipative Führung, hrsg. von Wolfgang Grunwald und Hans-Georg Lilge, Bern und Stuttgart 1980, S. 207.

- Vor allem die Unterschiede in den sozialen Beziehungen und Bindungen, in der Sprache, den kulturell bedingten Wertvorstellungen und natürliche Bedingungen schlagen sich in *unterschiedlichen*, möglicherweise inkompatiblen *Kommunikationsprotokollen* der einzelnen Gruppenmitglieder nieder. Dies hat zur Folge, daß der für einen Ausgleich der bestehenden Informationsdifferenzen notwendige Kommunikationsprozeß erschwert wird.

4. Die Eignung von Gruppen-EUS zur Lösung der Probleme international besetzter Entscheidungsgruppen

In diesem Abschnitt ist zu prüfen, ob und gegebenenfalls inwieweit die oben angesprochenen Typen von Gruppen-EUS geeignet sind, Informationsdifferenzen und die sich aus unterschiedlichen Kommunikationsprotokollen ergebenden, negativen Wirkungen auf den Kommunikations- und Entscheidungsprozeß abzubauen bzw. die Ergebnisse dieses Prozesses in international besetzten Entscheidungsgruppen zu verbessern (vgl. Abb. 3).

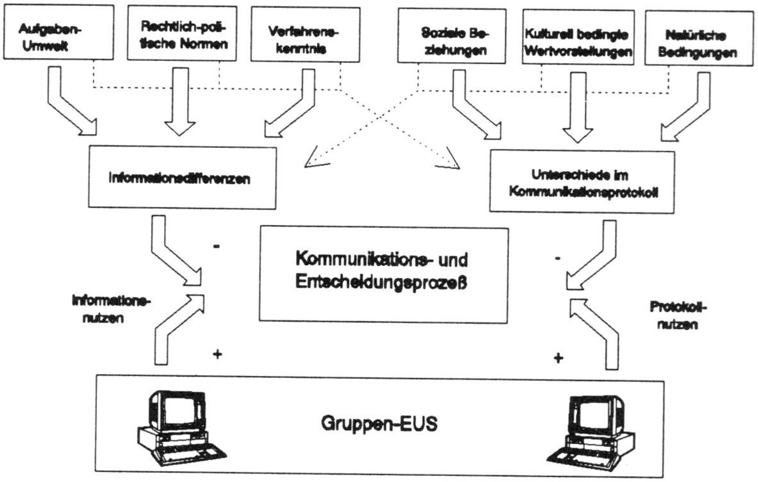

Abb. 3: Die Rolle von Gruppen-EUS im Kommunikations- und Entscheidungsprozeß

4.1 Einrechner-System

Wendet man sich zunächst dem Einrechner-System zu, so läßt sich ein Protokollnutzen für die international besetzte Entscheidungsgruppe vor allem aus dem Vorhandensein eines Großbildschirmes ableiten, der einen zusätzlichen, visuellen Kommunikationskanal darstellt. Das gesprochene Wort kann durch die begleitende Präsentation von - vorab zu erstellenden - Dokumenten, Grafiken, Tabellen etc. unterstützt werden, was zur Reduzierung der sich aus dem oben angerissenen Sprachproblem ergebenden Verständnisschwierigkeiten beiträgt. Unterschiedliche Abbilder der Realität bei den einzelnen Gruppenmitgliedern können zumindest teilweise durch eine gemeinsame Sicht - auch auf Modelle - ersetzt werden. Hierbei erhebt sich allerdings die Frage, wie diese gemeinsame Sicht (am besten) aussehen und wer dies bestimmen soll.

Während durch diese gemeinsame Sicht die Kommunikation verbessert und das Entstehen zusätzlicher Informationsdifferenzen in der Sitzung teilweise vermieden werden kann, ist dieser Ansatz jedoch ungeeignet, um bereits bestehende, grundlegende Informationsdifferenzen der Gruppenmitglieder abzubauen. Zwar ist technisch die Implementierung eines leistungsfähigen Datenbankteils, der nicht jedem Gruppenmitglied zur Verfügung stehendes, länderspezifisches Wissen enthält, kein Problem. Eine effiziente, den Entscheidungsprozeß in der Gruppe nicht weiter störende Nutzung der Datenbank durch alle Gruppenmitglieder, muß jedoch am Vorhandensein nur eines Rechners scheitern.

4.2 Einfacher Entscheidungsraum

Der Ansatz des Entscheidungsraums bietet gegenüber dem Einrecher-System zunächst den Vorteil, daß jedem Gruppenmitglied individuelle Rechnerkapazität zur Verfügung steht. Jedes Gruppenmitglied kann damit grundsätzlich diejenigen Tools oder Modelle verwenden, mit denen es zu arbeiten gewohnt ist. Abfragen von Daten zur Verminderung von Informationsdifferenzen durch einzelne Gruppenmitglieder wirken sich nicht mehr störend auf den Sitzungsverlauf aus. Die verbale Darstellung individueller Daten- und Problemsichten kann ad hoc - und damit situationsgerechter als bei einem Einrechnersystem - durch das Übertragen entsprechender Informationen vom Rechner der Teilnehmer auf den Großbildschirm visuell unterstützt werden.

Viele der in der Literatur vorgestellten Gruppen-EUS-Ansätze auf der Grundlage des einfachen Entscheidungsraums begnügen sich nicht mit der Erleichterung der Kommunikation durch die Zuverfügungstellung eines visuellen Kommunikationskanals und der Automatisierung sonst manuell vorgenommener Tätigkeiten. Sie gehen einen Schritt weiter und zielen auf eine Strukturierung des Entscheidungsprozesses durch die Vorgabe von Art und Reihenfolge zu verwendender Methoden und Modelle. Die vormals freie, unmittelbare und persönliche Kommunikation zwischen Menschen wird teilweise durch die Kommunikation via System ersetzt. Die explizite Vorgabe eines zielführenden gemeinsamen Protokolls, zumindest für den rechnergestützen Teil der Kommunikation, erscheint auf diese Weise möglich.

Zur Realisierbarkeit dieses Ansatzes im Kontext international besetzter Entscheidungsgruppen ist anzumerken, daß hierfür Wissen darüber erforderlich ist, wie ein 'optimales' Kommunikationsprotokoll für solche Gruppen auszusehen habe, wobei dies im einzelnen stark von der Zusammensetzung der konkreten Gruppe abhängt. Diesbezügliche Erkenntnisse fehlen jedoch bislang weitgehend. Aussagen in der Literatur zu entsprechenden Protokollen in international besetzten Entscheidungsgruppen beschränken sich zumeist auf die Generalisierung einiger vorgetragener Einzelfälle[20]. Ein den spezifischen Problemen international besetzter Entscheidungsgruppen Rechnung tragender Protokollnutzen ist durch die bloße Verlagerung von Teilen der Kommunikation auf ein künstliches Medium nicht zu erreichen.

4.3 Verteilter Entscheidungsraum

Beim verteilten Entscheidungsraum lassen sich wie beim einfachen Entscheidungsraumansatz vor allem die Vorteile der Zurverfügungstellung individueller Verarbeitungskapazität sowie der sich daraus ergebenden Möglichkeiten zum Abbau von Informationsdifferenzen bzw. Wissenslücken nutzen. Die zumindest partielle räumliche Entkoppelung ermöglicht Reisekosten- und Zeitersparnisse.

Problematisch erscheint dagegen die bei diesem Ansatz erforderliche Bildung von Subgruppen. Diese wird, um die Vorteile der räumlichen Entkoppelung zu nutzen, zweckmäßigerweise länderorientiert erfolgen. Diese leistet jedoch einer, bei der kooperativen Entscheidungsfindung unerwünschten, Fraktionierung der Gesamtgruppe Vorschub. Der kulturelle Graben und die negativen Wirkungen damit verbundener, unterschiedlicher Protokolle innerhalb der Gesamtgruppe werden verstärkt. Der verteilte Entscheidungsraum erscheint daher grundsätzlich und vor allem im internationalen Zusammenhang eher für die Verhandlungsunterstützung kompetitiv orientierter Entscheidungsgruppen geeignet, als für die Unterstützung einer kooperativ orientierten, international besetzten Entscheidungsgruppe.

4.4 Entscheidungsnetzwerk

Entscheidungsnetzwerke, als Computerkonferenz realisiert, bieten neben der Möglichkeit einer (völligen) räumlichen Entkoppelung auch die Möglichkeit der zeitlichen Entkoppelung (asynchrone Computerkonferenz). Die in herkömmlichen Entscheidungsgruppen dominierende verbale Kommunikation sowie Mimik und Gestik werden bei Computerkonferenzen vollkommen durch die schriftliche Kommunikation via Computer ersetzt.

---

20 Vgl. beispielsweise die Anleitungen zur Durchführung internationaler Meetings bei Moran/ Harris: Managing Cultural Synergy, S. 354 ff.

Offensichtlich ist, daß die asynchrone Computerkonferenz wegen des ihr zugrundeliegenden, völlig anderen Zeitrahmens, kein geeignetes Instrument ist, um herkömmliche Face-to-Face-Sitzungen zu ersetzen. Sinnvolle Einsatzmöglichkeiten ergeben sich jedoch im Rahmen der Entscheidungsvorbereitung zwischen einzelnen Entscheidungssitzungen[21].

Synchrone bzw. On-Line-Computerkonferenzen scheinen dagegen eher geeignet zu sein, Face-to-Face-Sitzungen zu ersetzen. Vor allem aus Gründen der Zeit- und Kostenersparnis erscheint dies gerade bei internationalen Entscheidungsgruppen als ein zweckmäßiger Ansatz. Allerdings ist die Beschneidung der in Face-to-Face-Gruppen verfügbaren Kommunikationskanäle angesichts der ohnehin in international besetzten Gruppen bestehenden Verständnisschwierigkeiten als problematisch anzusehen. Das Gefühl sozialer Präsenz und Hinweise auf die Stimmungslage können bei rein textgestützter Kommunikation nur sehr schwer übermittelt werden[22]. Insbesondere zum gegenseitigen Kennenlernen ist diese Form der Kommunikation daher ungeeignet. Sprachliche Mängel treten bei spontaner schriftlicher Interaktion wesentlich stärker zu Tage als bei verbaler Interaktion. Daneben bestehen grundsätzliche Schwierigkeiten, brauchbare Kommunikationsprotokolle für die synchrone Kommunikation von Gruppen via Computer zu formulieren[23].

Möglich erscheint dagegen bei schriftlicher Kommunikation der Einsatz von Programmen zur Sprachübersetzung, der es den einzelnen Gruppenmitgliedern erlauben würde, ihre Beiträge in ihrer Muttersprache zu formulieren. Zur Frage der automatisierten, elektronischen Real-Time-Sprachübersetzung ist jedoch anzumerken, daß sie als Vision zwar schon seit langer Zeit besteht, praktisch aber bislang nicht befriedigend umgesetzt werden kann[24].

Entscheidungsnetzwerke, realisiert als synchrone Computerkonferenz, erscheinen daher weder dazu geeignet, Face-to-Face-Entscheidungen zu ersetzen, noch leisten sie einen wesentlichen Beitrag zur Lösung, der hier aufgezeigten spezifischen Probleme internationaler Entscheidungsgruppen.

---

[21] Vgl. zu diesem Vorschlag Szyperski, Norbert: Computer-Conferencing - Einsatzformen und organisatorische Auswirkungen, in: Computergestützte Textverarbeitung, hrsg. von O. Grün und J. Rössl, München und Wien 1979, S. 170.

[22] Vgl. Egido, Carmen: Teleconferencing as a Technology to Support Cooperative Work: Its Possibilities and Limitations, in: Intellectual Teamwork, hrsg. von Jolene Galegher, Robert E. Kraut und Carmen Egido, Hillsdale 1990, S. 357.

[23] Vgl. McGrath, Joseph E.: Time Matters in Groups, in: Intellectual Teamwork, hrsg. von Jolene Galegher, Robert E. Kraut und Carmen Egido, Hillsdale 1990, S. 51.

[24] Vgl. Johansen, Robert: Teams for Tomorrow, in: Proceedings of the Twenty-Fourth Annual Hawaii International Conference on Systems Sciences 1991, Vol. III, hrsg. von Jay F. Nunamaker, Los Alamitos et al. 1991, S. 526; Gray, Paul und Lorne Olfmann: The User Interface in Group Decision Support Systems, in: Decision Support Systems, Vol. 5, 1989, S. 126.

5. Resümee

Durch die internationale Besetzung ergeben sich spezifische Probleme im Kommunikations- und Entscheidungsprozeß von Entscheidungsgruppen. Diese spezifischen Probleme wurden im Rahmen des vorliegenden Beitrags herausgearbeitet und es wurde untersucht, welchen Beitrag verschiedene Ansätze der in jüngeren Zeit diskutierten Gruppen-EUS zur Problembewältigung leisten können.

Ansatzpunkte bieten vor allem die zentralen, auf der Face-to-Face-Situation aufsetzenden Ansätze (Einrechner-System und einfacher Entscheidungsraum). Informationsdifferenzen können reduziert und die Kommunikation bzw. das gegenseitige Verständnis durch die Hinzufügung eines leistungsfähigen visuellen Kommunikationskanals verbessert werden. Eine im Rahmen dieser Ansätze erfolgende, systemgestützte Vorgabe von speziellen Kommunikations- und Verhaltensprotokollen halten wir zwar für sinnvoll, angesichts des Mangels an Wissen über die optimale Gestaltung dieser Protokolle im internationalen Kontext aber derzeit nicht für möglich.

Die verteilten Ansätze können unserer Ansicht nach keinen sinnvollen Beitrag zur Lösung der hier aufgezeigten spezifischen Probleme international besetzter Entscheidungsgruppen leisten. Sie beinhalten zwar auch die Möglichkeit zum Abbau von Informationsdifferenzen, unterwerfen aber gleichzeitig die ohnehin problematische Kommunikation in international besetzten Entscheidungsgruppen zusätzlichen Restriktionen. Sinnvoll erscheint dagegen ihr Einsatz als Ergänzung der Entscheidungsvorbereitung zwischen zwei Sitzungen, insbesondere durch die Möglichkeit, große räumliche und zeitliche Distanzen und sich daraus ergebende Koordinationsprobleme zu überwinden.

6. Literatur

Berg, Stefanie: Marathon-Meeting, in: Computer Live, Juni 1991, S. 74-77.

Dülfer, Eberhard: Internationales Management, München und Wien 1991.

Dülfer, Eberhard: Zum Problem der Umweltberücksichtigung im 'Internationalen Management', in: Internationales Management, hrsg. von Ehrenfried Pausenberger, Stuttgart 1981, S. 1-44.

Egido, Carmen: Teleconferencing as a Technology to Support Cooperative Work: Its Possibilities and Limitations, in: Intellectual Teamwork, hrsg. von Jolene Galegher, Robert E. Kraut und Carmen Egido, Hillsdale 1990, S. 351-371.

Engel, Peter: Japanische Organisationsprinzipien, Zürich 1981.

Gray, Paul und Lorne Olfmann: The User Interface in Group Decision Support Systems, in: Decision Support Systems, Vol. 5, 1989, S. 119-137.

Harris, Philip R. und Robert T. Moran: Managing Cultural Differences, Houston u. a. 1979.

Hoffman, L. Richard: Group Problem Solving, in: Group Processes, hrsg. von Leonhard Berkowitz, New York, San Francisco u. London 1978, S. 67-100.

Huber, George P.: Group Decision Support Systems as Aids in the Use of Structured Group Management Techniques, in: DSS-1982 Conference Proceedings, S. 96-108.

Johansen, Robert: Teams for Tomorrow, in: Proceedings of the Twenty-Fourth Annual Hawaii International Conference on Systems Sciences 1991, Vol. III, hrsg. von Jay F. Nunamaker, Los Alamitos et al. 1991, S. 520-534.

Kahle, Egbert: Betriebliche Entscheidungen, 2., erw. Aufl., München u. Wien 1990.

McGrath, Joseph E.: Time Matters in Groups, in: Intellectual Teamwork, hrsg. von Jolene Galegher, Robert E. Kraut und Carmen Egido, Hillsdale 1990, S. 23-61.

Moran, Robert T. und Philip R. Harris: Managing Cultural Synergy, Houston u. a. 1982.

Müller-Böling, Detlef und Iris Ramme: Informations- und Kommunikationstechniken für Führungskräfte, München und Wien 1990.

Pinsonneault, Alain und Kenneth L. Kraemer: The Effects of Electronic Meetings on Group Processes and Outcomes: An Assessment of the Empirical Research, in: European Journal of Operational Research, Vol. 46, 1990, S. 143-161.

Swap, Walter C.: Destructive Effects of Groups on Individuals, in: Group Decision Making, hrsg. von Walter C. Swap et al., Beverly Hills, London und New Delhi 1984, S. 69-95.

Szyperski, Norbert: Computer-Conferencing - Einsatzformen und organisatorische Auswirkungen, in: Computergestützte Textverarbeitung, hrsg. von O. Grün und J. Rössl, München und Wien 1979, S. 151-173.

Türk, Klaus: Gruppenentscheidungen, in: Partizipative Führung, hrsg. von Wolfgang Grunwald und Hans-Georg Lilge, Bern und Stuttgart 1980, S. 189-209.

Stressbewältigung und Selbstmanagement

von *Marion Moss*[1]

1. "Ich bin mal wieder so im Stress!"

Es gehört mittlerweile fast zum guten Ton, diesen Satz in Verbindung mit einem übervollen Terminkalender oder "Keine-Zeit"-Gruß mindestens ein Mal pro Tag als Stoßseufzer von sich zu geben. Bei vielen Menschen ernten wir neidvolle Bewunderung und hohe soziale Anerkennung damit: «Das ist ein tüchtiger und vielbeschäftigter Mensch, der ist unersetzlich, der steht "seinen Mann"» etc. Erst in dem Moment, wenn wir hören, daß unser "Stress-Kandidat" mit einem Herzinfarkt im Krankenhaus liegt und daß das in vielen Berufen nicht etwa die Ausnahme, sondern die Regel ist[2], erst dann erinnern wir uns vielleicht auch an die eigenen ersten ernstzunehmenden Stress-Alarmzeichen wie: Bluthochdruck, Herzrasen, Magengeschwüre und Verdauungsprobleme, Migräne etc.

Vielleicht werden wir dann ein wenig nachdenklicher und fragen uns, was wir unter "Lebensqualität" verstehen, wie wir unsere Prioritäten setzen in Beruf und Freizeit, wie unser soziales Umfeld strukturiert ist, wie wir es mit den Sinnfragen in unserem Leben halten usw.

Nicht immer sind die Fragen nach dem Wie und Warum unserer Lebensqualität derart umfassend oder gar existentiell, oft ergibt sich auch nur der Wunsch, etwas mehr über dieses beunruhigende Phänomen Stress zu erfahren oder sich zu fragen, wieviel Stress der Mensch braucht und wann es zuviel wird.

---

[1] AOR Marion Moss, Hochschuldidaktisches Zentrum (HDZ) der RWTH Aachen, Rolandstraße 7-9, 5100 Aachen.

[2] Laut DGB scheiden in NRW mittlerweile bereits mehr als 50 % aller Arbeitnehmer vorzeitig aus dem Berufsleben aus, und nur jeder dritte erreicht noch das Rentenalter mit 65 Jahren.

2. Was ist Stress?

Der Begriff "Stress" - ursprünglich aus der Physik entnommen, wo er bei Materialprüfungen im Sinne von "Belastung, Druck, Spannung" verwendet wurde, bedeutet im biologischen Kontext:

(psychosomatische) Reaktion auf erhöhte Belastung.

Diese Reaktion kann bei Mensch (und Tier) verschiedene Aufgaben beinhalten wie z.B.:

- Präparation auf Flucht oder Angriff als lebensrettender Verteidigungsmechanismus.
- Wiederherstellung des natürlichen Gleichgewichts bei Überpopulation.
- Aktivierung des Immunsystems zur Krankheitsabwehr etc.

Wichtigste Funktion ist bei all diesen extremen Stress-Situationen, den Körper blitzschnell auf Höchstleistung einzustellen, woraus sich u.a. auch das Phänomen einer Denkblockade in Prüfungen oder anderen psychisch belastenden Situationen erklärt (Vester).

Das Problem für den heutigen Menschen besteht nun darin, daß - nach dem uralten genetischen Reaktionsmuster - auf jeden ausgelösten Stress-Mechanismus stets eine körperliche Aktivität folgte, in der die bio-chemischen Prozesse im Körper auf natürliche Weise abgebaut wurden. Dieser ausgewogene Wechsel von höchster Anspannung, körperlicher Abreaktion und einer anschließenden Regenerationsphase ist in unserer hektischen, hochtechnisierten Welt mit totaler Reizüberflutung leider nur noch ganz begrenzt möglich.

Hinzu kommt, daß die selbst geschaffenen Dauerstressoren unseres eigenen Filter- und Bewertungssystems (Lazarus/Laumnier), das ein Produkt unserer spezifischen Sozialisation und Lebensgeschichte - kurz: ein Spiegel unserer individuellen Persönlichkeit ist - alles noch weiter komplizieren. Unsere Stressoren kommen also nicht allein von außen aus der Umwelt, sondern sind - sogar größtenteils - "hausgemacht", ein Teil unserer hochkomplizierten geistig-seelischen Struktur. Als mögliche Belastungsfaktoren seien hier beispielsweise genannt:

- ein negativ geprägtes Körperselbstbild und/oder Selbstwertgefühl,
- Beziehungs-, Kontroll- und Identitätsängste und/oder -verluste,
- sozialer Rückzug und innere Kündigung,
- Orientierungslosigkeit und Glaubenszweifel etc.

Den Verlauf dieser permanenten "Stressoren-Bombardierung" zeigt die folgende Stress-Kurve sehr anschaulich (Abb. 1).

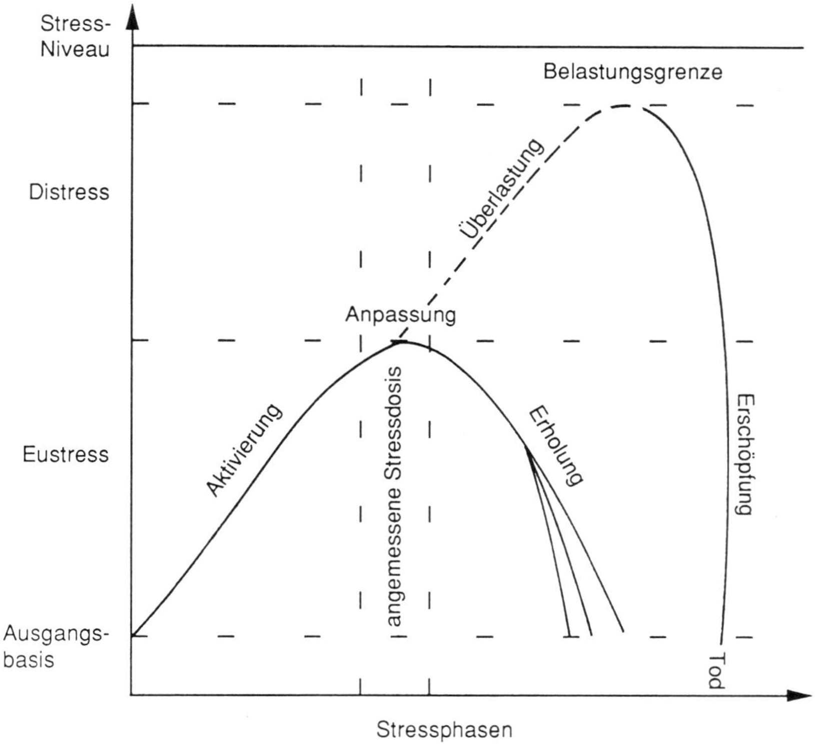

Abb. 1: Stress-Kurve[3]

Es kommt also mit zunehmender Stress-Intensität oder -dauer zu einer Anpassungsüberforderung - dem sogenannten *Distress*[4].

Die Folgen sind psycho-somatische Beschwerden, die sich zu chronischen Krankheiten auswachsen und im Extremfall sogar bis zum Tod führen können.

---

[3] In Anlehnung an Hornig-Freyn; Umgang mit Zeit und Streß, Seminarbegleitmaterial, 1989.
[4] Der Komplementärbegriff "Eustress" wird in Kapitel 3 näher erläutert.

3. Was tun, wenn der Stress uns krank macht?

«Stress muß sein, er ist das Salz in der Suppe des Lebens» - sagen die einen - «und im übrigen: Erlerntes Fehlverhalten kann man wegtrainieren, z.B. durch autogenes Training.»

«Solche allgemein gehaltenen Rezepte nutzen nicht viel, weil die Ursachen gesellschaftlicher Art sind, der Stress also personübergreifend ist» - sagen die anderen - «also, erst die Gesellschaft verändern, alles andere ist nur Kosmetik an der Oberfläche.»

Wie so oft liegt die Wahrheit vermutlich in der Mitte:

Es nutzt nicht viel, auf die großen Veränderungen von außen zu warten, die vielleicht nie kommen. Wir können nicht wieder zur Steinzeit zurückkehren, sondern sind Kinder unserer Zeit und müssen uns in dieser Welt arrangieren, was nicht heißt, daß wir alles so hinnehmen sollten, wie es ist.

Ebenso wenig können uns kurzfristige und oberflächliche Tips und Tricks zum schnellen Stress-Abbau wirkliche Hilfe bringen, weil jede Stress-Reaktion individuell sehr verschieden und Ausdruck einer persönlichen Entwicklung ist, deren Muster erst einmal erkannt werden muß, um wirksame und grundlegende Veränderungen zu ermöglichen.

Es ist an dieser Stelle noch einmal zu betonen, daß Stress zunächst wertfrei ist - im Sinne einer Antwort auf einen Reiz von außen oder innen.

Was heißt das konkret?

Nehmen wir das Beispiel "Lampenfieber": Lampenfieber vor einem großen Auftritt, von dem einiges abhängt, kann einerseits zu Höchstleistungen motivieren: "über sich selbst hinauswachsen" im Sinne einer *konstruktiven Kanalisierung* - kann aber andererseits auch völlig lähmen, handlungsunfähig machen, das Gefühl vermitteln, "versagt zu haben": Es kommt zu *destruktiver Kanalisierung.*

Bei konstruktiver Kanalisierung hilft also die Energie, die durch Stress freigesetzt wurde, dem Menschen, die Anforderungen in Beruf und Privatleben angemessen zu bewältigen, er empfindet *Eustress.*

Bei destruktiver Kanalisierung kann es zu erheblichem *Distress* kommen, mit unangenehmen, krankmachenden Folgen für das Individuum und sein soziales Umfeld.

Hier setzt nun unsere Arbeit an, die sich zum Ziel gesetzt hat, auf der Basis eines ganzheitlichen Ansatzes eine wirksame Methode zur individuellen Stressbewältigung im Sinne einer *Hilfe zur Selbsthilfe* zu entwickeln (Selbstmanagement).

4. Das bio-psycho-soziale Stress-Modell

Allgemein gehaltene Rezepte aus populären Ratgebern lassen meist außer acht, daß die Reaktion auf Stress - wie bereits erwähnt - individuell unterschiedlich und Ausdruck der spezifischen Persönlichkeitsstruktur ist. Dabei scheint uns besonders wichtig, daß sich der einzelne sowohl als Teil seines sozialen Umfeldes verstehen lernt (systemischer Ansatz) als auch für sein persönliches Stressmuster eine ganzheitliche Bewältigungsstrategie entwickelt, die die Ebenen Verstand, Gefühl und Körper miteinbezieht.

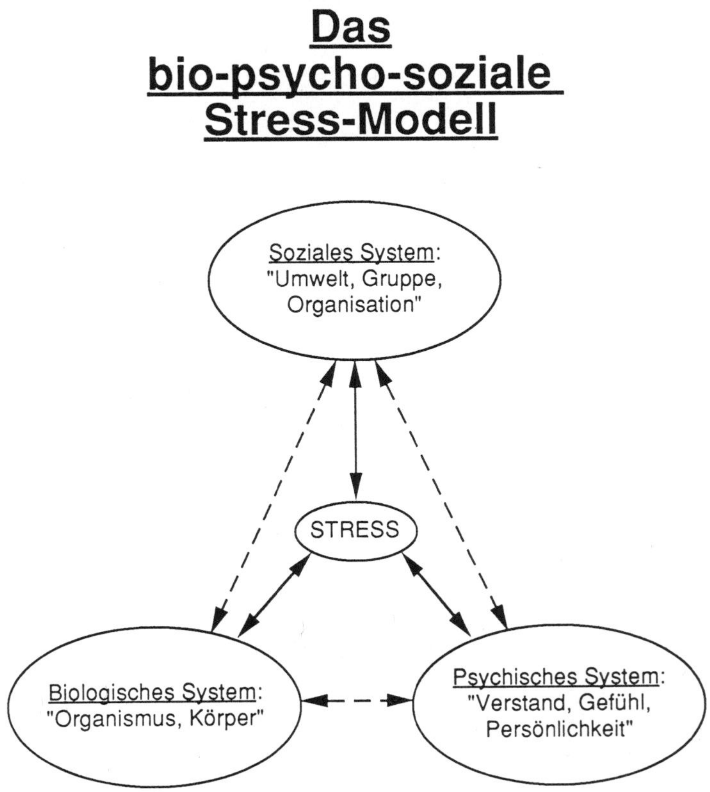

Abb. 2: Das bio-psycho-soziale Stress-Modell

Menschen reagieren also stets ganzheitlich-individuell auf Stress gemäß ihrem ureigenen Muster, das sich in einer (lebens)langen Lerngeschichte herausgebildet hat - aber immer auch mit der Chance des *Um- bzw. Neulernens.*

Auch im dichtesten Stressgeschehen haben wir noch eigene Spielräume und Veränderungsperspektiven, wenn wir die selbst- und/oder fremdgesteuerten Impulse aufgreifen, im Sinne eines *konstruktiv verstandenen Selbstmanagements.*

5. Das Seminarkonzept

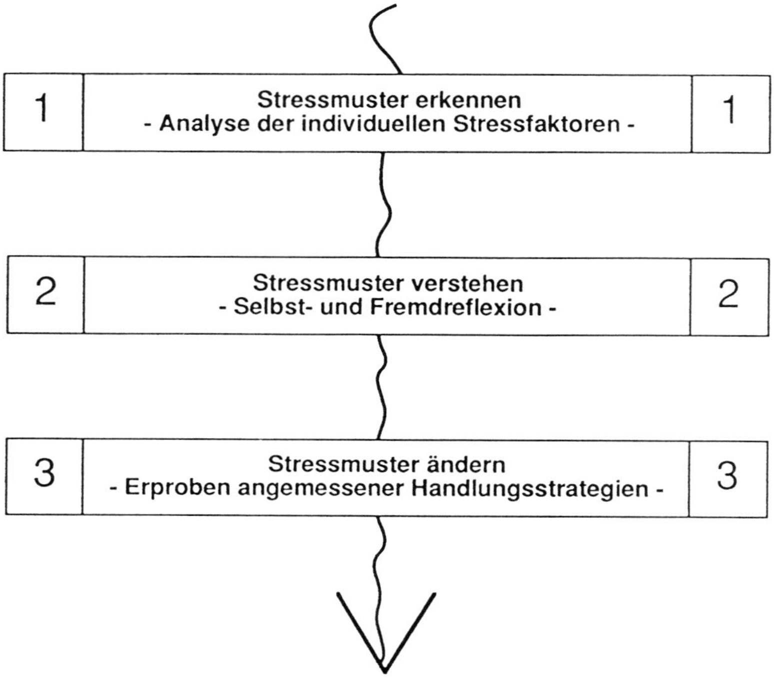

Abb. 3: Der "rote Faden" des Seminars "Stressbewältigung und Selbstmanagement"

Der erste Schritt eines effizienten Stressmanagements beginnt mit der Ist-Analyse: Wo liegt mein spezifisches Stressproblem?

i) Stressmuster erkennen

Zu diesem Zweck wird exemplarisch eine bestimmte Stress-Situation herausgegriffen und genau beschrieben. Dabei interessieren alle Prozeßverläufe auf der kognitiven (Was habe ich gedacht?), emotionalen (Was habe ich gefühlt?) und somatischen Ebene (Wie hat mein Körper reagiert?).

Schritt zwei umfaßt alle Fragen nach den Gründen und Motiven des eigenen Stressverhaltens in Form einer selbst- und/oder fremdgesteuerten Reflexion. Es ist herauszuarbeiten, welche Bedeutung das Stressmuster im Zusammenhang mit der individuellen Lerngeschichte hat.

ii) Stressmuster verstehen

Dann muß gefragt werden, wie die sozialen Rollenmuster, die eine Person in ihrem Umfeld vorfindet bzw. selbst übernommen hat, in das gesamte Lebenskonzept hineinpassen. Der innere Erlebensprozeß ist immer auch Teil eines übergeordneten sozialen Systems von Beziehungen und Interaktionen (Herkunftsfamilie, Partnerschaft, Arbeitsplatz etc.). Wichtig als Zugangsvoraussetzung für einen ersten Lösungsschritt ist auch die Unterscheidung zwischen (momentan) "unvermeidbarem" und lediglich "hausgemachtem" Stress, der durch gründlicheres Nachdenken erst gar nicht entstehen muß (z.B. effizientere Zeitplanung und Arbeitsorganisation).

Im dritten Schritt schließlich geht es ganz konkret und direkt um die Frage einer maßgeschneiderten und vor allem praktikablen Lösungsstrategie, die schädlichen Distress abbauen bzw. verhindern und positiven Eustress ermöglichen bzw. aufbauen soll.

iii) Stressmuster ändern

Wir unterscheiden hier zwischen *kurzfristigen* und *langfristigen Lösungsansätzen*:

Zu den wirkungsvollsten kurzfristigen Methoden des Stressabbaus gehören Formen eines nicht leistungsorientierten, wohldosierten Bewegungstrainings sowie Techniken der Entspannung, Körpererfahrung und konzentrativen Meditation.

Längerfristige Lösungsschritte mit dem Ziel, das innere Gleichgewicht und somit das mentale und körperliche Wohlbefinden wiederherzustellen, bedürfen meist einer breiter angelegten Bewältigungsstrategie in Kombination mit einer gründlichen Persönlichkeitsanalyse bzw. einer redigierten Lebens- und Berufsplanung.

Das ist im Rahmen eines zweitägigen Einführungsseminars und nachfolgenden Aufbauseminars nur ansatzweise zu leisten. Aber, jede(r) Teilnehmer(in) verläßt dennoch das Seminar mit einem ganz konkreten und überprüfbaren ersten Lösungsschritt auf der Suche nach dem ihr/ihm eigenen Lebensrhythmus.

«Wenn ich spüre, was ich will, und wirklich weiß, wohin ich will, dann werde ich auch meinen mir eigenen unverwechselbaren Rhythmus von Aktivität und Erholung, von Anspannung und Entspannung wieder neu entdecken und zu meiner inneren Harmonie finden.»[5]

Aus methodisch-didaktischer Sicht ist anzumerken, daß wir bestrebt sind, möglichst viele "Zugangskanäle" für die Vermittlung der Seminarinhalte anzusprechen, die über die gewohnte Art des verbalen Problematisierens hinaus Systemzusammenhänge "sicht"- und "begreif"-bar machen.

Neben Kurzvorträgen, audio-visuellen Informationseinheiten und einer Mappe mit Seminarbegleitmaterial werden Elemente aus der ganzheitlich orientierten Gestaltpädagogik eingebaut - wie z.B. Rollenspiele, kreative Malphasen, pantomimische oder spielerische Aufgaben, Körper- und Entspannungsübungen, Phantasiereisen u.a.

Dabei legen wir viel Wert auf den methodischen Wechsel von Einzel- und Partnerarbeit, Kleingruppen- und Plenumsphasen sowie auf ein ausgewogenes Verhältnis von rational-problemlösenden, selbsterfahrungsorientierten und körperlichen Strukturelementen. Die Auswahl und Mixtur der Übungen und Aufgaben hängt dabei wesentlich von der Art und Struktur der jeweiligen Adressatengruppe ab.

Wichtig ist auch, ob die Teilnehmer/innen einzeln kommen oder als Mitglied eines Teams; im ersten Falle wird die zu erarbeitende AntiStress-Strategie mehr personale, im zweiten Fall stärker soziale Komponenten berücksichtigen. Auch der Grad der Offenheit richtet sich maßgeblich danach, ob die Seminarteilnahme in einem fremden oder bekannten sozialen Umfeld abläuft.

Wie sich in einer gerade abgeschlossenen Untersuchung (Nobis) zeigte, hat sich das Konzept des Stressbewältigungs-Trainings im Sinne eines konstruktiven Selbstmanagements voll bewährt:

«Auf der Grundlage unmittelbarer Selbst- und Problemerfahrung hat das Training bei den Befragten in der überwiegenden Mehrzahl dazu beigetragen, daß Motivation und Kompetenz zur Auseinandersetzung mit den eigenen Stressproblemen bestärkt worden sind. Den Einschätzungen der Befragten ist zu entnehmen, daß durch die Gesamtkonzeption und durch einzelne besonders hilfreich empfundene Trainingselemente Informationen vermittelt werden, die für die Befragten neu bzw. teilweise neu sind und die dazu beitragen, daß sie ihre Probleme "durch eine andere Brille betrachten" und neue Handlungskompetenz gewinnen. Der durch die Gruppe begünstigte Aufbau von Vertrauen und gemeinschaftlicher Entwicklung von Ideen und Strategien hat sich dabei besonders förderlich ausgewirkt. Den Zielen entsprechend, ist die Stressverarbeitung positiv beeinflußt worden, da die Mehrzahl der Befragten die vermittelten Methoden in ihren Alltag übernommen hat. Im Hinblick auf das körperliche und seelische Wohlbefinden sind positive Effekte erzielt worden. Dabei hat sich die

---

[5] Oreschkowitsch, o. S.

Wirkungsweise des Trainings nicht nur in einer Veränderung des Bewältigungsverhaltens selbst gezeigt, sondern hat im Anschluß zu einer positiven Veränderung von Belastungsfolgen beigetragen. Es hat sich gezeigt, daß Störungen der emotionalen Befindlichkeit und Stressbedingte körperliche Beschwerden günstig beeinflußt worden sind.»[6]

6. "Stress laß nach"

Abschließend soll an dieser Stelle ein Zenmeister zu Wort kommen mit einer Parabel[7], die deutlich aufzeigt, wo ein wichtiger Schlüssel für immer wiederkehrenden Stress bei vielen Menschen zu suchen ist:

- Es ist die spezifische Struktur des individuellen Filter- und Bewertungssystems in Kombination mit negativem Denken, mangelndem Selbstwertgefühl und fehlender sozialer Akzeptanz. Dazu kommt oft noch die Unfähigkeit bzw. verpaßte Gelegenheit, die damit verbundenen Unlust-Gefühle deutlich wahrzunehmen, auf kommunikativem Wege klar zu benennen und damit aus der gewonnenen Distanz heraus besser verarbeiten zu können. -

"Jeder Mensch ist einzigartig"

Ein berühmter Samurai suchte einen Zenmeister auf. Als er den Meister sah, fühlte er sich plötzlich unterlegen. Nie zuvor hatte er sich so gefühlt - niemals Furcht verspürt, obwohl er schon so viele Kämpfe auf Leben oder Tod bestanden hatte.

Und er fragte den Meister: "Warum habe ich gerade jetzt Angst, wo ich mich noch niemals unterlegen gefühlt habe?" Der Meister ließ ihn warten und versprach, ihm zu antworten, wenn alle anderen Besucher gegangen seien.

Viele Menschen kamen den Tag über, um den Meister zu sehen. Als es dann Abend wurde und der Raum leer war, nahm der Meister den Samurai mit nach draußen. Der Mond ging gerade am Horizont auf. Im Garten standen zwei Bäume, ein schmaler, hochwüchsiger Baum und ein etwas breiterer, kleiner Baum.

Und der Meister sagte: "Diese beiden Bäume stehen seit vielen Jahren in meinem Garten, und niemals hat es Probleme gegeben. Noch nie hat der kleine Baum sich unterlegen gefühlt. Er ist klein, und der andere Baum ist groß, und ich habe nie ein Wort darüber gehört."

---

6 Nobis, o. S.
7 Quelle unbekannt.

Darauf antwortete der Samurai: "Die Bäume lassen sich auch gar nicht vergleichen." Und der Meister entgegnete: "Warum fragst du mich dann? Du weißt die Antwort. Es gibt weder Unterlegenheit noch Überlegenheit. Wenn du aufhörst zu vergleichen, dann bist du einfach du selbst."

Ob ein kleiner Baum oder ein großer Baum, ob ein Grashalm oder ein großer Stern, ob ein Kuckuck oder ein Gelehrter, alles wird gebraucht, und alles gehört zusammen. Die Welt ist eine organische Einheit. Sie wäre weniger reich, wenn es den Kuckuck nicht gäbe.

Es gibt kein Überlegen und kein Unterlegen. Niemand ist besser, und niemand ist schlechter, höher oder niedriger. Jeder ist einzigartig und unvergleichbar individuell. Jeder ist wichtig.

7. Literatur

Hartmann, U.: Mentales Stress-Training, Düsseldorf 1989.

Lazarus, R.S.; Launier, R.: Stressbezogene Transaktionen zwischen Person und Umwelt, in: Nitsch, J.R. (Hrsg.), Stress-Theorien, Untersuchungen, Maßnahmen, Bern, Stuttgart, Wien 1981.

Nitsch, J.R. (Hrsg.): Stress-Theorien, Untersuchungen, Maßnahmen, Bern, Stuttgart, Wien 1981.

Nobis, Chr.: Soziale und personale Handlungskompetenzen und ihr Einfluß auf Stressbewältigungsprozesse, unveröff. Magisterarbeit, Aachen 1991.

Oreschkowitsch, W.: Ganzheitliche Stressbewältigung (Seminarbegleitmaterial), unveröff. Manuskript, Aachen 1990.

Quick, J.C.; Quick, J.D.: Unternehmen ohne Stress, Hamburg 1986.

Schelp, Th. u.a.: Rational-Emotive Therapie als Gruppentraining gegen Stress, Bern, Stuttgart, Toronto 1990.

Vester, F.: Phänomen Stress, München 1978.

Lehren und Lernen von Komplexitätserfassung und Komplexitätsbewältigung

von *Helmut Löckenhoff* [1]

1. Betriebslehre: Schnittstelle technisch-wirtschaftlicher Komplexität

"Betriebslehre" wird im letzten, dem 8. Semester der technischen Fachbereiche an der Fachhochschule für Technik gelesen. Die Vorlesung ist in mehrfacher Weise Schnittstelle, Ergänzung, Zusammenfassung und Abschluß verschiedener Aspekte und vorhergehender Vorlesungen:

I. Fachlich umfaßt Betriebslehre, das ergibt sich aus dem Gesamtlehrplan, die organisatorische, operative und wirtschaftliche Umsetzung der technischen Kenntnisse. Das ist verständlicherweise in einer einzigen Vorlesung nur in beschränktem Umfange möglich. Hier wie bei allen folgenden Schnittstellen muß schon die Vielfalt des Stoffes durch besondere didaktische Maßnahmen bewältigt werden. Zu starkes Vereinfachen würde zu einer bloßen Reduktion des komplexen Stoffes führen. Sie muß vermieden werden.

In diesen Zusammenhang fallen Teilgebiete u.a. im Fabrikmanagement, in der Fertigungsplanung und Kontrolle, in den Produktionsverfahren und im Industrial Engineering im engeren Sinne.

II. Sich damit überschneidend betrifft die zweite Gruppe fachlicher Wissensbereiche die Schnittstellen zwischen technischen Möglichkeiten und Wirtschaftlichkeit der Umsetzung in Problemlösungen für den Markt. Um das Unternehmen zu erhalten und weiter zu entwickeln, muß Gewinn erzielt werden. Als Schwerpunkte auch für die innere Gliederung der Vorlesung bieten sich, weil operativ und damit anschaulich in Beispielen darstellbar, die Kernvorgänge der betrieblichen Ingenieurarbeit an: Produktentwicklung, Kapazitätsmanagement, Fertigungsplanung und Fertigungskontrolle, die Fertigung im engeren Sinne (innerhalb des umfassenden Begriffes der Leistungserstellung von der Idee bis zum zufriedenen Kunden) und schließlich die Auftragsabwick-

---

[1] Dipl.Kfm. Dr. Helmut Löckenhoff, Ossietzkystraße 14, D 7150 Backnang, Lehrbeauftragter u.a. an der Fachhochschule für Technik, Esslingen

lung. Am Beispiel der Produktentwicklung: Aufgabe ist die Entwicklung einer technisch definierten Leistung innerhalb eines Rahmens, der für die Kosten der Entwicklung gesetzt ist und unterhalb einer Obergrenze für den Preis des marktfertigen Erzeugnisses.

III. Leistung kann nur sein, was wirksam umgesetzt wird. Ideen müssen zu erfolgreichen Produkten weiterentwickelt werden; Konzepte müssen anschaulich dargestellt und verkauft werden. Mit der Methodik und der Verfahrenstechnik in der nicht unmittelbar technischen Anwendung ist der ergänzende dritte Ansatz zu beschreiben. Er schließt ein die bekannten Formen der Arbeitstechnik, der Darstellung, der Verständigung bis hin zur Moderation. Fachspezifischen Kursen vorbehalten bleiben lediglich spezielle Techniken, etwa im Verkauf und im Einkauf.

Die jahrzehntelange Auseinandersetzung über die erforderliche Ausbildung des Ingenieurs auch in wirtschaftlicher, systemtechnischer und führungstechnischer Hinsicht ist in jüngster Zeit eindringlich wieder aufgenommen worden. Im Aufbau des Studienplans und in der Didaktik sind vor allem dort Lösungen notwendig, wo ein beispielsweise wirtschaftliches Aufbaustudium nicht möglich ist.

IV. Orientierung an der Praxis heißt, auch das Umfeld: volkswirtschaftlich, sozial, ökologisch, mit einzubeziehen. Das oft wenig konstruktive Hinterfragen der ausgehenden 60iger und 70iger Jahre allerdings war m.E. nicht sehr fruchtbar. Die heute oft noch zu beobachtende Ausschließlichkeit des Fachlichen im Studium auch bei den Studenten kann es ebensowenig sein. Aus dem im folgenden dargestellten Aufbau der Vorlesung ergaben sich, problem- und fallbezogen, immer wieder Gelegenheiten zur sachlichen Darstellung auch politisch diskutierter Sachverhalte. Beispiele: Betriebsverfassungsgesetz, Produzentenhaftung, Umweltschutzgesetzgebung. Die Zeit für solche übergreifenden Darstellungen geht der Vermittlung des Fachwissens nicht verloren. Im Gegenteil, Exkurse dieser Art fördern über das Wissen hinaus Einsicht und dergestalt die sinnvolle, komplexitätsgerechte Anwendung im konkreten Fall. Auch und gerade die Hochschuldidaktik sollte davon ausgehen, daß Wissen, auch scheinbares neutrales Fachwissen, als Teil der Kultur im kulturellen Zusammenhang zu vermitteln ist. Geschehen kann das etwa in einem kurzen Rückblick auf die historische Entwicklung von Technik und Wirtschaft.

V. Damit zugleich abgedeckt wird die zusammenfassende Ergänzung und Einordnung der Vorlesungen, die oft über mehrere Semester verstreut Teilbereiche betriebswirtschaftlichen Wissens behandelten. In der Vorlesungskritik am Semesterende beurteilen die Studenten diese Zusammenfassung und Einordnung besonders positiv.

2. Didaktische Bewältigung von Komplexität

I. Es ist trivial: die Komplexität der fachlichen didaktischen Anforderungen spiegelt nur die Vielgestalt der in der Praxis sich stellenden Aufgaben. Eben auf diese soll der Unterricht vorbereiten.

Theoretisch kann man die Hauptlast einer solche Komplexität berücksichtigenden und bewältigenden Ausbildung dem Lehrplan und dem Curriculum zuweisen. Unbestritten sind beide conditio sine qua non. Der Großteil der Verantwortung lastet jedoch praktisch auf der Didaktik der Vorlesung. Nur vordergründig geht das auf die Konkurrenz der Fachrichtungen um knappe Vorlesungsstunden zurück, die in der Regel keinen Rest für allgemeine methodische Vorlesungen läßt. Unausgesprochen steckt auch die Annahme darin, daß nur die Weise des Lehrens und Lernens selbst unvermeidbare Ungleichgewichte austarieren, Zusammenhänge herstellen und bloßes Fachwissen in praktizierbare Einsichten überführen kann. Die Art, in der der Lehrstoff dargeboten und von den Studenten aufgenommen wird, stellt, zugespitzt formuliert, erst den selbstreferentiellen, im besten Falle selbstorganisierenden Spielraum und die Ansatzpunkte für einen didaktischen Ausgleich bereit. Erst im Dialog mit den Studenten, an beliebig differenzierbaren Systemmodellen und in der gemeinsam ad hoc gelösten Fallstudie lassen sich noch vorhandene Lücken ausmachen und schließen. Vor allem so wachsen am konkreten Fall unterschiedliche fachliche Aspekte zusammen, stellt sich bei der Lösung des Problemes Einsicht ein.

II. Unter Komplexität wird hier Vielschichtigkeit, Vernetzung, Vielheit der Zusammenhänge und der Wertaspekte verstanden. Sie wird also nicht im Sinne wissenschaftlicher Systematik behandelt, zumal diese noch nicht völlig ausgebildet ist und der anschaulich-einfachen Auffassung andererseits nicht widerspricht. In der verkürzt praktischen Sicht des aus der Wirtschaft kommenden Lehrbeauftragten sind auch die folgenden methodischen Ansätze dargestellt. Diese Ansätze lassen sich - es ist oben schon angesprochen worden - in der Sprache interaktiver Prozesse, insbesondere der Selbstreferenz und der Selbstorganisation beschreiben. Auf die Nähe des folgenden Konzeptes zu Ideen des radikalen Konstruktivismus (von Foerster, von Glasersfeld), der Systembiologie (Maturana/Varela) und der Konversationstheorie (Gordon Pask) ist hier nur hinzuweisen. Sie alle lassen sich unter dem Dach der erweiterten Allgemeinen Systemtheorie und der Kybernetik höherer Ordnung einordnen.

In dieser Sicht liegen dem Lehren/Lernen von Komplexitätserfassung und Komplexitätsbewältigung drei einfache Gedanken zugrunde. Eindringlich und umfassend gelernt wird durch Tun, durch unmittelbares, tätiges Beteiligtsein. Lernen braucht ferner einen kognitiven Rahmen, eindeutig und doch wandelbar, zur Differenzierung und zur Fortentwicklung fähig. Lernen bedarf schließlich einer Ausrichtung: Auf einen Zweck, auf ein Ziel; Lernen braucht einen Sinn. Sinnfällig muß Lernen im doppelten Sinne sein: leicht erfaßbar, weil übersichtlich, Erkenntnis und Einsicht fördernd, weil auf einen selbstverständlichen Sinn hin orientiert. Im Zusammenwirken dieser hier in eine Triade gefaßten Elemente ersteht die Dynamik des sich selbst führenden Aufbaus von erfahrener, weil gelebter Ordnung.

III. Dieser Vorstellung folgend baut sich die Vorlesung "Betriebslehre" wie folgt auf:

1. Ohne Vorbereitung Lösen eines einfachen Falles, zunächst durch die Klasse, dann gemeinsam mit dem Dozenten. Erläuterung und Kommentierung. Paralleles Einüben von einfachen Arbeits- und Repräsentationstechniken: Darstellung und Erläuterung der Lösung durch einen Studenten in einem 3-Minuten-Vortrag, systematische Strukturierung einer solchen Kurzdarstellung, Grundzüge systematischer Problemlösung. Modellbildung als Mittel und Vorgang der Bewältigung von Komplexität.

2. Was ist ein Unternehmen, was ein Betrieb? Beantwortung dieser Frage im Dialog mit den Studenten. Gemeinsamer Aufbau eines einfachen grafischen Modells mit Hilfe a) der Morphologie (Zwicky) b) der Methode Schwarzer Kasten. Anhand des Modells "Unternehmen" Erarbeitung der Grundzüge des Systemansatzes: wichtigste Regeln (z.B. lebenserhaltender Prozeß, Struktur, Umfeld...), Überleitung zur Systemik (F. Vester u.a.), Gesetzmäßigkeiten (z.B. Rekursivität, ausreichende Varietät...).

3. Modellgeführte Strukturierung der Vorlesung nach Kategorien des Systemansatzes:

   I. Eingliederung und Aufbau

   II. Leistung

   III. Leistungsrechnung (informationelle Abbildung)

   IV. Lenkung (Marketing, Planung, Kontrolle, Management)

   V. Wirkungsgrad (Erhaltung, Entwicklung, Rationalisierung, Ergonomie)

   VI. Personal (einschließlich "wie bewirbt man sich")

   VII. Politik.

4. Beispiele für besonders komplexe fachliche Themen sind in II. 'Leistung' die sogenannte "Schlanke Produktion", in V. die 'Ökologie der Technik'. Methodisch folgt die Darstellung beider Themen dem Systemansatz.

5. Der Verlauf der Vorlesung innerhalb der oben gezeigten Strukturierung verläuft nach folgenden Regeln:

   a) Dem Dialogprinzip: Einführende Darstellung, Beispiele, Diskussion, Fälle.

b) Fallstudien als Kern der Komplexitätserfassung und der problemlösenden, systemischen Bewältigung von Komplexität.

c) Stoffgeleitete Kurzexkurse zu übergreifenden Themen, Kontexten, Sinnbeziehungen.

d) Abschließende Kritik der Vorlesung durch die Studenten (sogenannte "Dozentenbeschimpfung").

6. Auch für die Prüfung muß ein Fall gelöst werden. Geprüft wird mit dem Wissen auch die Fähigkeit, es im konkreten Fall anzuwenden.

IV. Die - in der Folge vertauschbaren - Schritte 1 - 6 und die Strukturierungsregeln 5.a) - 5.d) werden je nach Vorlesungsverlauf auch rekursiv in den einzelnen Stoffabschnitten eingesetzt. Geführt wird der Prozeß des Lehrens/Lernens durch das Betriebsmodell und die Systemstrukturierung des Stoffes; im einzelnen durch den Verlauf des Dialogs und den Dozenten (Einführungen, Systemdarstellungen, auswertende Zusammenfassungen).

3. Systemansatz, Werkzeugkasten und Fallstudie

Lehrauftrag der Fachhochschule ist im allgemeinen Verständnis die "praxisorientierte" Wissensvermittlung. Was soll damit gesagt sein? Positiv formuliert soll Wissen möglichst direkt, also ohne vielstufige Umsetzungen auf konkrete Aufgaben anwendbar sein. Die obere Grenze des Wissensbereiches läge dann beim Übergang in die theoretische (Grundlagen-) Forschung, die untere da, wo know how sich zu bloßen Rezepten verengt. Zum Bezugspunkt wird die unmittelbare Lösung von fachlichen Problemen. Für Wirkungsgrad, Qualität und Reichweite ist im Hinblick auf den Grad der Komplexitätserfassung und Komplexitätsbewältigung Folgendes vorauszusetzen:

I. Die Fähigkeit zu systematischen, d.h. ausreichend differenzierten, übergreifenden methodischen und systemischen Vorgehen, wie es u.a. D. Dörner und F. Vester dargestellt haben. Sie zu vermitteln läuft auf ein nicht nur beiläufiges Systemstudium hinaus. Die gesamte (!) Problemsituation muß nicht nur in ihren entscheidenden Merkmalen gesehen werden, sie ist auch in operable Ordnungsgefüge einzugliedern und, kritisch und lösungsbezogen, zu einer Gesamtsicht zusammenzufassen. Im günstigsten Falle läßt sich an allgemeinen arbeitstechnischen Kenntnissen und solchen aus der Konstruktionslehre anknüpfen. Dem Aufbau der Vorlesung folgend wird das Unternehmensmodell Schritt für Schritt erweitert und fallbezogen differenziert, beispielsweise mit Bezug auf den Leistungsprozeß, seine Untergliederung und Verknüpfung ("Schlanke" Produkion), oder auf das Beschreibungssystem des betrieblichen Informations- und Berichtswesens.

II. Während die Ordnung des Wissens im Systemansatz methodisch-abstrakt aufgebaut ist, bleibt die Ordnung des fachlich-technischen Gewußt - wie durch die sichere und schnelle Verfügbarkeit bestimmt. Einsatzfertig - daher die Metapher vom Werkzeugkasten - muß die Wissensordnung auf Abruf im Bedarfsfalle abgestellt sein. Am ehesten kommt dem die bekannte Textbuchgliederung nahe: Grundlagen, Methoden und Werkzeuge, Einsatzgebiete. Im Vorlesungsmanuskript, das als Übersicht und Hinweis/Ergänzung spezifisch fachlicher Aufzeichnungen angelegt ist, herrscht dieses Ordnungsprinzip vor.

III. In I. und II. steht die systematische Speicherung des Fachwissens vorn an. Wie aber wird Fachwissen zweckgerecht und im Sinne eines systematisch befriedigenden Wirkungsgrades angewandt? Die in I. vermittelten Sichtweisen und Verfahrensregeln bieten nicht mehr als eine allgemeine Einstimmung. Gelernt werden kann Anwendungswissen nicht anders als aus der Erfahrung. Diesen Bezug zur Erfahrung aus der konkreten Auseinandersetzung mit komplexen Problemen leisten, um hier sehr komplexe Zusammenhänge des Wissenserwerbs stark verkürzt darzustellen, Fallstudien.

Es gibt auch in Deutschland eine Reihe von Untersuchungen zur sogenannten "Fallmethode". Seit Ende der 70iger Jahre bemüht sich eine Arbeitsgruppe und jetzt eine internationale Vereinigung (WACRA) um die Einbettung der Fallmethode auch in den deutschen Hochschulunterricht. Es kann dabei nur um ein schrittweises, differenzierendes Einfügen in die in Deutschland historisch gewachsene und weiterentwickelte Hochschuldidaktik gehen. Das bestätigen auch die oben beschriebenen Vorstellungen und Erfahrungen. Schon das andersartige kulturelle Umfeld läßt eine direkte Übernahme der Harvard-Methode nicht zu.

IV. Vom Lernziel her gesehen muß die didaktische Kernleistung in der Integration von System, Werkzeugkasten und Fall liegen. Sie muß im Vorgang des Lehrens/Lernens als selbstverständlich empfunden werden. Sie ist deshalb wie eingangs schon erwähnt nur im Dialog, im gemeinsamen Erarbeiten des Stoffes zu erreichen. Hinzu kommt eine aufwendige Vorbereitung der Fälle und Beispiele, Voraussetzung für ein fachlich - persönliches Engagement von Studenten und Dozenten gleichermaßen. Beispiele bieten - konstruktiv in die Betriebslehre einbezogen - die Themen "Ökologie der Technik" und "Schlanke Produktion".

4. Kreative Komplexitätsbewältigung in Fallstudien

I. Paradigmatisch stehen diese beiden fachübergreifenden und hautnah aktuellen Aufgabenfelder für die schöpferische Bewältigung von hochkomplexen Herausforderungen. Für beide läßt sich eine Lösung nur dann finden, wenn die eingefahrenen Bahnen des Denkens verlassen werden. Es muß ein Ansatz gefunden werden, der aus übergeordneter Sichtweise zu einer neuen Ordnung zusammenfügt, was auf der bisherigen Betrachtungsebene unvereinbarer Gegensatz bleiben mußte. Eng verbunden mit allgemeiner Systemtheorie und Kybernetik höherer Ordnung hat die Kreativitätsforschung Voraussetzungen in Einstellung, Verhalten und Denkmethodik für kreative Problemlösungen herausgearbeitet. Psycho-soziale Anteile, insbesondere auf sinnbezogene Leitbilder und ihre Rolle im selbstorganisierenden Lehr-/Lernprozeß, sichtbar auch im persönlichen Engagement, wurden eingangs erwähnt. Eine Darstellung im umfassenden Führungszusammenhang findet sich im St.Gallener Managementkonzept (K. Bleicher: Das Konzept integriertes Management, 1991).

II. Im Konzept wie im Vorlesungsbetrieb erweist sich die Fallstudie als tragendes Element kreativen Lehrens/Lernens. Gelernt wird durch aktuelles oder vorgestelltes Tun, in der Fallstudie durch konkretes Lösen eines aus der Praxis didaktisch aufbereiteten Problems. Aus der Unterrichtserfahrung lassen sich wiederum stark vereinfacht, folgende Schwerpunkte ableiten:

1. Der Fall zwingt zur persönlichen Beteiligung, die nicht nur fachliches Wissen verlangt. Sie fordert vor allem auch, Prioritäten zu setzen, auszuwählen und dann, bei in der Regel gegensätzlichen Argumenten und unter Unsicherheit der möglichen Neben- und Spätfolgen, zu entscheiden.

2. Da das im ersten Ansatz (Lösung in Klausur oder in der Gruppe) eigenverantwortlich und dann dialogisch (Durchsprache im Plenum) geschieht, ergänzen sich der Zwang, sich etwas einfallen zu lassen, mit kreativem Druck und sozialer Hilfe aus der Gruppe und mit dem Informationsrückfluß aus dem Plenum. Der zunächst durchaus als irritierend empfundenen Konfrontation mit Komplexität folgt das in dieser Verfassung besonders intensive dialogische Lernen, auf welche Weise sich Komplexität bewältigen läßt.

3. Daß dies nur methodisch-systematisch möglich ist und warum im einzelnen methodisches Vorgehen erfolgreich ist, wird im direkten Betroffensein ebenso erfahren wie im Erkennen, daß es immer Gegensätze und Unwägbarkeiten gibt und diese sich nur aus einer übergreifenden Sicht ausreichend lösen lassen.

4. Im Erfolgsdruck der Fallstudie verbinden sich systematisch-digitale Ansätze gleichsam selbstverständlich mit metaphorisch-analogem Denken. In dieser Weise wird das gesamte, auch nicht unmittelbar fach- und fallbezogene Allgemeinwissen, der gesunde Menschenverstand, mit einbezogen. Im kritischen Einsatz analogischen, wertenden Denkens liegt wohl ein besonders wichtiger Ansatz für die Bewältigung einer im Detail nicht mehr zu begreifenden Komplexität. Das kontrollierte Denken in Analogien bietet auch die Voraussetzungen, Einsicht für die Lösung von Problemen anzuwenden und Erkanntes einsichtig zu lernen.

5. Fälle brauchen Zeit; sie sparen aber auch Zeit. Mit Minifällen zum gerade aktuellen Problembereich läßt sich bei der gemeinsamen Durchsprache eine erstaunliche Menge systematischen Stoffes am Fall darstellen. Den systematischen Bezug sichert immer wieder das (prozeßorientierte) Unternehmensmodell. Der Beitrag zu systematischem Lernen wird erhöht, wenn die Fälle

nach Schwerpunkt, Komplexitätsgrad und auch zeitlich eingepaßt werden in einen Wechsel von systematischer Einführung, Zusammenfassungen, Fallstudien und dialogischem Erarbeiten des Stoffes. Ein solcher Rhythmus stellt sich nach den ersten Vorlesungen fast von selbst ein. Fälle lassen sich dabei gleichermaßen entweder als Aufpunkt oder als Erläuterung systematischer Darstellungen einsetzen.

6. Beim Gebrauch von Fällen in der oben beschriebenen Weise sind Lösungsmethodik und die Methode des Lernens identisch. Darin liegt der wohl entscheidende Vorteil für das nachhaltige Lernen vom Umgang mit Komplexität. Jedes nicht ausschließlich wiederholende Routinehandeln enthält Lernen. In der systematischen Lösung von Fällen jedoch fallen konkrete Fallösung, der Lernvorgang, solche Fälle zu lösen und vor allem auch die selbstreferente Verbesserung der Lernmethodik: nämlich Lernen zu lernen, weitgehend zusammen.

Zu lehren aber, wie man lernt und, darüberhinaus lernt, immer besser zu lernen, ist die eigentliche Aufgabe jeden Lehrens.

Qualitätsprobleme in der Konsumgüterindustrie und deren Lösung mit Hilfe kybernetischer Methoden

von *Bertram Harendt*[1]

1. Einführung

Die Lösung komplexer technischer Qualitätsprobleme wird für Ingenieure und Ingenieurinnen in den klassischen technischen Abteilungen von internationalen Konsumgüterunternehmen zunehmend schwieriger. Die zur Verfügung stehende Zeit zur Entwicklung neuer Produkte, neuer Produktionsanlagen und zum Umbau vorhandener Produktionsanlagen wird durch die Marktdynamik im Konsumgüterbereich drastisch reduziert. In die Produktgestaltung fließen zusätzlich auch kritische Fragen ein bezüglich der Schonung von Rohstoffressourcen, der Umweltverträglichkeit von Produkten und Verpackungen und der Umweltbelastung durch den Produktionsprozeß. Für das Personal in den technischen Abteilungen erhält die Kooperation mit anderen, nichttechnischen Unternehmensbereichen eine zunehmend stärkere Bedeutung für den langfristigen Unternehmenserfolg. Die steigende internationale Ausrichtung von Konsumgüterunternehmen erfordert ein Umdenken der in solchen Unternehmen arbeitenden technischen Fachkräfte.

Anhand einer Fallstudie soll eine typische Problemstellung aus der Konsumgüterindustrie beschrieben werden (vgl. auch die ausführliche Darstellung mehrerer Fallstudien in Harendt, 1991). Dazu wird ein kybernetischer Ansatz vorgeschlagen, der den Problemlöseprozeß bezüglich der Handlungsebenen und Handlungsschritte strukturiert.

[1] Dr.-Ing. Bertram Harendt, Fachgebiet Kybernetische Verfahren und Didaktik der Ingenieurwissenschaften (KDI) der RWTH Aachen, Rolandstr. 7-9, 5100 Aachen

2. Ein kybernetischer Ansatz zur Lösung komplexer technischer Qualitätsprobleme

2.1 Der Problemlöseprozeß

Allgemein betrachtet ist ein Problemlöseprozeß eine Handlung oder auch ein Transformationsprozeß, bei dem ein Ist-Zustand durch eine Handlung des Systems in einen Soll-Zustand überführt wird. Für den Transformationsprozeß stehen i.d.R. bestimmte Methoden, Kenntnisse, Handlungshilfen und Strategien zur Verfügung (Abb. 1). Der Soll-Zustand umfaßt materielle und immaterielle Ergebnisse (Lösungen) sowie Erfahrungen der an dem Problemlöseprozeß beteiligten Personen. Die Handlung im Problemlöseprozeß selbst läßt sich in eine

- Inhaltsebene, die das sachliche Problem sowie den Lösungsinhalt widerspiegelt, und eine
- Prozeßebene, die die Handlung der beteiligten Personen widerspiegelt,

unterteilen. Die Entwicklung auf beiden Ebenen geschieht parallel und unter gegenseitiger Beeinflussung.

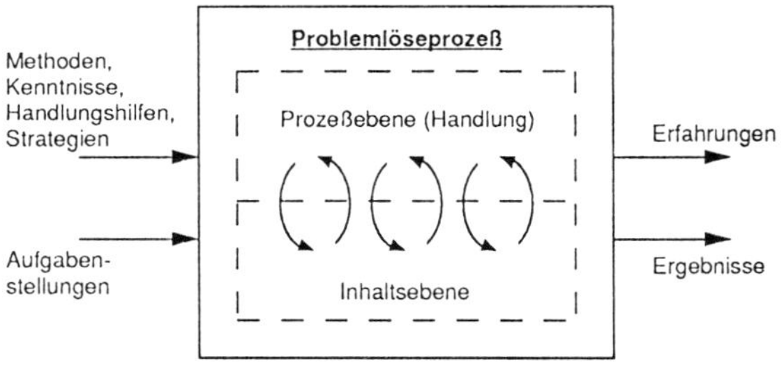

Abb. 1: Der Problemlöseprozeß

Dieser Problemlöseprozeß läßt sich noch weiter strukturieren. Für diesen kybernetischen Ansatz wird ein handlungsorientiertes Modell verwendet, das auf Hacker (1976) und Volpert (1974) zurückgeht (Abb. 2). Es zeichnet sich dadurch aus, daß es Handlung als menschlich zielgerichtete Tätigkeit beschreibt, wie es für Problemlösungen notwendig ist. Handlung wird als zyklischer Prozeß formuliert, in dem auch Rücksprünge möglich sind, eine Voraussetzung für die im weiteren dargestellten Rückführungen. Eine weitergehende Detaillierung von Handlungsfolgen findet sich bei Sell (1989, S. 70) und Bitzer (1991, S. 42).

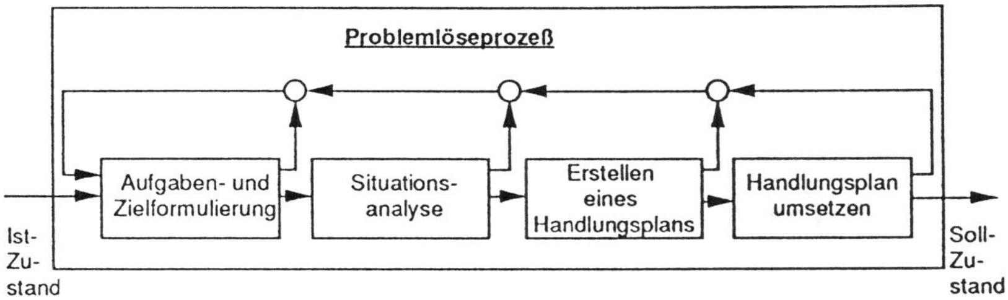

Abb. 2: Strukturelle Komponenten des Handelns im Problemlöseprozeß

Die einzelnen strukturellen Komponenten beinhalten folgende Aspekte:

a) Aufgaben- und Zielformulierung: Das menschliche Handeln ist immer zielgerichtet. Oftmals ist das Ziel aber nur unbewußt vorhanden oder bei mehreren handelnden Personen nicht kongruent. Daher muß zunächst die Aufgabe, also die Problemstellung und das Ziel, das erreicht werden soll, formuliert werden. Dadurch wird der Bewußtseinsprozeß zum zielgerichteten Handeln initiiert und besonders bei mehreren handelnden Personen ein Austausch und die Übereinstimmung zunächst nicht kongruenter Ziele erreicht.
b) Situationsanalyse: Die Analyse der aktuellen Situation, des Bezugsrahmens, in dem die Problemlösung stattfindet, sollte zielgerichtet erfolgen. Dabei werden die Bedingungen, die dem Handeln zugrunde liegen, sowie Notwendigkeiten für das Erreichen des Ziels geklärt.
c) Erstellen eines Handlungsplans: Auf der Grundlage der Situationsanalyse wird nun ein Handlungsplan entworfen, der dazu dient, das formulierte Ziel möglichst effizient und ressourcensparend zu erreichen.
d) Ausführen des Handlungsplanes: Entsprechend den Planungen muß die Handlung ausgeführt werden. Eine kontinuierliche, parallele Handlungskontrolle stellt sicher, ob es der richtige Weg zum richtigen Ziel ist.

Innerhalb der Vorgehensweise ist es notwendig, aufgrund von Zwischenergebnissen die vorherigen Handlungsschritte zu überprüfen und gegebenenfalls neu einzuleiten. Somit können mehrere Iterationen zur Problembearbeitung notwendig werden.

2.2 Die prozeßbegleitende Ergebnis- und Erfahrungsrückführung

Unternehmen bzw. Organisationen sind im kybernetischen Sinne offen unrückgekoppelt (Henning, 1990). Es lassen sich neben zwangsläufigen Rückkopplungen auch bewußt stabilisierende, komplexitätssenkende Rückkopplungen aufbauen (Henning/Marks, 1990; Marks, 1991). Diese Rückkopplungen sollen sicherstellen, daß zum einen das gewünschte Ergebnis im Problemlöseprozeß erreicht wird, und daß zum anderen der Problemlöseprozeß aufgrund vorliegender Erfahrungen effizienter, rationeller und für die Betroffenen besser beherrschbar wird. Diese Rückkopplungen sollen im weiteren als Ergebnisrückführung und als Erfahrungsrückführung bezeichnet werden (Abb. 3).

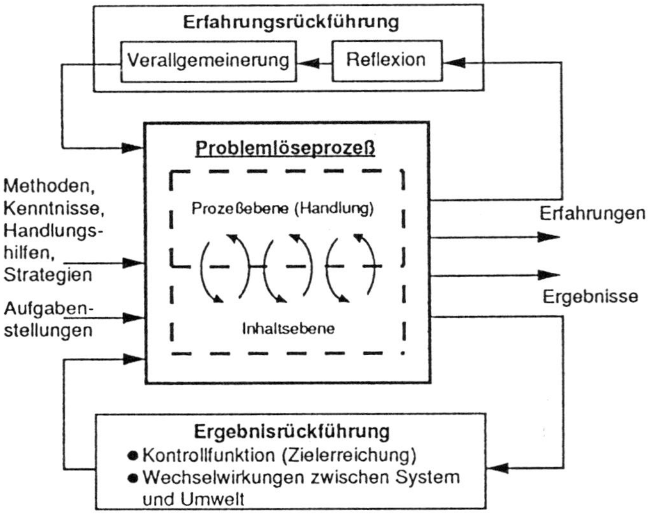

Abb. 3: Ergebnis- und Erfahrungsrückführung

Die *Ergebnisrückführung* berücksichtigt die materiellen und immateriellen Ergebnisse des Problemlöseprozesses, die die Wechselwirkung zwischen dem System und seinem Umfeld beeinflussen. Sie beinhaltet den Soll/Ist-Vergleich, das Prüfen, ob die Aufgabe vollständig erfüllt ist, und ob das gewünschte Ziel erreicht wurde. Ergebnisrückführung erfolgt prozeßbegleitend und beeinflußt diesen wiederum über die Wechselwirkungen mit dem Systemumfeld. Sie erfolgt nach Abschluß der Problemlösung einerseits als bewußt gestalteter Kontrollschritt und andererseits als zwangsläufige Wechselwirkung der Ergebnisse in dem Umfeld mit dem handelnden System selbst.

Die *Erfahrungsrückführung* berücksichtigt demgegenüber den internen Lernprozeß der an der Handlung beteiligten Personen. Durch die Handlung können sie etwas über den sachlichen Inhalt (Was?) und über die Art und Weise einer effizienten Problemlösung (Wie?) lernen. Erfahrungen können zwangsläufig aufgrund unreflektierter Erlebnisse während der Problemlösung als auch bewußt mit Hilfe von Reflexion und Verallgemeinerung gesammelt werden.

Prozeßbegleitende Erfahrungsrückführung kann individuell auf der Ebene von einzelnen Menschen erfolgen, indem sie ihre eigene Handlung reflektieren und dabei etwas über das Bearbeiten von komplexen Problemen erlernen und dadurch ihre Handlungsfähigkeit innerhalb einer Problemlösung verbessern. Erfahrungsrückführung ist aber auch auf der Ebene von mehreren Menschen bzw. Organisationen möglich und sinnvoll.

2.3 Die Rekursionsebenen

Für den hier zu entwickelnden kybernetischen Ansatz wird davon ausgegangen, daß die Problemlösungen innerhalb von Unternehmen als soziotechnischen Systemen zu erarbeiten sind. Die verschiedenen Elemente und Subsysteme erfüllen dabei unterschiedliche Aufgaben. Ausgehend von technischen Qualitätsproblemen bei der Produktion von Konsumgütern lassen sich prinzipiell drei Ebenen der Handlung im Problemlöseprozeß definieren, die im weiteren Rekursionsebenen genannt werden sollen (Abb. 4).

Die *Rekursionsebene I* entspricht dem technikbezogenen, ingenieurmäßigen Handeln bei technischen Problemen in der Produktion. Hier wird eine technische Lösung für ein technisches Problem ausgearbeitet. Mangelnder Produktqualität wird durch eine Fehleranalyse des Produktionsprozesses und durch eine Verbesserung der technischen Anlagen und der Qualitätsprüfung begegnet. Bekannte bzw. zu adaptierende Verfahren und Methoden zur Optimierung technischer Anlagen hinsichtlich Qualität, Kosten und Zeit kommen zur Anwendung.

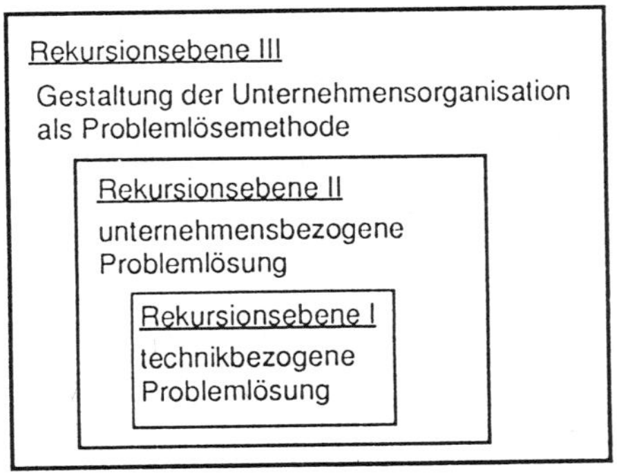

Abb. 4: Rekursionsebenen im Problemlöseprozeß

Die *Rekursionsebene II* beleuchtet die gleiche Problemstellung aus einer distanzierteren, nicht mehr detailfokussierten Sichtweise. Auf dieser Handlungsebene wird das scheinbar rein technische Problem auf seine Implikationen im gesamten Unternehmen hin betrachtet. Die Problemstellungen im Unternehmenskontext stellen meistens ein Konglomerat verschiedenster Aspekte und Teilprobleme dar. Diese Teilprobleme sind dann nicht mehr rein technischer Art. Hinzu kommen Probleme wie Marktsituation des betroffenen Produktes, Liefersituation für Rohmaterial und technische Anlagen, langfristige Tendenzen in der Produktentwicklung, Personalsituation, Kapitalbedarf für Investitionen usw., die dann nicht mehr mit technikbezogenen Methoden gelöst werden können. Es wird notwendig, daß die verschiedenen Aspekte und Teilprobleme, die im Verantwortungsbereich verschiedener Personen und Abteilungen liegen, auf ein einheitliches und gemeinsames Ziel hin bearbeitet werden. Die verschiedenen Abteilungen und Personen bringen sich mit ihren Fähigkeiten, Verantwortlichkeiten und ihrem Engagement so ein, daß eine gemeinsame, unternehmensbezogene Lösung gefunden werden kann. Auf dieser Rekursionsebene II gilt es also, die Aspekte von Zusammenarbeit, Interdisziplinarität und Teamarbeit zu gestalten.

Die *Rekursionsebene III* berücksichtigt die allgemeine Bewältigung von Problemen im Unternehmen, losgelöst von der konkreten Problemstellung. Sie beinhaltet Fragen, wie ein Unternehmen gestaltet sein muß, welchen Prinzipien und Philosophien es folgt, damit die oben genannten Problemstellungen bearbeitet werden können. Ziel ist es, eine "problemlösungsfreundliche" Unternehmensorganisation zu gestalten, die ein effizientes, qualitativ gutes und die Mitarbeiter zufriedenstellendes Problemlösen ermöglicht und dabei den Wandlungsbedarf des Unternehmens aufgrund seiner Wechselwirkungen mit seinem Umfeld berücksichtigt. Es müssen die verschiedenen Interessen von Mitarbeitern/innen nach Weiterentwicklung und sozialer Absicherung, der Kapitalgeber nach finanzieller Rendite, der Gesellschaft nach verantwortlichem, umweltbewußtem Handeln usw. berücksichtigt werden. Unter Berücksichtigung dieser Interessen und des zu gewährleistenden Unternehmenserfolges ist eine Unternehmensstruktur zu schaffen, die das effiziente Problemlösen auf den Rekursionsebenen I und II ermöglicht und unterstützt. Unternehmensführung und -gestaltung heißt dann nicht, daß über Ziele, Pläne und Maßnahmen entschieden wird, sondern Bedingungen zu fördern sind, die für das unternehmerische Handeln der Mitarbeiter/innen möglichst günstig erscheinen (Lutz, 1989, S. 175).

2.4 Der integrierte Ansatz

Die verschiedenen Grundelemente des kybernetischen Ansatzes, die Handlungskomponenten, die Rückführungen und die Rekursionsebenen der Handlung, lassen sich integrieren in eine Gesamtbetrachtung zur Lösung komplexer Probleme (Abb. 5). Dabei spiegelt der Ansatz die Komplexität der Problemstellung wider. Auf verschiedenen Ebenen, mit strukturierten Folgeschritten und unter Berücksichtigung der Rückführungen und Wechselwirkungen kann eine dem Unternehmen dienliche Lösung erarbeitet werden.

Den betroffenen Personen steht somit zur Problemlösung eine Hilfe zur Verfügung, die das Handeln strukturiert und Bewußtsein für die Komplexität der Problemstellung schafft.

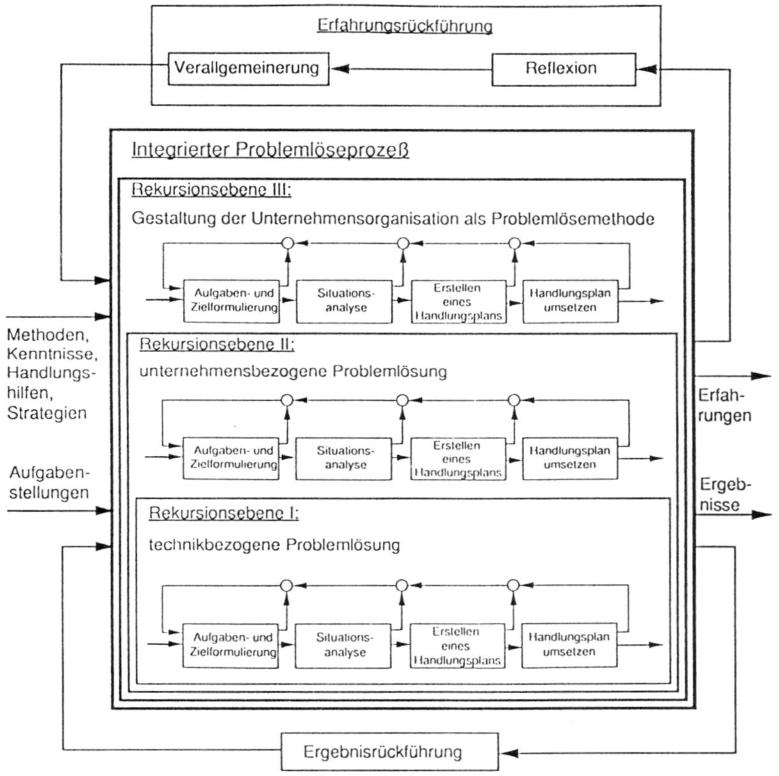

Abb. 5: Kybernetischer Ansatz zur Lösung komplexer technischer Qualitätsprobleme

Auf jeder Rekursionsebene läßt sich der Problemlöseprozeß entsprechend den Handlungskomponenten strukturieren. Die Rekursionsebenen sind ineinander verschachtelt, da in jeder höheren Rekursionsebene mehrere Problemlösungen der unteren Rekursionsebenen enthalten sind. Der Ansatz macht deutlich, daß in der realen Handlungssituation mehrere Prozesse auf verschiedenen Ebenen parallel ablaufen, und daß die Aufgabenstellungen und Handlungshilfen auf jeder Ebene durch die Rückführungen prozeßbegleitend verändert werden. Prozeßbegleitend wirken Erfahrungen und Ergebnisse zurück auf den Problemlöseprozeß, wobei die Rückkopplung zwangsläufig oder bewußt gestaltet sein kann.

3. Nässeschutzqualität bei der Herstellung von Höschenwindeln - Eine Fallstudie

3.1 Technische Optimierung der Herstellungsanlagen (Rekursionsebene I)

Als Folge einer Produktumstellung auf ein innovatives Produkt stiegen bei einem Hersteller von Höschenwindeln die negativen Verbraucherkommentare drastisch an (Harendt/Henning/Krug, 1989). Die Absatzzahlen sanken. Die Windeln waren qualitativ nicht ausreichend. Es ergab sich ein technisches Problem zur Verbesserung der Produktqualität. Ein Team von Ingenieuren behandelte die Aufgabe, die Stabilität des Zellstoffkissens der neuen, paßförmigen Windel so zu verbessern, daß sie signifikant höher war als die der alten Windel (Abb. 6).

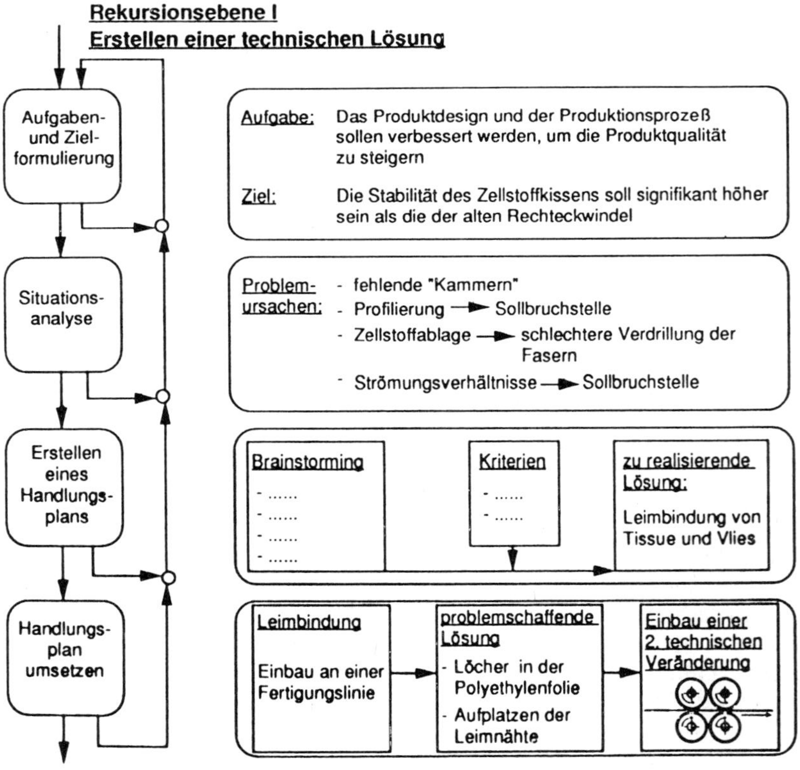

Abb. 6: Handlungsschritte in der Rekursionsebene I

In der Situationsanalyse wurde zunächst ein neues Testverfahren entwickelt, um diesen neuen Qualitätsaspekt zu quantifizieren. Weiterhin wurden verschiedene konstruktive und verfahrenstechnische Ursachen für die geringe Stabilität des Zellstoffkissens entdeckt. Bei der Erstellung des Handlungsplanes wurde mit Hilfe der Brainstorming-Methode ein Ideenkatalog entwickelt. Unter Zuhilfenahme mehrerer Kriterien wurde die Leimbindung von einzelnen Materiallagen in der Windel als ideale Lösung entwickelt.

Bei der Umsetzung des Handlungsplanes (bzw. der Lösung) trat der Effekt der problemschaffenden Lösung auf. D.h., ein zweiter Qualitätsdefekt wurde ausgelöst, der durch den Einbau einer zweiten technischen Lösung behoben werden mußte.

Entscheidend für die Umsetzung des kybernetischen Ansatzes ist die Durchführung der Ergebnis- und Erfahrungsrückführung (Abb. 7). Diese liefert den beteiligten Mitarbeitern die Möglichkeit, aus der erfolgreichen Problemlösung zu lernen.

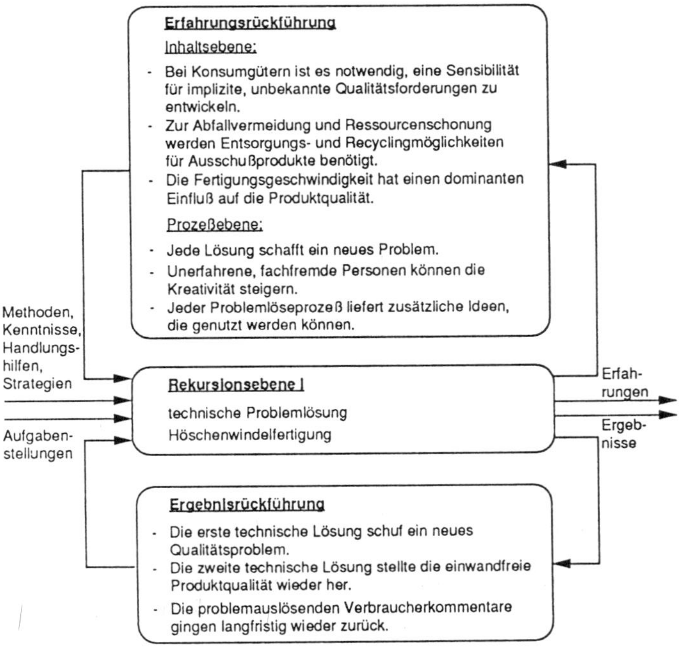

Abb. 7: Ergebnis- und Erfahrungsrückführung für die Rekursionsebene I

3.2 Interdisziplinäre Zusammenarbeit zur Bewältigung des Unternehmensproblems (Rekursionsebene II)

Über die technische Problemstellung hinaus ergab sich für das Unternehmen die Aufgabe, das veränderte Absatzvolumen zu bewältigen. Sinkende Absatzzahlen und ein zeitlich nicht wie geplant durchführbarer Umstellungsprozeß der Produktionsanlagen, erforderten die Zusammenarbeit verschiedener Unternehmensbereiche (Abb. 8).

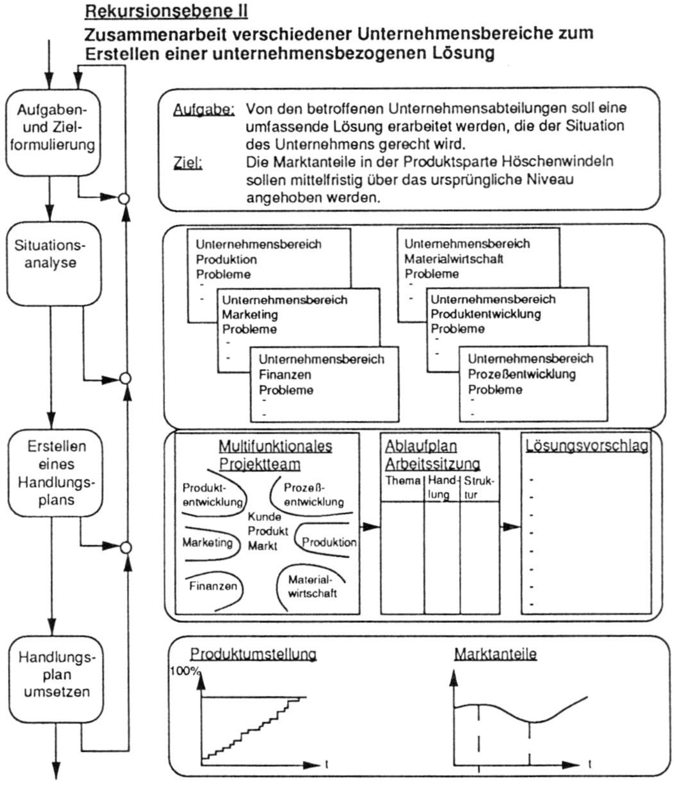

Abb. 8: Handlungsschritte in der Rekursionsebene II

In der Situationsanalyse tauschten Mitarbeiter der verschiedenen Bereiche ihre jeweiligen Probleme aus, so daß danach nicht nur isolierte Bereichsprobleme wahrgenommen wurden, sondern auch die komplexen Wechselwirkungen zwischen den einzelnen Teilbereichen. Ein Multifunktionales Projektteam mußte sich nun um die Erstellung eines Handlungsplanes bemühen. Dazu diente eine speziell strukturierte 1,5-tägige Arbeitssitzung, an deren Ende ein

Maßnahmenkatalog als Lösungsvorschlag stand. Die Umsetzung dieses Handlungsplanes führte zu einer Bewältigung der Unternehmenskrise.

Aber auch hier war es für die beteiligten Mitarbeiter/innen möglich mit Hilfe der Ergebnis- und Erfahrungsrückführung aus dem Problemlöseprozeß zu lernen (Abb. 9).

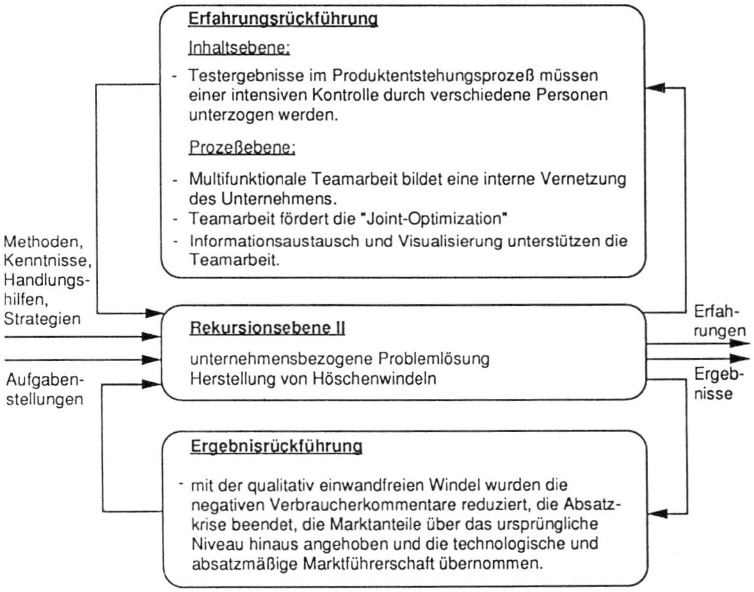

Abb. 9: Ergebnis- und Erfahrungsrückführung für die Rekursionsebene II

4. Wandlungsbedarf der Unternehmensorganisation (Rekursionsebene III)

Bei der Problemlösung wurden in den Fallstudien aber auch Defizite offensichtlich, die eine Veränderung der internen Unternehmensorganisation erforderten (Abb. 10). In konkreten Problembearbeitungen zeigten sich die Nachteile der Matrix-Organisation:

- Die Struktur förderte Konflikte mit aufreibenden Auseinandersetzungen. "Kurz gesagt, bringt also eine Mehrfachunterstellung stets Unklarheiten, Verwirrungen, Konflikte und Störursachen mit sich" (Wild, 1973, S. 95).

- Die Mitarbeiter/innen waren "Diener zweier Herren" (Wild, 1973, S. 93).
- Die Entscheidungsfindung konnte verkompliziert werden bzw. durch oberflächliche Kompromisse aus dem Bereich erhöhter Konfliktbereitschaft geschoben werden.
- Für die betroffenen Mitarbeiter/innen erhöhte sich der Arbeitsstreß.

Zum besseren Verständnis und zur effektiveren Nutzung der Matrix-Organisation könnte ein Verhaltenstraining dienen, in dem konkurrierende Interessen, zwei verschiedene Vorgesetzte, komplexe Entscheidungen, die durch Diskussion hervorgebracht werden, und Zeitdruck erlebt werden können.

Defizite		Veränderungsmaßnahmen
Die Matrix-Organisation förderte Konflikte, erhöhte die individuelle Arbeitsbelastung und steigerte den Arbeitsstreß.	→	Einführen von Trainingsmaßnahmen für die Mitarbeiter/innen zur besseren Bewältigung der Matrix-Organisation
Die Produktentwicklung war von den nationalen Präferenzen des Standortes der Entwicklungszentrale geprägt.	→	Besetzen der Produktentwicklungszentren mit Personal aus allen europäischen Ländern
Es wurde eine große Menge Ausschußmaterial produziert	→	Entwickeln von Recyclingmöglichkeiten zur Ressourcenschonung und Abfallvermeidung
Verändertes Umweltbewußtsein der Konsumenten wurde wenig wahrgenommen.	→	Stärkere Berücksichtigung des Umweltbewußtseins der Konsumenten bei der Entwicklung neuer Produkte

Abb. 10: Handlungsbedarf zur Veränderung der Unternehmensorganisation

In der Fallstudie Höschenwindeln wurde die Ausschußproduktion als ein Verbesserungspotential erkannt. Zur Ressourcenschonung und Abfallvermeidung wurde die Entwicklung eines Recyclingverfahrens eingeleitet, das die Materialrückgewinnung ermöglichte. Bei der Produktentwicklung wurde das veränderte Umweltbewußtsein der Verbraucher nicht entsprechend berücksichtigt. Es zeigte sich, daß Konsumenteneinstellungen bezüglich Umweltschutz die Produktentwicklung in Zukunft stärker beeinflussen mußten (Harendt/Henning/Krug, 1991).

Die Bewältigung der Problemstellung durch das Unternehmen verlief erfolgreich. Das Unternehmen reagierte flexibel auf veränderte Kundenbedürfnisse. Die Überlebensfähigkeit des Unternehmens bei einem sich wandelnden Umfeld erschien zum Zeitpunkt der Problembearbeitung gegeben. Der ökonomische Erfolg war jederzeit gewährleistet (Abb. 11).

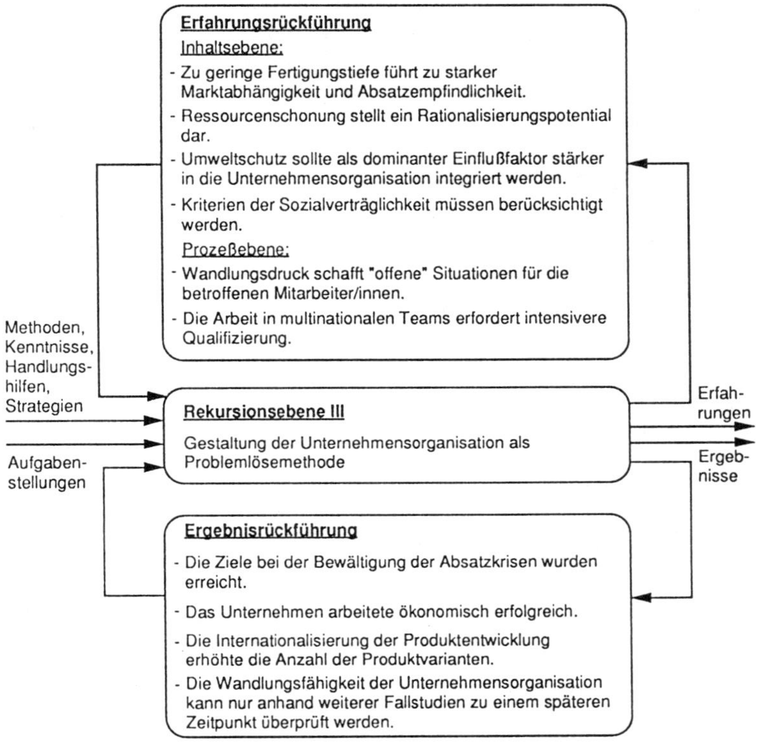

Abb. 11: Ergebnis- und Erfahrungsrückführung für die Rekursionsebene III

5. Zusammenfassung

Diese Aufsatz beschreibt anhand einer Fallstudie aus einem Konsumgüterunternehmen die Lösung komplexer technischer Qualitätsprobleme. Es wird ein kybernetischer Ansatz vorgeschlagen, der den Problemlöseprozeß bezüglich der Handlungsebenen und Handlungsschritte strukturiert. Durch Ergebnisrückführungen soll der Wechselwirkung mit dem Umfeld des Unternehmens Rechnung getragen werden.

Durch Erfahrungsrückführungen soll das Lernen auf individueller und Organisationsebene zur Verbesserung der Effizienz des Lösungsprozesses ermöglicht werden.

Der kybernetische Ansatz erweist sich als Strukturierungshilfe, die den Problemlöseprozeß für die beteiligten Personen besser beherrschbar macht. Die Ergebnis- und Erfahrungsrückführungen liefern neue Erkenntnisse und Methoden zur Bewältigung von komplexen Problemen in der Konsumgüterindustrie. Der kybernetische Ansatz erscheint dabei unter bestimmten Randbedingungen auf andere komplexe technische Qualitätsprobleme in ähnlich strukturierten Industriebranchen übertragbar.

6. Literatur

Bitzer, A.: Beteiligungsqualifizierung zur Gestaltung von technischen und organisatorischen Innovationen, Dissertation, RWTH Aachen 1991.

Hacker, W.: Psychische Regulation von Arbeitstätigkeiten, Berlin 1976.

Harendt, B.: Ein kybernetischer Ansatz zur Lösung komplexer technischer Qualitätsprobleme in einem internationalen Konzern der Konsumgüterindustrie, VDI-Fortschritt-Berichte, Reihe 2, Nr. 222, Düsseldorf 1991

Harendt, B., Henning, K., Krug, H.: unveröffentlichtes Handbuch zum Seminar "Technisches Management ...", Aachen 1989.

Harendt, B., Henning, K.., Krug, H.: unveröffentlichtes Handbuch zum "Euro Technical Management Seminar; Case Study: Technology Evaluation", Aachen, Brüssel 1991.

Henning, K.: Kybernetische Verfahren der Ingenieurwissenschaften, Vorlesungsmanuskript, 3. Auflage, KDI der RWTH Aachen 1990.

Henning, K., Marks, S.: Systemisches Management - Ein organisationskybernetischer Ansatz zur Steuerung von Unternehmen in turbulenten Umwelten, in: Czap,H. (Hrsg.): Unternehmensstrategien im sozio-ökonomischen Wandel, Berlin 1990.

Lutz, C.: Vom Qualitätsmanagement zum qualitativen Wachstum - Zukunftsorientierte Unternehmensführung im Informationszeitalter, in: VDI-Bericht 739, Problemlösungen durch Qualitätsmanagement, Düsseldorf 1989.

Marks, S.: Gemeinsame Gestaltung von Technik und Organisation in soziotechnischen kybernetischen Systemen, Dissertation, RWTH Aachen 1991.

Sell, R.: Angewandtes Problemlösungsverhalten, Berlin 1989.

Volpert, W.: Handlungsstrukturanalyse, Köln 1974.

Wild, J.: Product Management, 2. Auflage, München 1973.

Dynamische Modelle in der Produktionsplanung und -steuerung - Einsatz ereignisorientierter Simulationsmethoden im operativen Produktionsregelkreis

von *Stefan Döttling* und *Thomas Fischer*[1]

1. Der operative Produktionsregelkreis

Für die organisatorische Gestaltung des *rechnergestützten Informationsmanagements* von Unternehmen haben in den letzten Jahren Konzepte der Kybernetik (als der systemorientierten Strukturwissenschaft) immer größere Bedeutung erhalten. Rasant wachsende Rechnerleistung sowie die stetige Weiterentwicklung von Systemen zur zeitgenauen Erfassung und Rückmeldung von Prozeßdaten und (prozeßnahen) Statusdaten haben diese Entwicklung unterstützt.

In modern ausgestatteten produzierenden Unternehmen sind Systeme zur Betriebsdatenerfassung (BDE) mittlerweile Stand der Technik. Auf Basis der Rückmeldungen getätigter Arbeitsschritte wird stets der aktuelle Zustand des Produktionssystems erfaßt ("gemessen"). Wird dieser aktuelle Zustand in der Planung berücksichtigt, hat die *operative Produktionsdurchführungsplanung*[2] den Charakter einer Regelung und kann auch als operative *Produktionsregelung* bezeichnet werden. Die *Wirtschaftskybernetik* hat sich eingehend mit dem Entwurf und der Gestaltung betrieblicher Regelungsstrukturen beschäftigt. Dabei wurden auch Methoden für den mathematisch / analytischen Reglerentwurf auf betriebswirtschaftliche Fragestellungen übertragen[3].

Überprüft man diese *regelungstheoretischen Ansätze* auf ihre praktische Re-

---

[1] Dipl. - Ing.Stefan Döttling, Dr. Thomas Fischer, Institut für Textil und Verfahrenstechnik Denkendorf (Direktor: Prof. Dr. Ing. G. Egbers), Körschtalstraße 26, 7306 Denkendorf.

[2] In der Produktionsplanung und -steuerung wird im allgemeinen zwischen Produktionsprogrammplanung und Produktionsdurchführungsplanung unterschieden; vgl. Fischer (1991a), Seite 72 ff. Auf der operativen Ebene muß die Produktionsdurchführungsplanung die Frage beantworten, von wann bis wann welche Aufträge in welchen Losen auf welchen Maschinen in welcher Reihenfolge und von welchem Personal bearbeitet werden müssen.

[3] Vgl. beispielsweise Fischer (1982), Baetge/Fischer (1982).

levanz in der Produktionsplanung und -steuerung, so kann festgestellt werden, daß regelungstheoretische, modellgestützte Entwurfsverfahren auf Basis mathematischer (linearer) Zustandsraummodelle für taktische Fragestellungen geeignet sein können[4]; für die Gestaltung des operativen Produktionsregelkreises haben sie in der betrieblichen Praxis bis heute keine Bedeutung erlangt[5].

Dies liegt in erster Linie an den Einschränkungen, die bei der Beschreibung von Produktionssystemen durch *zeitdiskrete* Modelle gemacht werden müssen. Darauf wird in Abschnitt 2 kurz eingegangen. Mit der *ereignisgesteuerten Simulation* wird in Abschnitt 3 ein Werkzeug dargestellt, das diese Einschränkungen bei der Modellbildung überwindet. Möglichkeiten der Integration von dynamischen Prozeßmodellen in die Produktionsregelung werden in Abschnitt 4 beschrieben. Einige Anmerkungen zur Auswahl geeigneter Simulations-Entwicklungswerkzeuge schließen in Abschnitt 5 unsere Ausführungen ab.

2. Die Behandlung der Zeit in Produktionsmodellen

2.1 Reglerentwurf mit Zustandsmodellen für ökonomische Systeme

In den 70-er Jahren wurden von der Regelungstheorie Entwurfsmethoden auf Basis von Zustandsraumdarstellungen propagiert. Diese Verfahren wurden in der Folge auch von der Wirtschaftskybernetik und der ökonomischen Systemtheorie aufgegriffen, auf volkswirtschaftliche und betriebswirtschaftliche Fragestellungen übertragen und für deterministische und stochastische Regelungsaufgaben systematisiert[6].

Bei diesen Ansätzen wird der zu regelnde Unternehmensausschnitt als Regelstrecke in *zeitdiskreter Zustandsdarstellung* beschrieben. Baetge und Fischer verwenden beispielsweise zur Abstimmung der kurzfristigen Produktions-, Lager- und Preispolitik bei saisonal schwankendem Absatz[7] ein zeitdiskretes dynamisches Modell[8], das aus einer Preis - Absatz - Funktion, einer "Produktions - Gleichung", einer "Lagerabgangs - Gleichung" und einer Lagerbestandsgleichung besteht.

[4] So kann beispielsweise die zeitliche Verteilung der Produktion bei saisonaler Nachfrage und die geeignete Lagerpolitik mit Hilfe eines Zustandsreglers optimiert werden, wie im nächsten Abschnitt angedeutet wird.

[5] Vgl. Fischer (1991a).

[6] Vgl. etwa Stöppler (1980), Fischer (1982) und die jeweils dort angegebene Literatur.

[7] Vgl. Baetge/Fischer (1982).

[8] Modelle, deren dynamisches Verhalten intervallorientiert modelliert wird und deren Zustandsvariablen nur zu diskreten Zeitpunkten Werte annehmen, werden häufig kurz als zeitdiskrete Modelle bezeichnet. Präziser müßten sie mit dem Begriff "(zeit-) intervallorientierte Modelle" umschrieben sein. Im Gegensatz dazu werden die nachfolgend erörterten Modelle, deren "Zeitvorrat" prinzipiell als kontinuierlich angesehen wird und deren Variablen zu ebenfalls diskreten, jedoch regellosen Zeitpunkten ein Wert zukommt, bzw. eine Wertveränderung erfahren, als ereignisorientiert bezeichnet.

Die Modellgleichungen werden in die erweiterte Zustandsdarstellung überführt. Mit einer linear-quadratischen Kostenfunktion werden geeignete *Regelgesetze* für die im Modell beschriebene Regelstrecke mit den Stellgrößen Preis und Produktionsauftragsmenge abgeleitet.

Dem gewählten Modell liegt eine Periodendauer von 1 Monat zugrunde. Bei dieser Modellbildung werden Annahmen gemacht, die bei den betrachteten Fragestellungen zwar zulässig sind, die aber bei zunehmender *Detaillierung* der Modelle, die für die operative Produktionsdurchführungsplanung benötigt wird, nicht mehr getroffen werden dürfen. Nachfolgend einige Beispiele:

- In der Realität vorhandene *Obergrenzen* für die maximale Produktions- und Lagerkapazität werden nicht explizit berücksichtigt. Im Modell sollen Überschreitungen dieser Grenzen mit Hilfe einer geeigneten Gewichtung in der quadratischen Kostenfunktion vermieden werden.
- Zeitdiskrete (intervallorientierte) Modelle gehen davon aus, daß die betriebliche Planung stets in zeitlich *äquidistanten Abständen* stattfindet. Auf operativer Planungsebene wird die Planung dagegen häufig vom Eintreten bestimmter Systemzustände oder gar vom Eintreten bestimmter zufälliger endogener (z.B. Maschinenausfälle) oder exogener Ereignisse angestoßen.
- Die im beschriebenen Modell betrachteten Zustands- und Stellgrößen werden als Größen mit *kontinuierlichem Wertebereich* betrachtet und dann gerundet. In der operativen Planungsebene müssen dagegen viele Größen betrachtet werden, deren Wertebereich abzählbar und endlich ist[9].
- In der operativen Planung müssen sehr häufig *nebenläufige, parallele* Prozesse betrachtet werden, die sich in ihrem charakteristischen Zeitverhalten (dominierenden Zeitkonstanten) sehr stark unterscheiden und daher in einem zeitdiskreten Modell nicht gemeinsam abgebildet werden können.

2.2 Betriebswirtschaftliche Produktionsfunktionen

Im Produktionsmodell nach *Gutenberg*, "in dessen Mittelpunkt das Bemühen steht, die technologischen Merkmale von Produktionssystemen detaillierter zu beschreiben und explizit in Produktionsmodelle zu integrieren"[10], wird

---

[9] Wird für eine Maschinengruppe, die aus drei funktionsidentischen Maschinen besteht, die Anzahl der eingesetzten Maschinen als Zustandsgröße definiert, so kann diese die Werte 0, 1, 2 oder 3 annehmen. Der Zustand einer Maschine kann seinerseits durch eine Größe beschrieben werden, die die Werte "produziert" oder "produziert nicht" annehmen kann.

[10] Vgl. Dellmann (1980), Seite 74ff.

der *Output x* einer Produktionsstufe als Funktion der Einsatzbedingungen von Potentialfaktoren angegeben.

Das Modell bildet drei prinzipielle Möglichkeiten ab, mit denen der Output einer Produktionsstufe quantitativ beeinflußt werden kann. Der Output kann über die *Intensität*, über die *zeitliche Anpassung*, sowie auch über die *quantitative Anpassung* (Anzahl der eingesetzten Potentialfaktoren) beeinflußt werden. In dieser Modellform wird deutlich, daß bei zunehmender Detaillierung der Planung - hier wird auch von "Produktions-Aufteilungsplanung" gesprochen[11] - die "Einsatzzeit" (zeitliche Anpassung) innerhalb eines Intervalls selbst zur "Instrumentvariablen" wird.

Integriert man ein solches Modell in ein zeitdiskretes Modell der in Abschnitt 2.1 angesprochenen Form, gelingt die Linearisierung und erfüllt dieses Modell darüberhinaus bestimmte Struktureigenschaften, so können zwar Regelgesetze für den zeitlichen und intensitätsmäßigen Einsatz von Potentialfaktoren auf einer Produktionsstufe in einer Periode abgeleitet werden; die eigentlichen Aufgaben der operativen Durchführungsplanung können mit diesem Modell hingegen nicht problemadäquat bearbeitet werden.

Zur *detaillierten Planung* der zeitlichen und intensitätsmäßigen Anpassung sind nämlich beispielsweise folgende Fragen zu beantworten:

- Von *wann* bis *wann* wird eine Maschine eingesetzt[12]?
- Von *welchem Personal* wird diese bedient[13]?
- Welche Aufträge können zu *Produktionspartien* zusammengefaßt werden?
- Welche Aufträge werden in *welchen Losen* und *welcher Reihenfolge* bearbeitet?
- Entstehen reihenfolgeabhängige *Rüstzeiten* und wie können diese minimiert werden?

Das Bemühen, die operative Planung durch mathematische Modelle zu unterstützten, war in den vergangenen Jahren auch ein Hauptanliegen des *Operations Research*. Es wurden verschiedene Verfahren entwickelt[14], auf die hier nicht näher eingegangen werden soll. Sie setzten sich bisher in der Praxis nicht durch. Durchweg abstrahieren auch diese Verfahren entweder zu stark von der Realität, um für die prozeßnahe Planung einsetzbar zu sein, oder die erforderliche Kombination unterschiedlicher Modelle verhindert eine analytische Lösung.

---

[11] Vgl. Adam (1980).

[12] Also nicht allein der Zeitbedarf innerhalb einer Periode ist zu ermitteln, sondern die konkreten Zeitpunkte, zwischen denen eine Maschine verfügbar sein muß.

[13] Also nicht der Personalbedarf ist gefragt, sondern konkret, welcher Mitarbeiter, mit welcher Qualifikation im Rahmen seines Arbeitszeitprofiles zur Verfügung steht.

[14] Z.B. Lineare, Nichtlineare und Ganzzahlige Optimierung, Dynamische Optimierung, Warteschlangen-Modelle.

2.3 Simulation von Produktionssystemen

In der betrieblichen Planung kommen in den letzten Jahren immer häufiger Simulationsmethoden zum Einsatz, um wichtige Entscheidungen abzusichern. So werden Simulationen in strategischen/taktischen Fragestellungen der *Produkt-Markt-Beziehung*[15] eingesetzt.

Auch *Investitionsentscheidungen* im Produktionsbereich werden häufig dadurch vorbereitet, daß für das (geplante) Fertigungssystem und das zugehörige Materialflußsystem Simulationsmodelle erstellt werden und mit Simulationsexperimenten die günstigste Gestaltungsalternative ermittelt wird (Layout - Planung)[16]. Dafür gibt es eine Vielzahl von Simulationswerkzeugen, mit denen Warteschlangensysteme, Materialflußsysteme, Systeme zur Werkzeugversorgung, bis hin zu kompletten Produktionssystemen simuliert werden können. Beispiele hierfür sind SLAM II[17], SIMAN oder DOSIMIS-3[18].

Diese Werkzeuge bieten Standardmodule, die den Aufbau von Simulationsmodellen erleichtern. Ihnen ist gemeinsam, daß ihre Ablaufsteuerung *ereignisorientiert*[19] ist; sie verwalten einen sogenannten "Ereigniskalender". Ereignisse können zu jedem Zeitpunkt stattfinden, sie müssen nicht zusammengefaßt und einem bestimmten Zeitraum oder Zeitpunkt zugewiesen werden, wie es bei zeitdiskreten Modellen mit intervallorientierter Ablaufsteuerung erforderlich ist.

Erst in jüngster Zeit wird zunehmend auch der Einsatz von Simulationstechniken in der *operativen Durchführungsplanung* gefordert und diskutiert[20]. Die Simulation ihrerseits ist jedoch kein Regelungsverfahren und auch kein Entwurfsverfahren zur optimalen Regelung[21]. Es müssen also Konzepte entwikkelt werden, wie (ereignisgesteuerte) Simulationen in den dispositiven Produktionsregelkreis integriert und somit zu einer verbesserten Regelung der Produktion beitragen können[22].

---

15 Anwendungen werden beispielsweise in Zahn (1979), Waldraff (1982) und Zwicker (1981) beschrieben.

16 Eine Vielzahl verschiedener Beispiele hierfür finden sich in ASIM (1988), ASIM (1989).

17 Vgl. Pritsker (1987).

18 Vgl. DOSIMIS-3.

19 Nachfolgend werden Simulationen mit dieser Art der Ablaufsteuerung als "ereignisgesteuerte Simulationen" bezeichnet, vgl. auch Fußnote 8.

20 Vgl z.B. Stellmach (1986), Fischer (1991), Bullinger/Huthmann (1990).

21 "Simulation ist eine Verfahrensart zur Untersuchung des Zeitverhaltens verschiedenartigster (realer oder geplanter) Syteme. Gemeinsames Merkmal aller Simulationsgattungen ist die Abbildung des zu untersuchenden Systems in einem Modell. An diesem Modell werden Experimente durchgeführt, die aus Gründen zu hoher Kosten, der Sicherheit, der Zeit oder Größe nicht am System selbst vorgenommen werden können.", aus Schlüter (1987), vgl. auch Baetge/Fischer (1989).

22 In Strandhagen (1990) werden einige bedeutende Unterschiede des Einsatzes von Simulation in der strategischen und operativen Planung herausgearbeitet.

3. Die Behandlung der Zeit in der ereignisgesteuerten Simulation

"Discrete event simulation is widely employed in systems engineering, operations research, and management science. It is the modelling child of this century (where differential equations are the child of the last) and its full potential has yet to be realized."[23] So stellt Zeigler - vielleicht ein wenig überpointiert - die heutige Bedeutung der ereignisgesteuerten Simulation heraus.

Zunächst soll erklärt werden, was unter einem *Ereignis* verstanden wird: Als Ereignis wird jede Änderung des Systemzustandes zu einem bestimmten Zeitpunkt betrachtet, von der unterstellt wird, daß sie keine Zeit verbraucht.

Ereignisse können prinzipiell zu *jedem Zeitpunkt* stattfinden. Alle in der Zukunft auftretenden Ereignisse, deren Ereigniszeitpunkt bekannt ist, bzw. im Verlauf der Simulation bekannt wird, werden in eine Ereignisliste oder einen Ereigniskalender eingetragen. Eintragungen in diese Liste werden also sowohl bei der Initialisierung als auch während des Simulationslaufes, das heißt beim Abarbeiten des Ereigniskalenders vorgenommen. Ereignisse können nämlich zeitgleich oder zeitversetzt *Folgeereignisse* auslösen; diese können daher nicht vorab im Ereigniskalender berücksichtigt werden. In einer ereignisgesteuerten Simulation werden nur die relevanten Ereigniszeitpunkte betrachtet, d.h. eine Neuberechnung des Modellzustandes findet ausschließlich zum Zeitpunkt eines Ereignisses statt.

Aus Sicht der Steuerung (Regelung) von Produktionssystemen müssen *zwei Arten von Ereignissen* unterschieden werden:

- Es gibt zum einen Ereignisse, die stets eine bestimmte (Folge von) Zustandsveränderung(en) veranlassen und Folgeereignisse auf dem Ereigniskalender *zwangsläufig* plazieren.

  Beispiel: Eine Fertigung kann so organisiert sein, daß zu dem Zeitpunkt, zu dem ein Werkstück oder eine Teilmenge auf einer Station fertig bearbeitet worden ist, dies(e) auf einem Förderband abtransportiert und nach einer Transportzeit in den Materialpuffer des nächsten Bearbeitungsschrittes eingereiht wird. In einer ereignisgesteuerten Simulation kann dieser Sachverhalt so abgebildet sein, daß in dem Ereignis "Fertigstellung / Transportbeginn" die Tranportzeit und damit der Ereigniszeitpunkt des Ereignisses "Puffer_ein" bestimmt und dieses Folgeereignis auf dem Ereigniskalender plaziert wird.

- Zum anderen gibt es Ereignisse, in denen aufgrund hinterlegter Entscheidungsregeln unter Berücksichtigung des eingetretenen Systemzustandes aus verschiedenen *Handlungsalternativen* eine ausgewählt wird, die zu Zustandsübergängen führt und entspre

---

23 Vgl. Zeigler (1984), Vorwort.

chend mögliche Folgeereignisse auf dem Ereigniskalender plaziert[24].

Beispiel: In dem Moment, in dem eine Bearbeitungsstation für die Bearbeitung eines neuen Teils verfügbar wird, muß zunächst aus den im vorgelagerten Puffer befindlichen Teilen dasjenige, das als nächstes bearbeitet werden soll, ausgewählt werden. Dies kann nach einfachen Regeln, wie etwa der FIFO - Regel, oder nach Regeln, die technische oder dispositive Daten berücksichtigen, erfolgen. Bei einer ereignisgesteuerten Simulation wird in dem Ereignis "Bearbeitungsstation wird verfügbar" also zuerst entschieden, welches Teil als nächstes bearbeitet werden soll. Danach wird die für dieses Teil benötigte Bearbeitungszeit ermittelt und das Ereignis "Fertigstellung" auf dem Ereigniskalender plaziert.

Durch diese zweite Ereignisart werden also Entscheidungen, d.h. *betriebliche Regelungsfunktionen* in die Modellierung durch das ereignisgesteuerte Simulationsmodell explizit miteinbezogen[25]. Dabei können Entscheidungen über die intensitätsmäßige oder quantitative zeitliche Anpassung selbst - auch kurzfristig - zum Entscheidungsgegenstand werden. Ein Folgeereignis kann prinzipiell für jeden beliebigen Zeitpunkt (ohne Einschränkung durch ein diskretes Zeitraster - etwa den Betriebskalender - oder durch die ursprünglich geplante Kapazitätsverteilung) in den Ereigniskalender eingetragen werden.

4. Simulationsunterstützte Produktionsregelung

4.1 Modellgestützter Reglerentwurf und modellgestützte Regelung

Dynamische (mathematische) Modelle können in der Regelungstechnik für zwei unterschiedliche Aufgaben verwendet werden:

- *Zum Reglerentwurf*: Anhand von dynamischen Modellen der Regelstrecke werden mittels mathematisch-analytischer oder experimenteller Verfahren Regelgesetze abgeleitet, in geeignete Regler umgesetzt[26] und im Regelungssystem implementiert. Das

---

24 Diese Entscheidungsfindung erfolgt innerhalb des Ereignisses "zeitlos". Dies ist aber nur dann zulässig, wenn die Dauer des realen Entscheidungsprozeß im Vergleich zu den modellierten Zeitverbräuchen vernachlässigbar klein ist.

25 In Dangelmaier/Becker (1988) wird diese Fallunterscheidung ebenfalls herausgearbeitet. Dort wird in "Anwendersteuerung" und "Elementsteuerung" unterschieden.

26 Z.B. Zustandsregler-Entwurf durch Polvorgabe oder Entwurf mit stationärer Ricatti - Gleichung.

Ergebnis dieser Reglersynthese ist ein feststehender Regelungskalkül, der auf Regelabweichungen in einer vorgegebenen Weise reagiert.

- *Zur Regelung*: Die Regelungstheorie hat Verfahren entwickelt, bei der dynamische Modelle Bestandteile des Reglers sind. Dies schließt nicht aus, daß bereits der Reglerentwurf auf Basis von dynamischen Modellen erfolgte. Zwei wichtige Anwendungsfälle dieser Technik seien genannt; die Lösung von Beobachter- und Filterproblemen und die modellgestützte Ermittlung geeigneter Stellwerte[27]. Letzteres soll uns nachfolgend besonders beschäftigen; es stellt auch eine typische Aufgabe im Rahmen der hierarchischen Unternehmensplanung dar, die von Koch[28] als "Ex-ante-Regelung" bezeichnet wird.

Entsprechend dieser Unterscheidung, kann auch der Einsatz von dynamischen Modellen in der Produktionsregelung unterschieden werden. Modelle können beim *Entwurf von Produktionsregelungen* (Reglersynthese)[29] verwendet werden und/oder als *Bestandteile des Reglers* in die Regelung integriert werden.

4.2 Simulationsmodelle als Bestandteil des Produktionsregelkreises

Wird ein Simulationsmodell explizit in einen Produktionsregelkreis integriert, so hat dieser Regelkreis die in Abb. 1 dargestellte *Struktur der modellgestützten Regelung*. Nach Initialisierung des Simulationsmodells mit dem gemessenen Ist-Zustand der Produktion (Regelstrecke) kann der Planer am Modell bestimmte Stelleingriffe (Entscheidungen) auf ihre Auswirkungen testen, bevor sie als Entscheidungen im realen Produktionssystem durchgesetzt werden sollen. Er hat also die Möglichkeit, verschiedene Entscheidungsalternativen zu generieren und zu vergleichen.

---

27 In der Regelungstechnik wurden in jüngerer Zeit Verfahren entwickelt, die als modellprädiktive Regelungen bezeichnet werden, vgl. Morari(1988), Jacobusch, u.a (1987). Die Bedeutung dieser Verfahren für die modellgestützte Prozeßführung verfahrenstechnischer Anlagen ist in Schuler (1989) dargestellt.

28 Vgl. Koch (1982).

29 Vor der Inbetriebnahme von Produktionssystemen können Steuerungs (Regelungs) - Strategien an einem Simulationsmodell getestet werden, bevor sie im realen System als Regelgesetze "festverdrahtet" eingesetzt werden, vgl. z.B. Becker/Schulte (1991), Heinzel (1991). Es ist natürlich möglich, auch zu einem anderen, späteren Zeitpunkt, z.B. im Rahmen einer Reorganisation, oder bei geänderten betrieblichen Randbedingungen, diese Art der Simulation wieder einzusetzen, und ggf. sogar wieder die gleichen oder leicht modifizierte Modelle zu verwenden.

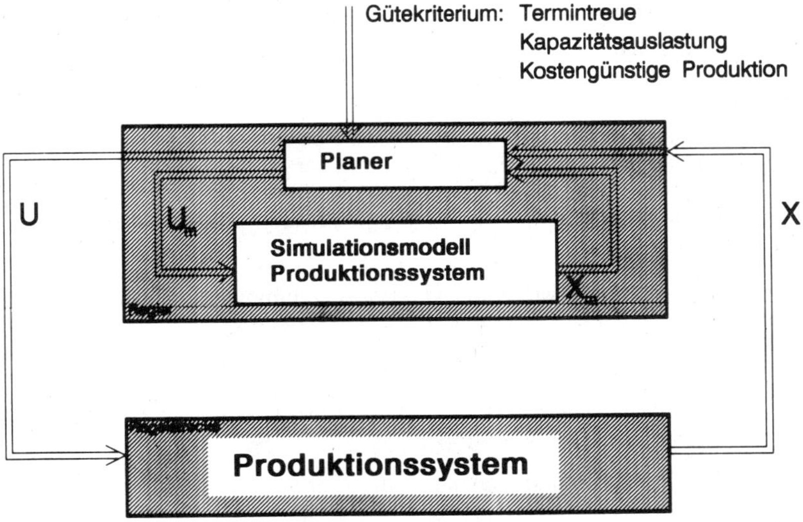

Abb. 1: Modellgestützte Regelung eines Produktionssystems[30]

Im folgenden wird, auch anhand von Beispielen erläutert, wie Simulationen im operativen Produktionsregelkreis angewendet werden können.

Simulationsmodelle können in der *untersten* sehr prozeßnahen, dispositiven *Regelungsebene* eingesetzt werden. Dabei wird jede zu treffende Entscheidung in einem Ereigniszeitpunkt - entweder *automatisch* oder *interaktiv* im Dialog mit dem Anwender - generiert. Um ein langes Suchen nach einer guten Lösung in vielen Experimenten (kombinatorische Explosion) zu vermeiden, dürfen in einem solchen Simulationslauf nur wenige zu treffende Entscheidungen berücksichtigt sein; oder es muß mit geeigneten Heuristiken die Anzahl der am Simulationsmodell zu testenden Entscheidungsalternativen eingeschränkt werden.

Dabei besteht auch die Möglichkeit, zu simulierende Entscheidungen bereits vor dem eigentlichen Simulationslauf festzulegen. So hat Stellmach beispielsweise für die *Belegungsplanung einer Tuchweberei* ein System entwickelt[31], in dem im ersten Schritt ein wissensbasiertes Modul die Bildung von Auftragsreihenfolgen und die Verteilung von Aufträgen auf Maschinen nach technischen und dispositiven Daten vornimmt bzw. vorschlägt. Unter Verwendung dieser vorgeschlagenen Entscheidungen, werden dann im zweiten Schritt mit einer ereignisgesteuerten Simulation der Webereiproduktion Anweb- und Abwebereignisse generiert bzw. prognostiziert. Dabei werden unter Berücksichtigung des "knappen" Rüstpersonals die (bereits vorab ermittelten) Entscheidungen in Er-

30 Vgl. Döttling/Fischer (1990).
31 Vgl. Stellmach(89), Stellmach(91).

eignissen simuliert, Anwebvorgänge werden ausgelöst und Abwebzeitpunkte prognostiziert. Nach einer Folge von Ereignissen werden die Ergebnisse beurteilt. Sind sie zufriedenstellend, so werden die simulierten Entscheidungen in der Weberei als Stelleingriffe durchgesetzt. Außerdem werden die von der Simulation prognostizierten Anwebtermine als Planungsvorgaben (Sollwerte) für die Regelung der Vorstufen, d.h. für die Regelung der zeitgenauen Bereitstellung des benötigten Materials (Sekundärbedarf an Zwischenprodukten) verwendet. Schließlich werden die prognostizierten Abwebtermine für die Planung der Folgestufen benutzt.

Für diese simulationsgestützte Produktionsregelung werden bestimmte *Randbedingungen* als gegeben betrachtet; so wird angenommen, daß die Anpassungsentscheidungen hinsichtlich des zeitlichen und intensitätsmäßigen Einsatzes, sowie der Anzahl von eingesetzten Potentialfaktoren bereits getroffen sind. In der Praxis sind aber gerade diese oft auch Gegenstand der operativen Produktionsplanung und damit Stellgrößen.

Deshalb werden Simulationen auch für *Planungsaufgaben* eingesetzt, der noch prozeßnähere Planungsaufgaben als "Subregelung" unterlagert sind. Werden mit Simulationsmodellen Entscheidungen abgeleitet, so müssen diese Modelle aber gerade die Entscheidungen der unterlagerten Planung, d.h. der Subregelkreise, geeignet berücksichtigen können. Sie müssen also geschlossene Regelkreise explizit mit abbilden.

Ein Beispiel hierfür ist das von Döttling für Aufgaben der *Produktionsdurchführungsplanung in einer Textilveredlung* entworfene Simulationsmodell[32]. Dieses Modell soll im Rahmen der in Abb. 2 dargestellten *hierarchischen Struktur* der operativen Produktionsregelung auf der Ebene der Gesamtplanung (Betriebsleitung) und der Abteilungsleitung vor allem die Bereitstellungs- und Personaleinsatzplanung (Regelung des zeitlichen Einsatzes von Maschinen und Personal) unterstützen.

In einer prozeßschrittübergreifenden deterministischen[33], ereignisgesteuerten *Warteschlangensimulation* wird das Verhalten der im Modell enthaltenen Subregelkreise, d.h. die Entscheidungen in jedem einzelnen Prozeßschritt (Meisterebene), dadurch berücksichtigt, daß die wichtigsten betrieblichen Kriterien[34] zur Abarbeitung der Warteschlangen (Kriterien zur Auftragszusammenfassung und Reihenfolgebildung) im Simulationsmodell enthalten sind.

---

[32] Vgl. Döttling/v. Mühlendahl (1991). Grundlage und erste Projektschritte der hier beschriebenen Simulationsanwendung wurden von Döttling und Fischer auf der Jahrestagung 1989 der GWS vorgestellt; vgl. Döttling/Fischer (1990).

[33] Für den Einsatz auf operativer Ebene auf Basis konkret gemessener Systemzustände und definierter Auftragsvorräte sind deterministische Modelle einsetzbar. Im Rahmen von Simulationsstudien zur Fabrikplanung oder zur Strategieentwicklung, kommen dagegen sehr häufig stochastische Simulationen zum Einsatz.

[34] Das Hauptproblem der bisherigen Entwicklung war die Modellierung der Subregelkreise auf Prozeßschrittebene (Meisterebene). Es stellte sich als nicht realisierbar heraus, alle Kritierien zur Reihenfolgeentscheidung und Maschinenbelegung so zu formalisieren, daß sämtlich mögliche Entscheidungen in dieser Ebene modellmäßig abbildbar sind. Seit Anfang des Jahres 1991 wird das Simulationsmodell in der operativen Produktionsdurchführungsplanung der Textilveredlung eingesetzt.

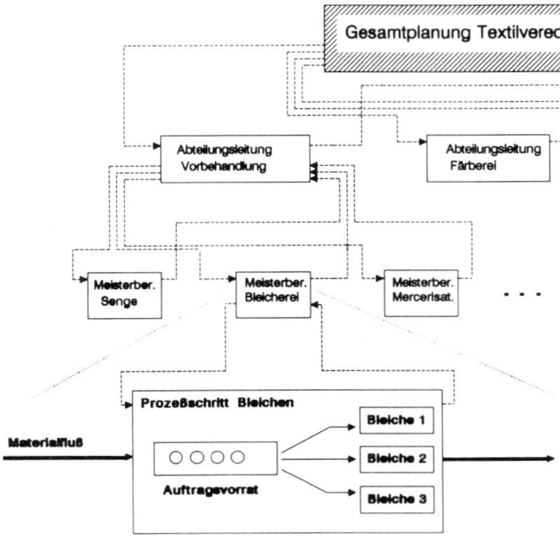

Abb. 2: Struktur der operativen Produktionsregelung in einer Textilveredlung

Ausgehend von einer Simulation unter "Standardbereitstellung" von Potentialfaktoren (d.h. dem im Betriebskalender hinterlegten zeitlichen Einsatz von Maschinen und Personal) kann für den *aktuellen betrieblichen Zustand* die aus dem Auftragsvorrat resultierende *Belastungsentwicklung* (Entwicklung der Warteschlangen) für alle definierten Kapazitätsgruppen prognostiziert werden. Abbildung 3 stellt für eine Kapazitätsgruppe über einen Zeitraum von 2 Wochen die kontinuierliche Entwicklung der Warteschlange (in Meter) dar. Außerdem werden die mögliche Produktion, die Auslastung sowie der Zugang zur Warteschlange angegeben.

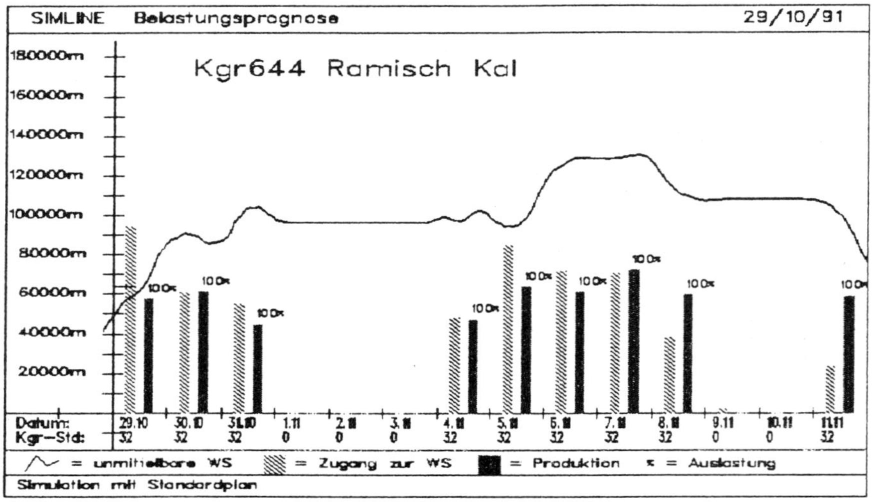

Abb. 3: Simulationsergebnis "Belastungsprognose"[35]

Zeigt sich dabei, daß bei "Standardbereitstellung" Engpässe[36] oder Weitpässe entstehen, kann der Planer die *Potentialfaktorbereitstellung* für die einzelnen Meisterbereiche (Kapazitätsgruppen) im Rahmen der betrieblichen Flexibilitätsspielräume (Kapazitätsgrenzen, Personalverfügbarkeit) solange variieren, bis die Belastungsentwicklung an den einzelnen Kapazitätsgruppen zufriedenstellend ist. Alternative Bereitstellungen können am Modell getestet werden, bevor sie als Stellgrößen im realen System umgesetzt werden. Die tatsächliche Regelung der Produktion im Rahmen der nun festgelegten "Randbedingungen" muß in der Folge nicht vollständig dem in der Simulation hinterlegten Regelungs-"Gesetz" (i.S. der erwähnten Standard-Kriterien zur Auftragszusammenfassung und -reihenfolge) entsprechen. Es kann vielmehr nun auf unvorhergesehene Zustandsentwicklungen auch durch andere Entscheidungen reagiert werden.

5. Anforderungen an Werkzeuge zur Gestaltung simulationsgestützter Produktionsregelungen

Simulationen von Produktionssystemen wurden bisher vor allem in strategisch / taktischen Fragestellungen eingesetzt. In diesem Fall werden zur Absi-

---

[35] Vgl. Döttling/v. Mühlendahl (1991).

[36] Beispielsweise sollte im Hinblick auf kurze Gesamtdurchlaufzeiten die Warteschlange vor der Kapazitätgruppe "Ramisch Kalander" die mittlere Tagesproduktion (ca. 70.000) Meter nicht überschreiten; vgl. Abb. 3.

cherung betrieblicher Entscheidungen (in der Regel einmalige) Simulationsstudien in Zusammenarbeit zwischen den betrieblichen Entscheidungsträgern und dem für den Aufbau des Simulationsmodells verantwortlichen Simulationsexperten durchgeführt. Eine Vielzahl der verfügbaren Simulationsentwicklungswerkzeuge ist daher auf diesen Einsatzbereich zugeschnitten. Wenngleich sich viele dieser Entwicklungswerkzeuge durch nützliche Eigenschaften, wie beispielsweise graphische Modelleditoren, Bibliotheken von Standardmodulen oder Systeme zur Experimentverwaltung auszeichnen, muß im Einzelfall geprüft werden, ob sie sich auch für die Integration von Modellen in die operative Produktionsdurchführungsplanung eignen.

Für diesen Zweck müssen Entwicklungswerkzeuge eine Reihe von Anforderungen[37] erfüllen, die sich sowohl auf die *Modellbildung* als auch auf die Möglichkeit der *Integration* in das betriebliche Umfeld beziehen. Die wichtigsten Anforderungen[38] sind:

- Das Werkzeug muß den Aufbau einer anschaulichen und übersichtlichen *Modellstruktur* ermöglichen.
- Geeignete Methoden zur Formulierung und Modellierung von *Entscheidungsverhalten* müssen zur Verfügung stehen.
- Das Werkzeug muß eine einfache *Anpassung* von Modellstruktur und Modellparametern an Änderungen im realen System, d.h. eine einfache Adaption der modellgestützten Regelung ermöglichen.
- Das Werkzeug muß den Aufbau von *Benutzeroberflächen* ermöglichen, die sowohl die Durchführung von Simulationsexperimenten, als auch die Pflege der Modellstruktur und -parameter durch den Anwender in der betrieblichen Praxis unterstützen.
- Das Werkzeug muß die Angabe von (Ereignis-) Zeitpunkten in einer Darstellung ermöglichen, die der *Datum-Uhrzeit-Darstellung* der Realität entspricht.
- Das Werkzeug soll die Möglichkeit bieten, *Ergebnisgraphiken* aufzubauen, die den Anforderungen und Erfahrungen der jeweiligen Benutzer - auch hinsichtlich der von ihnen bislang verwendeten Werkzeuge - gerecht wird[39].

---

[37] Vgl. auch Schmidt (1987).

[38] Unter Berücksichtigung dieser Anforderungen wurde in den vergangenen Jahren am Institut für Textil- und Verfahrenstechnik im Fachgebiet "Textilmanagement" der Interpreter ORVAN als eine objektorientierte Beschreibungssprache für die Modellierung von Produktionsprozessen und die Implementierung von prozeßspezifischen Leitständen zur Produktionsdurchführungsplanung entwickelt; vgl. Plapp (1991). Anwendungen werden in Döttling/v.Mühlendahl (1991), Fischer/Fuchs (1991), Plapp/Fischer/Ziegler (1990) und Plapp/Weidner-Bohnenberger (1991) beschrieben.

[39] In Abschnitt 4.2 wird beispielsweise eine Ergebnisgraphik erläutert (Abb. 3), die für die dort beschriebene Anwendung entwickelt wurde.

- Es müssen geeignete Schnittstellen zur Verfügung stehen, die eine *Integration* der Simulation in die betriebliche EDV (im Sinne von CIM) ermöglichen. Dazu ist es erforderlich, (Prozeß-) Daten übernehmen zu können und ggf. bei der Simulation erzeugte Ergebnisse weitergeben zu können.

6. Literatur

Adam, D. (1980): Produktionspolitik, Wiesbaden.

ASIM (1988): Simulation und Fabrikbetrieb, Tagungsbericht (Hrsg.: ASIM - Arbeitsgemeinschaft für Simulation in der Fertigungstechnik), gfmt - Verlags KG, München.

ASIM (1989): Simulation und Integration, Tagungsbericht (Hrsg.: ASIM - Arbeitsgemeinschaft für Simulation in der Fertigungstechnik), gfmt - Verlags KG, München.

ASIM (1991): Simulation und Verstehen, Tagungsbericht (Hrsg.: ASIM - Arbeitsgemeinschaft für Simulation in der Fertigungstechnik), gfmt - Verlags KG, München.

Baetge, J.; Fischer, Th. (1982): Zur Simultanen Abstimmung der kurzfristigen Produktions-, Lager- und Preispolitik bei saisonal schwankendem Absatz mit Hilfe der Kontrolltheorie, in Quartalshefte I/82 der Girozentrale und Bank der östereichischen Sparkassen AG, Wien.

Baetge, J.; Fischer, Th. (1989): Simulationstechniken, in Handwörterbuch der Planung (Hrsg.: Szyperski, N.) C.E.Poeschel Verlag, Stuttgart.

Becker, B.D.; Schulte, J. (1991): Simulation als Prüfstand für Strategien der Fertigungssteuerung, in ASIM (1991), Seite 101 - 120.

Bullinger, H.-J.; Huthmann, A. (1990): Werkstattsteuerung und Simulation, in Fortschritte in der Simulationstechnik - Band 1, Seite 435 - 439, Viehweg Verlag, Wiesbaden.

Dangelmaier, W.; Becker, B.D. (1988): Steuerung in der Simulation von Fertigungsprozessen, in Simulation in der Fertigungstechnik (Hrsg.: K. Feldmann, B. Schmidt), Seite 253 - 273, Springer, Berlin.

Dellmann, K. (1980): Betriebswirtschaftliche Produktions- und Kostentheorie, Gabler - Verlag, Wiesbaden.

Döttling, St.; Fischer, Th. (1990): Simulationsgestützte Produktionsplanung und Fertigungssteuerung in Textilveredlungsbetrieben, in: Unternehmensstrategien im sozio-ökonomischen Wandel (Hrsg.: Czap, H.), Dunker & Humblot, Berlin.

Döttling, St.; von Mühlendahl, Ch. (1991): Ein Benutzer - Interface zur Integration der Simulation in die Produktionsplanung und -steuerung eines Textilveredlungsbetriebes, in ASIM - Mitteilungen No. 25.

DOSIMIS-3: Benutzerhandbuch, SDZ GmbH, Dortmund.

Fischer, Th. (1982): Kontrolltheoretische Entscheidungsmodelle, Duncker & Humblot, Berlin.

Fischer, Th. (1991a): Koordination betriebswirtschaftlicher Regelungsaufgaben im Rahmen eines integrierten Informationssystems der Unternehmung, Universität Stuttgart (bei der Fakultät Verfahrenstechnik vorgelegte Habilitationsschrift).

Fischer, Th. (1991b): Wissensbasierte Systeme in der Textilfertigung - Anwendungsgebiete und Erfahrungen, Vortragsmanuskript, Institut für Textil- und Verfahrenstechnik.

Fischer, Th.; Fuchs, K. (1991): Leitstände für die Planung der Textilproduktion, wird veröffentlicht in: Chemifaser/Textilindustrie(1991).

Heinzel, R. (1991): Testumgebung für Steuerungssoftware, in ASIM (1991), Seite 121 - 136.

Jacobusch, A. u.a. (1987): Anwendung eines neuen Verfahrens zur schnellen und robusten Positionsregelung von Industrierobotern, in Robotersysteme 3(1987), Seite 129 - 138, Springer Verlag.

Koch, H. (1982): Integrierte Unternehmensplanung, Wiesbaden.

Morari, M. (1988): Model Predictive Control - Theorie an Praktice, IFAC - Workshop "Model Based Process Control", Georgia.

Plapp, C. (1991): Eine objektorientierte Sprache für die Modellierung von Produktionsprozessen und die Implementierung von Leitständen zur Produktionsdurchführungsplanung, Dissertation Universität Stuttgart.

Plapp, C.; Weidner-Bohnenberger, S. (1991): Rechnergestützte Planung von Partiewechseln in der Spinnerei - ein Schritt zu "Quick Response", ITB - Garnerstellung 3/91, Seite 8 - 29.

Plapp, C.; Fischer, Th.; Ziegler, J. (1990): Ein Leitstand zur Unterstützung der Personaleinsatzplanung in der Konfektion, in: Wirkerei- und Strickereitechnik 10/90, Seite 1096 - 1099.

Pritsker, A.A.B. (1987): An Introduction to Simulation and SLAM II, System Publishing Coorporation, West Lafayette.

Schmidt, R. (1987): Einsatzmöglichkeiten der Simulation in der Werkstattsteuerung, in: Simulationstechnik (Hrsg.: Halin, J.), Seite 520 - 529, Springer Verlag.

Schuler, H. (1989): Methoden der Prozeßführung mit Simulationsmodellen, in: Automatisierungstechnische Praxis (atp), Heft 10/89, Seite 475 - 481 und Heft 11/89, Seite 519 - 523, Oldenburg - Verlag, München.

Stellmach, D. (1987): Ein Simulationssystem zur Unterstützung der Fertigungsablaufdisposition einer Tuchfabrik, in: Betriebswirtschaftliche Systemforschung und Ökonomische Kybernetik (Hrsg.: Fischer, Th.), Seite 231 - 246, Dunker & Humblot, Berlin.

Stellmach, D. (1991): Simulationsgestützte Fertigungsdisposition in einer Tuchfabrik, unveröffentlichter Projektbericht, Institut für Textil- und Verfahrenstechnik.

Stöppler, S. (1980): Dynamische ökonomische Systeme, Gabler Verlag, Wiesbaden.

Strandhagen, J. (1990): Aspects of Using Simulation at an operational Level in Manufacturing Systems, in Modelling and Simulation, Proceedings of the 1990 European Simulations Multiconference, Nürnberg.

Waldraff, A. (1982): Das logistische Regelfeld "Absatz - Bestände - Fertigung", Frankfurt a.M.

Zahn, E. (1979): Strategische Planung zur Steuerung der langfristigen Unternehmensentwicklung, Berlin.

Zeigler, B. (1984): Multifacetted Modelling and Discrete Event Simulation, Academic Press, London.

Zwicker, E. (1981): Simulation und Analyse dynamischer Systeme in den Wirtschafts- und Sozialwissenschaften, de Gruyter, Berlin.